es 1687

edition suhrkamp

Neue Folge Band 687

Der ungarische Publizist und Schriftsteller György Dalos machte sich bei uns mit seiner bewunderten Erzählung *Die Beschneidung*, der Geschichte eines jüdischen Jungen im Budapest der dramatischen Jahre 1955/56, einen Namen.

Vom Roten Stern zur Stephanskrone versammelt publizistische Arbeiten von György Dalos – ein Lese- und Geschichtsbuch über Ungarn, das den Zeitraum der fünfziger Jahre bis zur unmittelbaren Gegenwart, in der die Stephanskrone wieder zum Nationalsymbol wurde, umspannt.

Der neugierige Ungarn-Besucher wird künftig György Dalos' Versuch, sein Land, seine jüngste Geschichte und Kultur dem deutschen Leser zu vermitteln, als Reisebegleiter bei sich führen: Ungarn für Anfänger und für Fortgeschrittene.

György Dalos, geb. 1943 in Ungarn; nach dem Studium in Moskau wurde ihm 1968 in einem politischen Prozeß eine Haftstrafe und Arbeitsverbot auferlegt. György Dalos veröffentlichte u. a. »Meine Lage in der Lage« und »Neunzehnhundertfünfundachtzig. Ein historischer Bericht«.

Im Jahr 1990 erschien von ihm im Insel Verlag »Die Beschneidung. Eine Geschichte«.

Wenn György Dalos nicht Deutschland bereist, lebt er in Budapest und Wien.

György Dalos
Ungarn – Vom Roten Stern zur Stephanskrone

Aus dem Ungarischen
von György Dalos und Elsbeth Zylla

Suhrkamp

edition suhrkamp 1687
Neue Folge Band 687
Erste Auflage 1991

Erstausgabe

Satz: Uhl+Massopust, Aalen
Druck: Nomos Verlagsgesellschaft, Baden-Baden
Umschlagentwurf: Willy Fleckhaus
Printed in Germany

1 2 3 4 5 6 – 96 95 94 93 92 91

Inhalt

Vorwort 7
Der große Kampf um die Straßenschilder 9

Die Goldenen Fünfziger

Ungarische Presse anno 1951 19
Die ungarische Fußballkatastrophe von 1954 40
Die Schriftsteller proben den Aufstand 1953–1956 54

Das Jahrhundert

Psychoanalyse und Politik 77
Zwischen Alptraum und Wirklichkeit.
Juden in Ungarn nach 1945 88

Aus den achtziger Jahren

Die Befreiung der Sowjetunion von ihren Satelliten.
Eine Utopie (Frühjahr 1985) 111
Sorgen mit der Freiheit.
Resümee eines Berlin-Aufenthalts (1984/85) 128
Kleinkriminalität im Spiegel der ungarischen Presse
in den achtziger Jahren 147

Die Wende und das Erbe

Ungarische Miniaturen (1988) 163
Der alte Mann von Budapest. Ein Nachruf auf
János Kádár (1987) 168
Der zweite Tod des János Kádár 173
Schneeglöckchen zweiter Wahl.
Zigeuner in Budapest (1989) 180
Freiheit und Kultur 191

Ungarns Kommunisten nach der Niederlage 201
Magyaren in der Mariahilfer Straße (1989) 211
Ungarische Rhapsodie auf einen Geheimdienst.
Die Budapester Schnüffelaffäre von 1990 231
Ungarn – ein Jahr nach dem Weltuntergang 240
Die Budapester Taxiblockade 253

Vorwort

Das vorliegende Buch verstehe ich als eine Art literarisch-publizistischer Dienstleistung: als Versuch, mein Land, seine jüngste Geschichte und Kultur dem deutschen Leser zu vermitteln.

Ungarn in der deutschen Tradition – das ist Herder, der unserem Volk ein baldiges Aussterben prophezeite – das ist Heine, der die Niederlage des ungarischen Freiheitskrieges 1848/49 mit dem Untergang der Nibelungen verglich. Eine Zeitlang spielten wir für das deutsche Publikum die Rolle leichtsinniger Zigeunerbarone, um dann in zwei Weltkriegen die »heldenhaften Verbündeten« sein zu müssen. Die Ungarnkenntnisse aus der Zeit des Wirtschaftswunders schöpften aus den düsteren Wochenschaubildern vom Oktoberaufstand 1956 oder stammten aus dem Kino: »Ich denke oft an Piroschka«. Seit den sechziger Jahren waren wir für die deutsche Öffentlichkeit die »lustigste Baracke im Lager«, ein Sinnbild für den »Gulaschkommunismus«, und sind schließlich im Spätsommer 1989 zu denjenigen geworden, die den Eisernen Vorhang für die flüchtigen DDR-Bürger öffneten. Meine Aufsätze zeichnen nach, was unter dieser Oberfläche liegt.

Seit meinem ersten längeren Deutschlandaufenthalt 1984–1985 schreibe ich regelmäßig für Medien in der Bundesrepublik – für den Westdeutschen Rundfunk und den Deutschlandfunk, für die »Frankfurter Allgemeine Zeitung« und für Kulturjournale wie »Kursbuch« und »Transatlantik«. Diese Essays ergänzte ich im Laufe der Vorbereitung dieses Buches um neue Aufsätze, die die jetzige ungarische Situation in verschiedenen Bereichen schildern.

Hiermit möchte ich mich bei der Bezirksregierung Lüneburg samt der Gemeinde Lüchow bedanken, die mir mit einem neunmonatigen Stipendium die Arbeit an diesem Buch ermöglicht haben.

Künstlerhof Schreyahn, April 1991

György Dalos

Der große Kampf um die Straßenschilder

Alles hatte wie ein Scherz begonnen. Als der Dissident György Krassó aus seinem vierjährigen Londoner Exil nach Ungarn zurückkehrte, konnte er seine politische Heimat in der nunmehr legalisierten demokratischen Opposition nicht mehr finden. So gründete er eine eigene »Partei des Ungarischen Oktober« und führte bis zu seinem Tod im Februar 1991 ein trauriges Außenseiterdasein. Als Politclown stolperte er von einem Happening zum anderen und fiel mit lächerlich anmutenden Forderungen auf, die jedoch wenig später von seriösen Politikern übernommen wurden, ohne daß jemand auf das Copyright achtete.

An einem schönen Frühlingstag wanderte Krassó mitsamt seiner Gefolgschaft, insgesamt vielleicht ein Dutzend Personen, ausgerüstet mit Pinsel, Klebstoff und Pappe zu der Straße, die den Namen »Ferenc Münnich« trug. Dieser war seinerzeit ein Kampfgefährte János Kádárs in den Jahren nach 1956 gewesen. Krassó und die Seinen waren der Auffassung, die Straße sollte ihren ursprünglichen Namen »Nádor« zurückerhalten. Im Königreich Ungarn war »Nádor« der Titel des jeweiligen königlichen Stellvertreters. Im 19. Jahrhundert war der Nádor meist ein Erzherzog aus dem Haus Habsburg. Die Polizei versuchte Krassós Aktion zu verhindern, erreichte damit jedoch nur eine erhöhte Aufmerksamkeit der Medien. Die Zeitungen behaupteten, Krassós Malerbrigade habe im Grunde recht, obwohl ihr Handeln illegal sei. Daraufhin erklärte sich die Stadtverwaltung bereit, die Angelegenheit auf legalem Wege zu regeln.

Bald nach den ersten freien Wahlen 1990, aus denen die bisherigen Oppositionsparteien als Sieger hervorgingen, begann eine kostspielige Kampagne zur Umbenennung von Straßen und Plätzen, die bis heute andauert. So mußte ich an einem Herbstmorgen plötzlich feststellen, daß meine Adresse nicht mehr »Lenin-Körút 101« lautete, sondern daß ich neuerdings auf dem Teréz-Körút 47 wohnte, ohne daß ich zuvor die Strapazen eines Umzugs auf mich genommen hätte. Die Veränderung der Hausnummer meines Geburts- und Wohnhauses ergab sich allein aus der Tatsache, daß die Habsburgerinnen Teréz und Erzsébet vor dem Krieg diesen Teil des Großen Budapester Ringes sozusagen zu zweit beherrscht hatten, solange sie nicht von Wladimir Uljanow enteignet worden waren. Der sechste Bezirk, der zu dem Teil des ehemaligen Leninrings gehört, hieß damals Terézváros (Theresienstadt), während der siebente Bezirk Erzsébetváros (Elisabethenstadt) genannt wurde. Insofern schien alles sonnenklar, allerdings nicht ganz ohne Komplikationen: In meiner Geburtsurkunde steht nicht die Hausnummer 47, sondern 43. Seitdem zerbreche ich mir den Kopf, was dieser historisch bedingte Zuwachs von zwei Häusern zu bedeuten hat. Ist dieser wundersame Zuwachs vielleicht das Ergebnis dessen, was so lange als sozialistischer Aufbau gerühmt wurde? Vorsichtshalber schreibe ich seither auf meine Briefumschläge sowohl die Namen »Teréz« wie auch »Lenin« – mal mit der Zahl 101, mal mit der 47. Schließlich kann man nie wissen, welche politische Gesinnung der Briefträger hat.

Die Straßen, Plätze und Brücken der ungarischen Hauptstadt waren schon früher von der Weltgeschichte heimgesucht worden. Wenn jemand zu Beginn des Jahrhunderts beispielsweise die nach dem Kaiser Franz Joseph benannte Brücke in Richtung Pest passierte, so befand er sich binnen kurzem auf einer Straße, die nach dem Revolutionsführer von 1848, Lajos Kossuth, benannt worden war. Niemanden schien zu stören, daß Franz Joseph Kossuths Revolution niedergeworfen und ihn selbst ins Exil geschickt hatte. Schließlich hatte sich die Nation im sogenannten Ausgleich von 1867 wieder mit der Dynastie versöhnt. Der Vater dieser Versöhnung, Franz Deák, erhielt ebenfalls einen Platz in der

Budapester Innenstadt. Von diesem Platz ging die Kaiser-Wilhelm-Straße ab, die ihren Namen – dies sei zur Ehre der Ungarn gesagt – auch nach der Entthronung der Hohenzollern noch lange Zeit behielt. Die Straße mündete damals in den Berliner Platz, der mit seinem Namen der deutsch-ungarischen Freundschaft Tribut zollen sollte. Der germanische Charakter dieses Verkehrsknotenpunktes am Westbahnhof wurde 1945 von den neuen Machthabern im Hegelschen Sinne aufgehoben, indem der Berliner Platz den Namen des Vordenkers Marx erhielt. Diesen Namen hat der Platz seltsamerweise heute noch. Am Marxplatz beginnt eine Straße, die schon um 1900 nach dem ersten ungarischen König, Stephan dem Heiligen, benannt wurde. Wieder ein Paradoxon: Die Kommunisten akzeptierten diese Bezeichnung mitsamt ihrem klerikal anmutenden Attribut.

Dort, wo der Ring des heiligen Königs endet, beginnt die Margarethenbrücke, die zur Donauinsel gleichen Namens führt. Margarethe war eine seliggesprochene Prinzessin aus dem dreizehnten Jahrhundert. Ihr königlicher Vater hatte sie seinerzeit aus Dankbarkeit gegenüber dem lieben Gott, der ihn vor den Mongolenhorden errettet hatte, ins Kloster geschickt. Die Ruine des Klosters steht noch heute auf der Insel. Hätten sich die Mongolen im Jahre 1241 nicht wegen ihrer Diadochenkämpfe aus dem Königreich Ungarn zurückziehen müssen, so gäbe es heute in Budapest wahrscheinlich eine Dschingis-Khan-Brücke, und die Perle der Donau hieße Tamerlan-Insel. Vielleicht wäre dies nicht einmal die schlechteste Variante gewesen. Schließlich gab es in Budapest in den frühen vierziger Jahren einen Hitler- sowie einen Mussolini-Platz.

Am abenteuerlichsten ist die Geschichte jener Hauptverkehrsader der ungarischen Metropole, welche vor hundert Jahren nach dem Außenminister der Monarchie benannt wurde. Die kommunistischen Wiedertäufer schenkten diese Andrássy-Straße gleich im Sommer 1945 dem Generalissimus

Stalin. Nach der Enthüllung der kriminellen Tätigkeit des letzteren erschien es den nunmehr geläuterten Machthabern opportun, den Namen der Straße wieder zu ändern. Der Namenswechsel wurde in den Tagen des Oktoberaufstands von den Revolutionären vollzogen, die sich zum Gedenken an die Opfer des Aufstands für die Bezeichnung »Straße der ungarischen Helden« entschieden. Nach der Niederwerfung der Volkserhebung fanden die Herrschenden eine Verlegenheitslösung. Die Neubenennung »Straße der ungarischen Jugend« hielt sich jedoch nur wenige Monate. Sobald sich die neuen Strukturen etabliert hatten, befand sich der Staatsbürger, ob er wollte oder nicht, in der »Straße der Volksrepublik«. Ungarisch heißt dies »Népköztársaság útja«, ein Zungenbrecher für alle ausländischen Touristen, die einem Taxifahrer diese Straße als Fahrtziel angeben mußten. Nun ist die Straße aufs neue konvertiert und heißt zur Abwechslung wieder einmal »Andrássy-Straße«, und damit sind wir endlich bei unserem eigentlichen Thema gelandet.

Ich besitze eine Liste der veränderten Straßennahmen meiner Geburtstadt, herausgegeben vom Kartographischen Institut. Sie gibt den Stand vom 30. Juni 1990 wieder. Neuere Ausgaben sind leider nirgends aufzutreiben. Meine kleine Rarität enthält die ersten sechzig Änderungen – auf der linken Seite die alten, auf der rechten die neuen Namen.

Von den alten Bezeichnungen fallen zweifellos diejenigen am meisten auf, die mit dem Wort »Vörös« (rot) beginnen. So kennt Budapest keine »Straße der Roten Armee« mehr, die es früher gleich in drei Stadtbezirken gab. Gestrichen ist die »Straße des Roten Sterns« im 19. Bezirk und die »Straße des Roten Oktober«, ebenfalls im 19. Bezirk. Der Dichter Majakowskij, der Marschall Tolbuchin und der Budapester Stadtkommandant General Samertzew sind ebenfalls der demokratischen Säuberung zum Opfer gefallen. Vielleicht hätte wenigstens der Unbekannte Rotarmist eine kleine Straße verdient, denn er hat zur Vertreibung der deutschen Besatzer kräftig beigetragen, und zwar unabhängig davon, was der Sieg der Sowjetunion in Osteuropa ansonsten verursacht hat.

Auch vielen namhaften Kommunisten sind ihre Straßen genommen worden. Um Friedrich Engels ist es eindeutig schade – er war übrigens ein begeisterter Anhänger der ungarischen Revolution von 1848. Ernst Thälmann kann man zweifelsohne nicht als Helden der ungarischen Geschichte betrachten, aber ich glaube nicht, daß sich eine demokratische Stadt seiner schämen müßte. Auch Georgi Dimitroff hätte in jeder europäischen Metropole eine Straße verdient, allein aufgrund seiner kühnen Repliken im Leipziger Prozeß. Und was ist an dem kongolesischen Nichtkommunisten Patrice Lumumba auszusetzen? Schließlich wurde er als legaler Regierungschef von einer gegnerischen Übermacht gestürzt und hoffte vergeblich auf die Rettung durch eine UNO-Resolution – dieser Vorgang müßte den Ungarn bekannt vorkommen.

Es ist durchaus in Ordnung, daß Namen wie der des KP-Ideologen der fünfziger Jahre, Révai, oder der des damaligen offiziellen Philosophen Rudas nicht jede Straßenecke schmücken. Dasselbe gilt für Darvas, den langjährigen Vorsitzenden des Schriftstellerverbandes, und für den ehemaligen Minister Antos. Zu Recht umstritten sind auch die Namen mancher Führer der Räterepublik 1919, selbst wenn sie später zum Opfer des Weißen Terrors wurden. Der Kommunist Endre Ságvári ist jedoch als Kriegsgegner und Widerstandskämpfer im bewaffneten Kampf gefallen, und Dezsö Bokányi war lange vor seiner Mitgliedschaft in der Kommunistischen Partei Ungarns der populärste Redner der Arbeiterbewegung. Er kam, wie so viele seiner Kampfgefährten, in einem der Straflager Stalins um. Zu den ungarischen Opfern Stalins gehörte auch der Sinologe Lajos Magyar und der Nationalökonom Gyula Lengyel – beide sind heute auf dem kalten Wege der Umbenennung einer Straße zu personae non gratae geworden.

Völlig schleierhaft sind für mich die Beweggründe der Behörden des ersten Bezirks, die den Straßennamen »Lajos Hatvany« nicht mehr akzeptabel fanden. Dieser jüdische Großunternehmer hat zwischen 1908 und 1938 die halbe ungarische Literatur finanziert. Er unterstützte Autoren, deren Straßenschilder keine Regierung jemals anzutasten wagte. Hatvanys Entfernung aus dem Budapester Straßenpantheon ist für mich eine indirekt literaturfeindliche Maßnahme. Ein direktes Attentat auf jegliche Poesie hingegen ist die Entscheidung, die »Träumerstraße« (Merengö-utca) im 22. Bezirk von nun an »Kalvarienbergstraße« zu nennen.

Für die sechzig Neubenennungen gibt es sowohl ideologische als auch nichtideologische Gründe. Häufig geht es einfach darum, eine städtische Tradition wiederherzustellen, deren Zerstörung den früheren Machthabern meist zu Recht vorgeworfen wird. Straßen, die Namen wie Eulenburg, Stiefmütterchen, Glückshenne, Brautzeuge oder Schoberhof tragen, haben etwas atmosphärisch Unentbehrliches. Sie gehören zur Stadtgeschichte und zur kollektiven Erinnerung. Selbst so schlichte Bezeichnungen wie Mondgasse, Laubengasse oder Maiglöckchengasse bewahren eine Intimität, die in der modernen Großstadt längst verlorengegangen ist.

Viele der altneuen Namen haben einen kirchlichen Bezug, wie der Platz des heiligen Stephan, die Straße des heiligen Ladislaus, die Bischofsgasse, die Straße des Heiligen Geistes, der Franziskanerplatz oder die Abteistraße. Andere Bezeichnungen bestätigen die K. u. K.-Tradition. So wurde der Königin Elisabeth (Sissy) außer ihrem Ring auch noch ein Platz zugeschlagen – von Engels zurückerobert. Der Stammesfürst Arpád besitzt jetzt außer seiner Brücke noch zwei Straßen, während einige Straßen und Gassen symbolisch-feudale Namen ohne konkreten Bezug tragen. So haben wir eine Straße der Könige, die aber nicht mit der Königs- (alias Majakowskij) Straße zu verwechseln ist, eine Straße der Heiligen Krone und eine Kleinkronengasse. Auch die militaristische

Tradition kommt nicht zu kurz. Es gibt sowohl eine Reiter- als auch eine Säbelgasse.

Ohne zu den einzelnen Umbenennungen Stellung zu nehmen, möchte ich die Aufmerksamkeit auf zwei Eigenarten unserer Straßenschildreform lenken. Das eine ist die deutliche Rückbesinnung auf eine heile Welt, das andere ein Fehlen jeglicher internationaler Phantasie. Es gibt weder Sokrates noch Voltaire, weder Mozart noch Van Gogh. Budapest hat keine Prager oder Brünner Straße, keinen Europaplatz, wie er in Wien zu finden ist, und keine De Gaulle-Straße wie neuerdings in Prag.

Eine kommunistische Ortsbezeichnung möchte ich gerne erhalten wissen: den Élmunkás-tér, zu deutsch Platz der Stoßarbeiter. Das häßliche Wort »Stoßarbeiter« ist gleichsam ein Sprachdenkmal realsozialistischer Betonästhetik. Ohne dieses Wort wird es uns schwerfallen, künftigen Generationen unsere Vergangenheit begreiflich und glaubhaft zu machen.

(1991)

Die Goldenen Fünfziger

Ungarische Presse anno 1951

I

Während der Zeit meiner Tätigkeit in einem historischen Museum kam mir eines schönen Tages die Zeitschriftensammlung eines alten Professors aus Szeged zwischen die Finger. Man hatte sie mir geschenkt, und zuvor waren die vergilbten Blätter zum Präparieren von Pflanzen benutzt worden. Der Professor war irgendwann in der Mitte der fünfziger Jahre gestorben. Bis zu seinem Tode hatte er fleißig in der Presse geblättert. Die ersten Zeitungen seiner Kollektion stammten noch aus den zwanziger Jahren. Das gesammelte Material ließ keinerlei Schlußfolgerung auf eine etwaige politische Befangenheit zu. Es enthielt gleichermaßen sozialdemokratische, christlich-soziale und sogar rechtsradikale Druckerzeugnisse. Allerdings hatte sich der alte Mann nicht so sehr für politische Nachrichten oder Artikel interessiert, sondern eher für solche aus dem Bereich der Naturwissenschaften, vornehmlich der Zoologie und der Botanik. Diesbezügliche Mitteilungen versah er am Rand des Blattes mit Bleistiftmarkierungen, einige, die ihm besonders wichtig erschienen, rahmte er sogar ein. Um sich ein wenig Ausblick auf die große weite Welt zu verschaffen, las er manchmal auch deutsche Zeitungen. Inzwischen ging die Geschichte ihren nationalsozialistischen Gang.

In der Kollektion erblickte ich mit Staunen zwei Exemplare des »Völkischen Beobachters« vom Frühjahr 1945, in der Wiener Ausgabe. Zuerst hatte ich den Eindruck, als habe der gelehrte Greis plötzlich, ausgerechnet in den letzten Tagen des Nationalsozialismus, ein perverses Interesse für diese so wenig zoologische oder botanische Lehre entwickelt. Die markierten Artikel zeigten aber, daß diese Annahme ein Irrtum war. Anfang Februar, als man sich im Leitartikel des

Völkischen Beobachters lautstark über den Sinn des bereits auf deutschem Gebiet wütenden Krieges im Osten verbreitete und im Nachrichtenteil die Kampferfolge der jugendlichen Volksstürmler würdigte, fand der Professor folgenden Text besonders lesenswert:

»Die von der Zoologisch-Botanischen Gesellschaft in Wien für heute, Freitag, 18 Uhr, im Hörsaal 50 der Universität anberaumte Gedächtnisfeier für Professor Dr. Viktor Schiffner wird auf später verschoben.«

Auch die nächste Mitteilung hielt der Professor für ungleich spannender als die Nachricht von der Jalta-Konferenz oder der Schlacht um Küstrin:

»*Paracelsus-Erstdrucke gefunden.* In den Beständen der Bibliothek der Stadt Gmunden wurden wertvolle Schriften von Paracelsus, teilweise Erstdrucke aus dem Jahre 1571, gefunden. Es handelt sich um einen Band, der vier Abhandlungen des berühmten Arztes umfaßt. Die Stadt Villach, als Sitz des Instituts für Paracelsus-Forschung, bemüht sich um die Erwerbung des kostbaren Fundes.« In der Tatsache, daß der Professor die naturwissenschaftlichen Berichte im Kampfblatt der nationalsozialistischen Bewegung interessanter fand als andere Mitteilungen dieses Blattes, liegt nicht unbedingt etwas Besonderes. Offensichtlich verfügte er über ein empfindsames wissenschaftliches Gewissen. So wollte er Angelegenheiten, die außerhalb seines unmittelbaren Kenntnisbereiches lagen, nicht eingehender studieren. In seinem Beruf war er schwerlich der einzige mit dieser Haltung. Sicherlich war er auch mit den Organisatoren jener Viktor-Schiffner-Gedächtnisfeier geistig verwandt, die es wahrscheinlich übelnahmen, wenn ihre Veranstaltungen aufgrund kleinlicher Hindernisse, wie etwa des Zusammenbruchs des Dritten Reiches, ausfallen mußten.

Um so seltsamer, geradezu ein psychologisches Rätsel, ist es, daß unser Professor diese heitere Gleichgültigkeit zu Beginn der fünfziger Jahre bei der Lektüre der ungarischen

Presse mehr und mehr verlor. Er interessierte sich zunehmend für unwissenschaftliche Themen. Davon zeugen angestrichene Artikel, unterstrichene Wörter und Sätze, später sogar empörte Frage- und Ausrufezeichen, und auf dem Höhepunkt seines Unbehagens stichwortartige Kommentare am Zeitungsrand. Was nur hatte das Gemüt des alten Mannes so in Wallung gebracht? Zu einer Antwort bin ich schon aus Dankbarkeit verpflichtet. Schließlich hat mir der Alte indirekt eine Kostbarkeit vererbt, nämlich die Erstdrucke des real existierenden Sozialismus in Ungarn.

Der Professor las im wesentlichen nur zwei verschiedene Zeitungen, und das nicht gerade aus Anspruchslosigkeit. Damals gab es nicht viel mehr in Ungarn. Mit der Auflösung der demokratischen Parteien nach 1948 starben auch die unabhängigen Blätter allmählich aus. Die offizielle Zeitung hieß »Szabad Nép«, zu deutsch »Freies Volk«, und gehörte der Kommunistischen Partei. Für die nichtkommunistischen Leser gab es eine Zeitung mit antifaschistischer Tradition, die »Magyar Nemzet«, zu deutsch »Ungarische Nation«. Außerdem verfügten noch die verstaatlichten Gewerkschaften über eine eigene Zeitung. Für die Jugend, für die Frauen, für die Literaten und für einige andere Bevölkerungsgruppen gab es jeweils eine Wochenschrift. Aber in allen Zeitungen und Zeitschriften ließen sich die parteioffiziellen Ansichten wiederfinden. Es gab nicht nur keine oppositionellen Töne, sondern auch fast keine interne Kritik mehr. All diese Druckerzeugnisse hätte man getrost fusionieren können, etwa so wie in Orwells Ozeanien, wo die Presse ja auch nur in Form einer einzigen Zeitung vorhanden war.

2

Der erste Artikel, der die Seelenruhe des Professors störte, enthielt eine Mitteilung, von der er sich beruflich betroffen fühlte:

»Der überwiegende Teil unseres heimatlichen Gummibedarfs wird gegen Ende des Fünfjahrplans von dem auf fünftausend Katasterjoch zu produzierenden Gummilöwenzahn abgedeckt werden können. Die Verbreitung der aus der Sowjetunion stammenden Samen und Produktionsanleitungen schreitet bereits heute schnell voran... Die Qualität der Gummisubstanz einiger Pflanzenteile dieser Löwenzahnart ist weit besser als die des brasilianischen Gummibaums.«

Diesen Hinweis, die Ehre des brasilianischen Gummibaums betreffend, versah der Fachmann mit gereizten Ausrufe- und Fragezeichen. Wie er hegten damals viele Wissenschaftler Zweifel an dieser Theorie, aber kaum jemand wagte zu fragen, ob die sowjetische Wunderpflanze für die klimatischen Verhältnisse in Ungarn überhaupt tauglich sei. Davon abgesehen, war die berühmte Gummisorte selbst in der Sowjetunion noch nicht über das Versuchsstadium hinausgelangt und erwies sich später als unbrauchbar.

Der Gummilöwenzahn war seinerzeit geradezu ein Paradigma für die sozialistische Produktionsweise. Die Situation war mit der Kontinentalsperre Napoleons über England vergleichbar. Die Blockade hatte der Insel damals zu einer beschleunigten industriellen Entwicklung verholfen. Entsprechend war man in Ungarn und anderswo der Ansicht, die Tatsache des Kalten Krieges zwinge jedes sozialistische Land, seine Schwierigkeiten selbst zu meistern. Im Burggarten der von den Imperialisten bedrohten Festung mußte alles Gemüse, alles Obst und alle industriell nutzbaren Pflanzen produziert werden, für die man sonst dem Erzfeind in harter Währung hätte zahlen müssen. Zwar verlebten die Gegner, folgt man dem Wortlaut der offiziellen Propaganda, gerade ihre letzten Tage, aber materiell und technologisch waren sie ohne Frage weit überlegen.

Wenn man die heutige Verschuldung Osteuropas betrachtet, dann erscheint das Autarkiefieber der frühen fünfziger Jahre gar nicht so unlogisch. Die neuen Staaten versuchten, nicht in wirtschaftliche Abhängigkeit von ihren potentiellen Kriegsgegnern zu geraten. Jeden Tag sprach man von der Gefahr eines dritten Weltkriegs, und immerhin wütete gerade ein Stellvertreterkrieg, wenn auch im weit entfernten Korea.

Die Blockade der fünfziger Jahre wurde zumindest teilweise vom Osten getragen. Durch Minenfelder und Stacheldraht, durch Einfrieren des Handels und der kulturellen Kontakte suchte man die neuen Systeme zu befestigen. Wirtschaftlich rächte sich diese Abgrenzung sehr bald im ständigen Mangel an Konsumgütern. Die Mangelwirtschaft bildete den Nährboden für verschiedene utopische Projekte. So versuchte man es in Ungarn mit der Reisproduktion en gros, und es gab auch Experimente mit Zitronen- und Orangengärten. Nun ist dagegen nicht viel zu sagen, wissenschaftliche Versuche können oftmals nicht schaden. Der Nachteil war nur, daß die ungarischen Experimentierer bereits in dieser Phase gerade nur so viel Zitronen und Orangen importierten, daß die Bedürfnisse der höchsten Parteielite gedeckt waren. So kam es, daß am Ende der fünfziger Jahre, als es einige Südfrüchte gab, die Kinder oft ihre Eltern fragten, was das rosa Ding im Schaufenster eigentlich sei. Um die Zitrone war es ein wenig besser bestellt. Ab 1951 konnte man Zitronensurrogattabletten kaufen, die noch mehrere Jahre lang den Tee der ungarischen Staatsbürger schmackhaft machen sollten.

Die Utopien zur Beseitigung der Mangelwirtschaft entstammten einer ideologischen These der Sowjetunion. Diese lautet, daß es für die sozialistische Planwirtschaft keine unlösbaren Probleme gibt. Der Mensch unterwirft und gestaltet die Natur nach eigenem Belieben. Die schöpferische Kraft kennt keine Grenzen. Eine sowjetische Biologin verkündete zum Beispiel, es sei ihr gelungen, auf synthetischem Wege lebendiges Eiweiß herzustellen. Für diese Erfindung wurde ihr der Stalinpreis verliehen. Aber leider wollte das Eiweiß unter dem

Mikroskop kein Lebenszeichen von sich geben, und so mußte die Biologin auf die hohe Auszeichnung verzichten.

Die Energiewirtschaftler rühmten sich damit, daß sie die Richtung eines Flusses verändern konnten. Ein ökologisches Bewußtsein gab es damals nicht einmal in Ansätzen. Alle Wissenschaftsdisziplinen, die für die anstehenden Großprojekte nicht nutzbar waren, wurden einfach aufgegeben. So waren zum Beispiel die Genetik und die Kybernetik als bürgerliche Pseudowissenschaften verfemt. Dadurch erwuchsen der ohnehin kriegsgeschädigten Sowjetunion immense Verluste. In Ungarn hatte es ungleich geringere Kriegsschäden gegeben, und in den Jahren der demokratischen Entwicklung nach 1945 war es gelungen, die Versorgung des Landes völlig wiederherzustellen. Die wirtschaftliche Misere der frühen fünfziger Jahre war weder kriegsbedingt noch ökonomisch notwendig.

Der Mangel an Getreide, Kartoffeln, Eiern, Milch und anderem war ursächlich der sich etablierenden Diktatur geschuldet. Man betrieb Kollektivierung und Industrialisierung der Landwirtschaft nach sowjetischem Muster. Die Erzeugung von Produktionsmitteln soll Vorrang haben gegenüber der von Konsumgütern, lautete eine Stalinsche Forderung. Diese Maxime hatte für sämtliche Arten der Produktion verheerende Auswirkungen. Die ganze Gesellschaft war gezwungen, ihre alltäglichen Gewohnheiten, ihre Ernährungsweise und Bekleidungswünsche zu verändern. Verschiedene soziale Reformen, so zum Beispiel die Tatsache, daß Schulen, Einrichtungen im Gesundheitswesen oder Erholungsheime der Gewerkschaft kostenfrei genutzt werden konnten, änderte wenig an der allgemeinen Lage.

Damit die Bevölkerung die einschneidenden Restriktionen im ökonomischen Bereich ruhig hinnahm, setzte man direkten und potentiellen Terror als Mittel ein. Die Geheimpolizei mit ihrem ausgedehnten Netz von Spitzeln sorgte dafür, daß die Gedanken der Bürger unter Kontrolle gebracht wurden.

Die gleichgeschaltete Presse lieferte die jeweils benötigte geistige Munition für diesen Terror.

Paradoxerweise wurde verkündet, in dieser Gesellschaft diene alles nur dem Menschen. »Unser höchstes Gut ist der Mensch«, war auf den Straßenplakaten zu lesen. Das Vorbild hierzu stellte ebenfalls der Große Bruder, die Sowjetunion. Zwar wurde selbst in der Sowjetunion noch nicht die offizielle Einführung des ewigen Lebens geplant, doch es gab einige Anzeichen dafür. So konnten selbst die skeptischen Fragezeichen des Professors aus Szeged die überwältigende Dimension der folgenden Mitteilung nicht schmälern:

»In Abhasien/Kaukasus leben 212 Menschen, die älter sind als hundert Jahre. Nach Ansicht einiger Wissenschaftler ist ein solch langes Leben aus den klimatischen und meteorologischen Bedingungen der Region heraus erklärlich. Die Forschungen der Mitarbeiter eines Biologischen Institutes in Charkow haben jedoch bewiesen, daß die Bedingungen für eine lange Lebensdauer in den verschiedenen klimatischen Zonen der Sowjetunion gleichmäßig gegeben sind. Mit Hilfe der in der Stalinschen Verfassung verankerten Rechte geht das sowjetische Volk den Weg zum Aufbau des Kommunismus, und dieser Weg führt automatisch zu einem langen und glücklichen Menschenleben.«

Dieser Bericht erschien Anfang Dezember 1951 als Beitrag zum 15. Jahrestag der sowjetischen Verfassung von 1936.

3

Im volkswirtschaftlichen Sinne bedeutete das lange und glückliche Menschenleben die Verlängerung der Pflicht des Staates, sich um die Versorgung seiner Bürger zu kümmern. Wenn sich zum Beispiel die Ungarn, begeistert vom sowjetischen Vorbild, in den Kopf gesetzt hätten, mehr als hundert Jahre zu leben, so hätte man auch eine entsprechende Ernährung gewährleisten müssen. Dieses kühne Unterfangen wurde allerdings durch die Lebensmittelkarten und den alltäglichen Warenmangel ein wenig erschwert. Der Staat wollte deshalb schon am Ort der Produktion selbst den Konsum garantieren. Deshalb wurde ein Erfassungssystem eingeführt. Der diesbezügliche Erlaß bevollmächtigte die Minister der Justiz, des Inneren und der Ernährung, streng mit all jenen Bauern zu verfahren, die für eigene Zwecke Getreide, Tiere oder andere Produkte vor dem Auge der Behörden zu verbergen suchten.

An die Ergebnisse dieses Erlasses erinnern sich ältere Bauern noch immer mit Grauen. Die Kommandos der Geheimpolizei, die in Kellern und auf Dachböden nach Lebensmittelvorräten forschten, konfiszierten nämlich nicht nur diese, sondern nahmen die für schuldig befundenen Personen auch gleich mit. Die Gefängnisse und Internierungslager füllten sich. Die Presse gab auf euphemistische Art zu verstehen, daß hier eine Art Kampfsituation entstanden sei. »Die Verschärfung des Klassenkampfes«, so hieß es, »die spannungsgeladene internationale Lage verlangt, jede Nachlässigkeit auf dem Gebiet der Erfassung zu liquidieren.«

Selbst die Kirche wurde in die Kampagne einbezogen. Die Kirchenfürsten saßen im Gefängnis, doch das kirchliche Friedenskomitee »Opus pacis« rief die Geistlichen auf, von der Kanzel aus Erntepropaganda zu machen. Häufig kam es zur öffentlichen Bloßstellung der Bauern, zum Beispiel so:

»Auf dem größten Platz der Stadt Hajdunánás steht ein riesengroßes Plakat. Die Zeichnung darauf stellt das Fuhrwerk der Imperialisten dar, das von den Kulaken angeschoben wird. Auf dem Plakat sind die Namen der Kulaken verzeichnet, die versucht haben, die Erfassung zu sabotieren.«

Der Kulak, russische Bezeichnung für Großbauer, war der Feind Nummer eins. Ein Kulak war jeder, der von einem Provinzfürsten oder von einem Kommando der Geheimpolizei als solcher bezeichnet wurde. Dies bot ein weites Feld, um alte Rechnungen zu begleichen. Das größtmögliche Verbrechen wurde »Sabotage« genannt. Wenn man zum Beispiel bei jemandem zu viele Eier auf dem Dachboden fand, konnte man von ihm behaupten, er sabotiere die Versorgung der städtischen Arbeiterschaft. Er war dann schuld daran, daß die Stadtbewohner seit Jahren fast nur noch Eipulver zu sehen bekamen. Letztere fanden allerdings kaum Trost darin, daß die Vertreter der brüderlichen Bauernklasse zu Dutzenden blutig zusammengeschlagen und in das Komitatsgefängnis eingeliefert wurden.

Dieser Zustand schien 1951 alles andere als kurzlebig zu sein. Der Minister, der damals für die Erfassungen zuständig war, gab dazu im Parlament folgende Erklärung ab:

»Die obligatorische staatliche Erfassung der landwirtschaftlichen Produkte ist keine Übergangs- oder Notmaßnahme, sondern ein organischer Teil unserer Volkswirtschaft und unserer staatlichen Planung ... Die Bauern sollen wissen, daß ihnen ihre Schulden nicht erlassen werden, sondern daß diese vielmehr mitsamt der Strafe eingetrieben werden.«

Dieser Minister hieß Imre Nagy. Die Partei hatte ihn auf diesen hohen Posten gestellt und gerade ihm die Requisitionen anvertraut, damit die Bauern vergaßen, daß er einmal im Jahre 1945 der Vater der Agrarreform gewesen war. Fünf Jahre später sollte derselbe Minister den Aufstand gegen die unhaltbaren Zustände gutheißen. Sieben Jahre später wuchs bereits das Gras auf seinem namenlosen Grab, in der Friedhofsecke für die Hingerichteten.

4

Der seiner Vorräte beraubte Bauer ging in den Dorfladen, um Brot zu kaufen. Spätestens jetzt wurde deutlich, daß es weder im Dorf noch in der Stadt genügend Lebensmittel gab. Die offizielle Propaganda leugnete allerdings nicht, daß die von ihr als »Übergangsschwierigkeiten« bezeichneten Mängel auch mit dem Vorrang der Industrialisierung zusammenhingen. Sie rief die Arbeiterklasse zu freiwilligen Opfern auf. Der Diktator Rákosi prägte die Losung: »Verzehren wir nicht das Huhn, das morgen goldene Eier legen wird.« Dieses Huhn stand für die grandiosen Investitionen dieser Zeit, so zum Beispiel das Stahlwerk an der Donau in Sztálinváros, der sozialistischen Stalinstadt; der Budapester Metrobau nach sowjetischem Muster, der schon früh scheiterte; die erfolgreiche Produktion von Uran für sowjetische Zwecke. Die Planziffern des Fünfjahrplans wurden auf dem Parteikongreß von 1952 sogar noch erhöht, und das für Maßnahmen, die allesamt später öffentlich kritisiert wurden. Um die unzufriedenen Arbeiter zu beruhigen, wurde das bisher bewährte Feindbild weiter gepflegt. Parallel zur Einführung der Brotrationierung brach eine neue Kampagne gegen die Kulaken aus. In einer Mitteilung des Ministeriums für Binnenhandel hieß es: »Es wurde festgestellt, daß viele Kulaken das für den eigenen Bedarf bestimmte Getreide nicht mahlen lassen, sondern daß sie es verstecken, um später damit spekulieren zu können. Für den eigenen Verzehr kaufen sie dann das für die Versorgung der Unversorgten bestimmte Brot auf ... Selbst wenn sie ihr Getreide in die Mühle bringen, so verkaufen sie das Mehl und kaufen ihr Brot trotzdem im Laden. Deshalb ist der Brotverbrauch in den letzten Monaten rapide gestiegen, was aber auch mit der Erhöhung der Zahl der Werktätigen und dem natürlichen Wohlstandswachstum zusammenhängt.«

Die Erhöhung der Zahl der Werktätigen kam dadurch zustande, daß viele Bauern für sich keine Chance mehr in der Landwirtschaft sahen und allmählich in die Städte strömten. Diese traurige Bevölkerungsbewegung schuf in den Dörfern schon 1951 eine schwierige Arbeitskraftlage. Die Katze biß sich in den Schwanz. Mitte Mai desselben Jahres ging ein Teil dieser Werktätigen zurück in die Dörfer, um den Familienangehörigen bei der Ernte behilflich zu sein. Bei diesen Wanderern zwischen den Welten handelte es sich größtenteils um unwissende Menschen; teilweise waren sie Analphabeten. Viele von ihnen wußten zum Beispiel nicht, daß das Verlassen eines Betriebes strafbar war. Zum Glück sah der Staat in diesem Falle ein, daß das Einbringen der Ernte ohne diese Deserteure einfach nicht zu bewältigen gewesen wäre. Deshalb ließ er ihnen nach dem Peter-und-Paul-Tag, in Ungarn Höhepunkt der Ernte, eine Amnestie zuteil werden:

»Diejenigen, die ihren Arbeitsplatz willkürlich verließen und bis zum 8. August an der Ernte teilnahmen, ... dürfen bis zum 1. September an ihren Arbeitsplatz zurückkehren, ohne die Folgen ihres eigenmächtigen Fernbleibens tragen zu müssen. Die gegen sie bereits eingeleiteten Strafverfahren sind aufzuheben.«

Unser Professor vermerkte dazu am Rand: »Welch Humanismus!«

5

Als die Brotration schließlich auf 250 Gramm maximal pro Tag festgesetzt worden war, bei ständigem Mangel an Kartoffeln und so gut wie völligem Fehlen von Fleisch, kam es zu einer Kampagne zur Popularisierung der Agrarpolitik der benachbarten Tschechoslowakei sowie Rumäniens und anderer Verbündeter. Nun mußte der ungarische Bauer einsehen, daß es hier um eine Weltordnung ging. Der Staat kannte auch anderswo keine Gnade, wenn es sich darum handelte, den Wohlstand des werktätigen Menschen zu sichern. So erschien im August 1951 folgende kurze Mitteilung:

»Das staatliche Gericht in Bratislava verurteilte Juraj Galan, den ehemaligen Direktor der Mühle in Kosice, wegen Sabotage zum Tode. Der Verurteilte hatte von 1949 bis 1951 mit Absicht schlechtes Brot backen lassen, ohne sich um die Empörung der Werktätigen zu kümmern. Das übrigbleibende Brot lieferte er an eine Schweinemastanstalt in der Nähe aus.«

Die Todesstrafe als Mittel zur Erhöhung der Brotproduktion hätte natürlich an und für sich ein paar kommentierende Worte verdient. Aber die Bedeutung des Zitates geht wesentlich weiter. Der Prozeß gegen Galan, seinerzeit nur ein Tropfen im Ozean, fand nämlich seine Fortsetzung in einer Geschichte, die den Prozeß dann wiederum wie einen Ozean im Tropfen erscheinen ließ.

Damals hatte ein junger kommunistischer Journalist namens Ladislav Mnacko über den Prozeß gegen Galan berichtet. Nach 1956 hatte dieser Mann ein schlechtes Gewissen und begann, den Hintergrund des damaligen Verfahrens zu erforschen. Zum Glück hatte das Gericht Galans Todesurteil in zweiter Instanz zu zwanzig Jahren Haft sozusagen »abgemildert«, und Mnacko hatte somit die Möglichkeit, gemeinsam mit dem Opfer einen Kampf um dessen vollständige Rehabilitierung führen zu können.

Im Verlauf dieses Kampfes konnte folgendes festgestellt werden: Die Verhaftung Galans war von einem hohen Parteifunktionär angeordnet worden. Er brauchte ein Opfer, um die slowakischen Bergleute zu beschwichtigen, die aufgrund der allgemeinen Versorgungsmisere unruhig geworden waren. Nach der Verhaftung ging alles vorschriftsmäßig seinen Gang: Folter, erzwungenes Schuldbekenntnis, exemplarisches Urteil. Mnacko schrieb nach 1968, als er bereits im Exil war:

»Nach sechs Jahren erreiche ich die bedingte Entlassung von Galan ... Beim Ministerpräsidenten werde ich seine Freiheit erkämpfen ... Und wir werden zusammen weiterkämpfen. Es wird noch einige Jahre dauern, bis der Senat des höchsten Gerichtes ihn von allen Punkten der Anklage freispricht ... bis beschlossen wird, daß man ihm für die jahrelange Inhaftierung finanzielle Entschädigung leisten wird ... Der Richter, der das harte Urteil fällte, wird bald um seine Entlassung aus dem Dienst der Justiz ansuchen. Er wird Stellverteter des Kulturministers ... ›Karol‹, fragte ich ihn immer, ›wie war das damals mit dem Urteil?‹ Einmal, kurz vor seinem Tode, antwortet mir der Richter anders als nur mit einem schuldbewußten Lächeln. ›Was fragst du fortwährend? Ist das so schwer zu erraten? Sie setzten mich in ein Flugzeug, und auf dem Flugplatz bekam ich eine Aktentasche mit Dokumenten und dem fertigen Urteil ...‹.«

Galans Fall hat gespenstische Ähnlichkeit mit Hunderten von sogenannten Sabotagefällen in Ungarn.

6

Weihnachten 1951 kam. Obwohl die christlichen Feiertage offiziell gestrichen worden waren, erlebten die Familien am Wochenende in trautem Kreise die Stimmung des alten Festes. Damit war auch das System zufrieden, obwohl die Presse versuchte, das Thema der Tischgespräche zu suggerieren. So schrieb der Spitzenjournalist der offiziellen Presse, Iván Boldizsár, im Leitartikel der Zeitung »Magyar Nemzet«:

»In diesen Tagen kehren erwachsene Jungen und Mädchen, junge Familien in ihr Elternhaus zurück. Bei feierlichem Karpfen oder Entenbraten trinken sie ihr Glas Furmint und bieten den Wein auch der etwas zögernden Mutter an. Sie erzählen, wie sie das vergangene Jahr verbracht haben. Sie berichten über ihre Arbeit, über ihre Erfolge. Ich habe eine neue Fabrik entworfen, sagt einer der Jungen, ich habe ein neues Gerät konstruiert, sagt der andere. Ich habe meine Kranken geheilt, sagt die erwachsene Tochter. Ich arbeite im Forschungsinstitut an einem neuen Kunststoff ... ich ersetzte einen ausländischen Rohstoff, erzählen die in der Wissenschaft Tätigen. Ich habe den Plan übererfüllt, erzählt der Ingenieur, ich habe die Produktionskosten vermindert, sagt der Beamte. Ich brachte den Kindern das Schreiben bei, sagt die Lehrerin. Ich brachte den Erwachsenen das richtige Denken bei, sagt der politische Mitarbeiter.«

In dieser Staatsidylle waren Karpfen und Entenbraten allerdings nicht so weit verbreitet, wie der Autor des Leitartikels behauptete. Davon zeugte die Seite »Frau und Mode« in derselben Zeitung. Hier wurde der ungarischen Familie für die Feiertage Krautsuppe empfohlen.

»Den Sauerkrautsaft erhitzen wir mit viel Wasser«, lautete die Instruktion. »Wir kochen dann das Kraut darin mit einer kleingeschnittenen Wurst oder mit Würstchen. Während das Kraut heiß wird, bereiten wir eine Einbrenne mit Paprika und roten Zwiebeln vor, gießen darauf ein wenig Wasser und brennen die Suppe ein. Beim Servieren richten wir die Suppe mit saurer Sahne an.«

Dieses, nebenbei gesagt, sehr schmackhafte Essen lag schon eher im Bereich des Möglichen. Allerdings mußte man das Sauerkraut und die Zwiebeln, vor allem aber die Wurst und die saure Sahne rechtzeitig beschaffen. Und man mußte außerdem hoffen, daß die Kulaken nicht allzuviel Schwierigkeiten machen würden, denn für eine Einbrenne braucht man ja auch Mehl.

Die Geschichte des Verfassers des weihnachtlichen Leitartikels wäre ein eigenes Thema. Iván Boldizsár war in der Vorkriegszeit ein ausgezeichneter Journalist. Er schrieb für liberale Zeitungen. Später wollte er auf seinen Beruf nicht verzichten, auch nicht um den Preis der Aufkündigung der Wahrheit. Ab 1945 gab es keine Strömung und keine Regierungsmannschaft in der ungarischen Politik, die auf seine Dienste hätte verzichten können. Später wurde er Vorsitzender des ungarischen PEN-CLUBS und war in westlichen liberalen Kreisen ein geachteter Kulturdiplomat. Wenn man seinen Erinnerungen an die fünfziger Jahre Glauben schenkt, dann war er die ganze Zeit hindurch von kalter Angst besessen. Die Memoiren seiner Leser kennen wir allerdings nicht.

Sicherlich war er sich darüber im klaren, daß die Art von Zeitungsschreiben, die er betrieb, keine journalistische Glanzleistung war. Dementsprechend klangen seine damaligen Worte über die Rolle der Presse fast wie eine Entschuldigung:

»Sensationsausgabe! – schrie der Zeitungsjunge in der versunkenen Welt, und der Leser wußte bereits, daß diese Sensation nichts anderes sein konnte als Totschlag, oder Lustmord, oder ›schlimmstenfalls‹ Veruntreuung von Geldern ... Heutzutage brauchen wir uns wegen unseren Zeitungen nicht mehr zu schämen. Die freie Presse des werktätigen Volkes bringt auf ihrer Titelseite nicht mehr die Helden des Bankkontos, sondern die der Arbeit und des schöpferischen Handelns. Es sollte jemand nur versuchen, die alten ›Sensationen‹ wieder populär zu machen. Die Leser würden die Zeitung zu Boden werfen. ›Was will der denn nun?‹ würden sie fragen, ›ist der Mann verrückt geworden?‹ Wir haben unsere eigenen Sensationen, die kleinen und die großen, und nur das sind die wahren Sensationen, die länger leben als die Tageszeitung, die sie verkündet ... Unsere großen Sensationen sind unsere Projekte, unsere Bauten, unsere Neuschöpfungen.«

7

Mit Sensationen anderer Art wurden die Leser von damals wahrhaftig nicht verwöhnt. Über Verbrechen wurde nichts mitgeteilt, obwohl die Verbrechensquote ziemlich hoch war. Vielleicht ist es dem Unsensationellen der Presse zu verdanken, daß sich die Öffentlichkeit einige Jahre später, als die Presse über etliche Fälle von Machtmißbrauch berichten mußte, nur nach einer einzigen Sensation sehnte: nach der Wahrheit. Diese beinhaltete manche blutige Geschichte –, keinen gewöhnlichen Totschlag oder banalen Lustmord, sondern die traurigen Sensationen von Schauprozessen und Justizmorden. Da hat sich so mancher Zeitungsschreiber, darunter auch Boldizsár, für seine Zeitung denn doch noch geschämt.

8

Was konnte man in diesen Zeitungen außerdem noch lesen? Der Mensch lebt schließlich nicht von Brot allein, wenn auch der Rekurs auf andere Güter des täglichen Bedarfs zu solch brotarmen Zeiten eher eine Sparmaßnahme war. Was fand der Leser von 1951 zum Beispiel zu Weihnachten in seiner Zeitung? Wenn er sich für Kunst interessierte, fand er folgenden Bericht:

»Fünfzehn Tage vor Ablauf der vorgesehenen Frist wird das neue Stalin-Denkmal fertig. Man fängt bereits an, es aufzustellen ... Der Schöpfer des Denkmals, der Bildhauer Sándor Mikus, ist von einer fieberhaften Aufregung erfüllt. ›Seit ich an dem Stalin-Denkmal arbeite‹, sagte er unserem Korrespondenten, ›hatte ich keine ruhige Nacht mehr. Jetzt, wo das Denkmal fertig ist, werde ich eine Woche lang schlafen.‹ Von den Dächern der Gebäude an der Ecke Gorki-Allee aus wird man die grandiose Bronzefigur Stalins mit Reflektoren beleuchten ...«

Das monströse Denkmal wurde bald darauf eingeweiht. Die dazugehörige Balustrade hatte man solide gefertigt, so daß die Parteiführung in Zukunft an Staatsfeiertagen dort den begeisterten Gruß der Volksmassen entgegennehmen konnte. Dazu mußte man nur eine alte Kirche entfernen, die die ideologische Harmonie solcher Demonstrationen ohnehin gestört hätte.

Vier Jahre nach der offiziellen Einweihung strömten am 23. Oktober wiederum die Massen auf diesen Aufmarschplatz, diesmal nicht zur Freude der Parteiführung, sondern um eben dieses Denkmal zu stürzen, dessen Erstellung dem Künstler so viele schlaflose Nächte bereitet hatte.

Nun zu einer anderen Kunstart. Die Budapester Oper inszenierte Verdis »Rigoletto« in neuer Besetzung. Dabei handelte es sich keinesfalls um ein rein musikalisches Ereignis. Der Kritiker lobte die Sänger mit folgenden Worten:

»Was den überwiegenden Teil der Sänger angeht, so konnte das Publikum feststellen, daß ihre Entwicklung von den erhöhten Anforderungen vorangetrieben worden ist. Die Künstler, die die Hauptrollen gesungen haben, traten im ›Rigoletto‹ nicht zum ersten Mal auf. Aber jetzt haben sie, im Interesse des gemeinsamen Zieles, im Interesse des Fortschritts der Kunst hin zum Realismus, ihre Leistung verbessert.«

Leistung war eines der offiziellen Ideale der Zeit. Man maß sie, im direkten Vergleich mit der Industrieproduktion, oft mit quantitativen Daten. So nahm der sowjetische Chefideologe Shdanow einem Komponisten übel, daß er zu wenig Töne schrieb, obwohl die Künstlerin, die die Hauptrolle singen sollte, über drei Oktaven verfügte. Die Kapazitäten mußten voll genutzt werden.

Auch die Literatur wurde nach sowjetischem Muster zentralisiert. Die offiziellen Erwartungen gegenüber den Schriftstellern wurden oft als solche der Leser dargestellt. »Was erbitten die Leser von den Schriftstellern?« wurde im Feuilleton der Zeitung gefragt. Auf einem zu diesem Zweck einberufenen Treffen bat eine Teilnehmerin, eine Ärztin, »mehr über die Ärzte zu schreiben«.

»Wir brauchen keine amerikanischen Piff-Paff-Romane«, sagte eine Hausfrau, »sondern wir brauchen solche Romane wie die sowjetischen.«

Umgekehrt baten die Schriftsteller die Werktätigen, stärker im literarischen Prozeß mitzuwirken. Sie sollten »mehr lesen und denjenigen, die über sie schreiben, mehr Ratschläge und mehr Kritik zukommen lassen«.

Mit sowjetischer Literatur war das ungarische Publikum in diesen Jahren reichlich versorgt. Das damalige Überangebot schädigt bis heute wirksam das Prestige des östlichen Nachbarn, die Rezeption der russischen Klassiker inbegriffen. Ein Verlagslektor, der vom Dumping des rosaroten Optimismus bereits die Nase voll hatte, erdachte einen bösen Scherz.

Jedesmal, wenn ein neuer Mitarbeiter im Verlag auftauchte, prüfte er zunächst dessen literarische Kenntnisse. Seine erste Prüfungsfrage lautete so: »Haben Sie bereits den berühmten sowjetischen Roman ›Lebendig begraben und doch unzufrieden‹ gelesen?«

9

Das sowjetische Kulturdumping war auch dann spürbar, wenn ein russisches Kulturangebot gar nicht unmittelbar vorhanden war. Eines der am meisten verbreiteten Mittel des ideologischen Drucks war die willkürliche Änderung von Straßennamen oder die Umbenennung von Kulturinstitutionen. Die Straßen erhielten Namen von nationalen Helden oder Helden der Arbeiterbewegung. Ein Kreuzworträtsel in der Sonntagsnummer schöpfte daraus sein Thema: »Lernen wir die neuen Straßen kennen«, so der Titel.

Alte Kinonamen wie »Royal«, »Corso«, »Savoy«, »Graf Bodo« oder gar »Elite« erinnerten allzu sehr an alte Zeiten, um als Aushängeschilder für die neue sozialistische Filmkunst fungieren zu können. Auch die Titel der neuen Filme sollten keinesfalls irgendwelchen Sensationshunger stillen. Ein durchschnittliches Kinoprogramm sah zum Beispiel so aus:
»Kino Erster Mai: Mit vollem Schwung (ungarischer Film)
Kino Roter Stern: Aschenputtel (sowjetischer Film)
Kino Balaton: Das Gawrilow-Tanzensemble (sowjetischer Film)
Kino Marx: Rumänischer Friedenskongreß (rumänischer Film)
Kino Partisan: Das Strandgut rächt sich (ungarischer Film)
Kino Fackel: Die kleinen Partisanen (tschechoslowakischer Film)
Kino Puschkin: Chinesischer Zirkus (sowjetischer Film)
Kino Sowjet: Das Leben siegt (rumänischer Film)«

Die nichtsozialistische Kinokunst war in Gestalt von ein

paar Filmen des italienischen Neorealismo oder von einigen französischen Streifen vertreten. Die langen Schlangen vor Gerard Philippe oder Gina Lollobrigida hatten eine gewisse Aussagekraft bezüglich des übrigen Angebots.

10

Auch die Rundfunksendungen waren nicht viel bunter; das Fernsehen existierte noch nicht. Um fünf Uhr morgens weckte man die Bauern mit dem Programm »Laßt uns einander bei der Ernte helfen«. Zum Mittagessen sorgte ein »Chor der Lehrer aus der Provinz« für Unterhaltung, nachmittags gab es »Lieder der Völker«. Danach wurde im Rahmen der Sendung »Politische Schulung« die letzte Kongreßrede des Parteichefs aufgearbeitet. Dann folgte die »Tageschronik der Volksarmee«, abgelöst von sowjetischen Kampfliedern, die bis zum frühen Abend durch den Äther rauschten. Am Spätabend kam dann Borodins Oper »Fürst Igor« auf russisch. Ab und zu versuchte man, mit Zigeunermusik oder Schlagern etwas Abwechslung ins Programm zu bringen.

11

Der gute alte Vorkriegs-Pressestil überlebte noch am ehesten in den Heiratsgesuchen. Die parteioffizielle Zeitung »Szabad Nép« druckte solche Anzeigen nicht, sondern überließ diese mondänen Texte der Volksfrontzeitung. Der Kampf des Neuen mit dem Alten konnte jedoch auch in dieser Sparte nicht ganz vermieden werden. Es gab durchaus konservativ klingende Angebote:

»Fünfundvierzigjährige mit blauen Augen wäre Ihnen eine treue Lebensgefährtin. Kennwort: ›Goldenes Haar‹.« Oder: »Ich möchte gern einen geschäftstüchtigen, römisch-katholischen, intelligenten Intellektuellen heiraten.« Ein Mann empfahl sich folgendermaßen: »Sechsunddreißigjähriger braunhaariger Mann sucht hübsche, junge, modern denkende Frau, um mit ihr seine wenige Freizeit zu teilen.«

Die blauen Augen, das braune Haar und ebenso die Geschäftstüchtigkeit gehörten noch zu einem alten Wertsystem. Sowohl in der Angebots- als auch in der Nachfragerubrik tauchte immer wieder das Wort »Intellektueller« auf. Die Intellektuellen waren dem neuen System vom ersten Tage an ein wenig suspekt gewesen. Man machte ihnen schwankende Kleinbürgerlichkeit zum Vorwurf, in Wirklichkeit jedoch befürchtete man ihre Individualität, eine Eigenschaft, die bei denen, die mit blauen Augen und goldenen Haaren inserierten, besonders geschätzt war. Und da das Regime schon seine eigene Intelligenz geschaffen hatte, nämlich die aus der Arbeiterklasse stammenden kleinen Funktionäre, schien es angeraten, Vorsicht walten zu lassen. Deshalb war es kein Euphemismus, wenn die Dame ausdrücklich einen »intelligenten Intellektuellen« herbeiwünschte. Dies entsprach dem früheren Ausdruck »bessere Leute«.

Die neueren Anzeigen hingegen verfochten das offizielle Wertsystem – ob ehrlich oder aus Konformismus, sei dahingestellt. Das Schlüsselwort für diese Art von Kontaktsuche hieß »Werktätige«. Zum Beispiel so:

»Rundliche dreiundvierzigjährige Frau sucht einen fortschrittlich denkenden Werktätigen als Lebensgefährten.« Einerseits also runde Formen, andererseits fortschrittliches Denken als Gegenleistung. Die Wortwahl war in keinem Punkt zufällig. Diese Frau suchte nicht einen »modern«, sondern einen »fortschrittlich Denkenden«. Das Wort »modern« war veraltet, kompromittierend und – vor allem – westlich.

Die Frauen akzeptierten die ideologischen Formeln, wollten jedoch häufig auch alten Erwartungen entsprechen:

»Alleinstehende, hübsche, vierzigjährige werktätige Frau möchte einen fünfzigjährigen Werktätigen heiraten, der eine Musterfrau sucht.« Die Musterfrau war offensichtlich von einer Wandpaneele der dreißiger Jahre heruntergefallen, der Werktätige von einem Transparent der fünfziger Jahre. Die Männer formulierten etwas rigider:

»Industriearbeiter sucht werktätige Frau bis neununddreißig zwecks Heirat. Kennwort: ›Nur Werktätige‹.«

Die Zeitungsartikel der fünfziger Jahre, die mir der alte Professor vererbte, spiegeln ihre Zeit in einer Hinsicht vollständig wider: in ihrer Öde und grauen Düsternis.

Nach 1956 war es nicht mehr möglich, in dieser Art zu publizieren. Die anderthalb Wochen des Aufstands ließen den tatsächlichen Zustand des Landes, die wirkliche Beziehung zwischen Staat und Gesellschaft nur allzu deutlich werden. Es hat einen gewissen Symbolwert, daß sich die nach der Niederlage des Oktober neu erscheinende Parteizeitung nicht mehr »Szabad Nép« – Freies Volk – nannte, sondern das Wort »Népszabadság« – Volksfreiheit – auf ihr Titelblatt schrieb. Trotzdem war der Kontinuität halber die Jahrgangsnumerierung der Vorgängerin übernommen worden.

Diese gleichzeitige Leugnung und Weiterführung der Vergangenheit läßt sich auch inhaltlich in der ungarischen Presse der Ära Kádár wiederfinden. Die Informationen sind viel besser geworden, der Stil sachlicher. Wenn man jedoch den Anspruch stellt, daß die Bedürfnisse des Lesers schnell und genau befriedigt werden sollen, bleibt viel zu wünschen übrig. Vor allem in der Außenpolitik, aber auch im Bereich Innenpolitik gibt es viele Tabus. Und jedesmal, wenn in einer ideologischen oder kulturellen Diskussion die offizielle Meinung zum Ausdruck gebracht wird, tauchen bestimmte alte Worte auf, die längst vergessen sein sollten.

(1986)

Die ungarische Fußballkatastrophe von 1954

Im Sommer 1986 wurde die ungarische Fußball-Nationalmannschaft in Mexiko von den sowjetischen Spielern mit einer 6:0-Niederlage vernichtend geschlagen und handelte sich außerdem drei schmähliche Tore seitens der französischen Mannschaft ein. Der Budapester Volkshumor reagierte darauf mit einem scherzhaften Dokument. Es handelte sich um eine illegal gedruckte Todesanzeige, die in manchen Schaufenstern oder auf Bürowänden zu finden war:

»All jenen, die die Nationalelf gekannt und geliebt haben, teilt das Präsidium des Ungarischen Fußballverbandes gebrochenen Herzens mit, daß selbige am 2. Juni 1986 im Stadion von Iraputao nach neunzigminütigem Todeskampf selig entschlafen ist. Das letzte Geleit gaben wir unserer teuren Verstorbenen am Abend des 9. Juni 1986 um 20.00 Uhr im Stadion von Leone.«

Der Hintergrund des Fiaskos in Mexiko und auch dessen tatsächliches Ausmaß ist unklar geblieben. Wahrscheinlich wird es der Sportgeschichtsschreibung überlassen bleiben, darüber reinen Wein einzuschenken. All jene, die an dem öffentlichen Skandal beteiligt waren, sowohl Spieler als auch Funktionäre, bewahrten ängstliches Stillschweigen über die Konflikte, die dem Spiel vorausgegangen waren. Die Öffentlichkeit erahnte düstere Geheimnisse. Mancherorts wurde über Doping gemunkelt, das angeblich während des Vorbereitungstrainings die Spieler angeheizt haben soll. Eine weitere Ansicht, die mehr Realitätsgehalt haben könnte, lautete, das Privatengagement vieler Spieler im westlichen Ausland habe die Kampfesmoral der Elf untergraben. Offiziell gab es nur eine Entschuldigung, die einigermaßen stichhaltig klang: In Mexiko war es zu heiß.

Ohne mich den typischen Sportfanatikern anschließen zu

wollen, verzichte ich auf die obligatorische Suche nach Sündenböcken. Ich finde das Verhalten der Fans im Augenblick des Sieges oder der Niederlage viel interessanter als den Sieg oder die Niederlage selbst. Für mich ist es ein durchaus aufmunterndes Phänomen, daß die namenlosen Vertreter der Sportöffentlichkeit im Jahre 1986 so humorvoll auf das Desaster der ungarischen Mannschaft reagieren konnten. Es ist noch beruhigender, daß sich weder die Partei noch die Regierung gezwungen sah, irgendeine Erklärung zum Fall Mexiko abzugeben. Es ist eine große Errungenschaft, daß man in Ungarn inzwischen nicht nur Kirche und Staat, sondern auch Politik und Sport voneinander trennen kann.

Denn das war nicht immer so. Vor gut dreißig Jahren war der Sport direkter Bestandteil der Politik. Die verstaatlichten Sportinstitutionen wurden von einem Funktionär im Ministerrang geleitet, die Arbeit der Sportclubs wurde aus der Staatskasse subventioniert. Eine der größten Investitionen in den ersten Jahren des Sozialismus war der Bau des Volksstadions in Budapest für 100 000 Zuschauer. Es wurde 1954 im Beisein der höchsten Führer des Landes eröffnet.

Die Spitzensportler gehörten zu Beginn der fünfziger Jahre zu den Auserwählten der Gesellschaft. Auf Kongressen oder bei internationalen Treffen vertraten sie die nichtexistierende Öffentlichkeit. Sie gehörten zu jenen, die schon sehr früh Privatautos, Kühlschränke und Fernseher ihr eigen nennen durften. Natürlich verfügte die Gesellschaft auch über andere Privilegierte, über namhafte Künstler und Wissenschaftler, daneben auch über einige Bergleute, deren Prestige offensichtlich zum Zwecke einer angestrengten industriellen Entwicklung künstlich genährt wurde. In einem Punkt aber konnten sich weder die Machtelite noch ihre verschiedenen Günstlinge mit den Sportlern messen, nämlich in der Popularität. Die Erfolge der Sportler waren nicht nur Bestandteil der Staatsraison, sondern auch des Nationalstolzes.

Im denkbar günstigsten Fall ist der Nationalstolz die Summe des Selbstbewußtseins aller freien Staatsbürger. Nach verlorenen Kriegen jedoch und insbesondere in Diktaturen kann dieses Gefühl erheblich an Dimension gewinnen. Menschen, denen jegliches nationale Selbstvertrauen fehlt, suchen entweder Halt in der Vergangenheit oder streben nach Ersatzbefriedigung, da es unmittelbare Erfolgserlebnisse nicht gibt. Letzteres war in den fünfziger Jahren in Ungarn der Fall. So hat der Sport, vor allem der Fußball, außer der gewohnten Funktion als Zirkusspiel noch eine andere Bestimmung: Er ist ein bedeutender Trostspender. Der kleine Mann drückt sonntags seiner Lieblingsmannschaft die Daumen und lebt seine alltäglichen Aggressionen aus, indem er die gegnerische Mannschaft niederschreit. Doch nicht nur er findet im Stadion Trost für die Erniedrigungen und Frustrationen der ganzen Woche, sondern auch das alltägliche Fiasko der ganzen Gesellschaft soll auf dem grünen Rasen wiedergutgemacht werden.

Zu diesen für jede sportbegeisterte Gesellschaft charakteristischen Erscheinungen kam im Ungarn der fünfziger Jahre ein weiterer wichtiger Faktor hinzu: Die Herrschenden suchten dieses gewaltige emotionale Potential für ihre politischen Interessen nutzbar zu machen. Die Begeisterung der Fans wurde mit allen verfügbaren propagandistischen Mitteln angeheizt. Internationale Wettkämpfe waren dazu besonders geeignet, und trotz ihres spielerischen Ansatzpunktes entbehrten sie nicht charakteristischer Merkmale des Krieges.

Der beispiellose Fortschritt des ungarischen Fußballs erfolgte in einer Zeit, die für die Gesellschaft eine ständig wachsende Serie von Niederlagen mit sich brachte. Im Sommer 1952, als die Ungarn bei den Olympischen Spielen in Helsinki alle möglichen Siege errangen, vernichtete eine langanhaltende Dürreperiode fast die gesamte Getreideernte des Landes. Infolge eines monströsen industriellen Investitionsprogramms sank der materielle Lebensstandard der Bürger weit unter das Vorkriegsniveau. Die Parteiführung war angesichts der Krise nach Stalins Tod verunsichert. So wurde das traurige Staatsgeheimnis der ökonomischen und sozialen Mißstände allgemeines Gesprächsthema.

Für ein anderes Thema sorgte damals die goldene Mannschaft um Puskás, die sich auf einen entscheidenden Kampf vorbereitete. Das »Spiel des Jahrhunderts« fand im Londoner Wembley-Stadion am 25. November 1953 statt. Der ungarische Sieg über die britische Mannschaft mit 6:3 überraschte sogar diejenigen, die sich über die Stärke und Qualität der Budapester Elf durchaus im klaren gewesen waren. Die Briten waren nämlich »zu Hause« noch kein einziges Mal geschlagen worden. Die Weltpresse sang Dithyramben auf das überlegene Können, die Disziplin und die moralische Stärke der Magyaren. Die Budapester Propaganda war offensichtlich mit diesen Lobeshymnen noch nicht zufrieden, denn sie ergänzte sie im hehren Rausch des Triumphes wie folgt:

»... es gibt noch einen Faktor ... der die Mannschaft zu einer unbesiegbaren Einheit zusammenschmiedete, und das war die Heimatliebe, die feste Entschlossenheit, dem Vertrauen des Volkes mit allen Kräften entsprechen zu wollen ...

Deshalb ist es kein Zufall, sondern eine Selbstverständlichkeit, daß die erste Mannschaft, die die englische Elf besiegte, ausgerechnet die ungarische war, einem Land entstammend, das sein Volk und seine Jugend in Freiheit mit großartigen Aufbauleistungen sowie patriotischen Taten begeistern kann.«

Im Augenblick des Sieges konnte man der Parteipresse außerdem entnehmen, daß es Panikmacher und Defätisten im Lande gab, die an den Sieg in diesem heiligen Kampf nicht hatten glauben wollen. Die Parteizeitung »Szabad Nép« ließ ahnen, daß es sich hier womöglich um imperialistische Agenten handelte:

»Es gab auch hierzulande eine Gruppe von Nörglern, die –

sie wußten wohl, warum – einen ungarischen Sieg für aussichtslos hielt. Wir sagen es offen: Die überwältigende Mehrheit der englischen Zeitungen und die verschwindend kleine Gruppe der Nörgler zu Hause unterschätzten die ungarische Mannschaft nicht ohne Grund. Die in der englischen Presse vor dem Spiel eingestreuten Bemerkungen über den ›Eisernen Vorhang‹ oder ›die Roten‹ lassen das Ziel dieser Kampagne erraten: Mit dem als sicher erachteten Sieg wollte man nicht nur dem ungarischen Sport einen Schlag versetzen, sondern auch dem Gesellschaftssystem, das durch den Sport für manche Kreise in England zu populär geworden ist.«

Diese Art von Propaganda läßt erahnen, daß im Wembley-Stadion nicht nur Mannschaften, sondern auch soziale Systeme um den Vorrang kämpften. Der 6:3-Erfolg bedeutete einen tatsächlichen Durchbruch des Sozialismus gegenüber dem kapitalistischen System. Die Parteizeitung spricht dies nicht offen aus, sondern wirft im Gegenteil der bürgerlichen Presse eine übermäßige Politisierung des Sports vor. Indirekt gibt sie jedoch zu verstehen, daß sie eine solche Interpretation des Sieges durchaus annehmbar fände. »Szabad Nép« bedient sich dazu eines Zitats aus dem »Daily Worker«, dem Zentralorgan der Kommunistischen Partei Großbritanniens. Diese Zeitung würdigt die ungarische Nationalelf in einem Leitartikel wie folgt – unter dem Titel »Eine Mannschaft, von der Freiheit gebaut«:

»Was ist die Erklärung für den Sieg der Ungarn? Manche Leute behaupten: Die Ungarn stehen unter staatlicher Kontrolle, und wir könnten auch Vergleichbares erreichen, wenn wir es wollten. Darauf kann man antworten: Wenn diese Mannschaft durch staatliche Kontrolle entstanden ist, dann sollten wir uns auch eine staatliche Kontrolle wünschen. Aber der ungarische Fußball steht nicht in stärkerem Maße unter staatlicher Kontrolle als der englische. Tatsache ist, daß die Volksdemokratie die Möglichkeit bietet, eine Mannschaft zu schaffen, die in Wembley die Urheimat des Fußballs mit Bewunderung erfüllen konnte.«

Vielleicht war auch für manche der damaligen Leser deutlich, mit welch verlogenen und albernen Argumenten der »Daily Worker« die goldene Mannschaft von Budapest würdigte. Dennoch wäre es gut gewesen, wenn die britische kommunistische Presse – gleiches gilt für die französische und italienische – nur die staatliche Kontrolle des ungarischen Fußballs so eifrig gelobt hätte. Denn gelobt wurden auch noch ganz anderes: Man fand Ruhmesworte für die stalinistischen Schauprozesse, man wußte die Zwangskollektivierung in der Landwirtschaft zu schätzen, und manchmal wurde sogar behauptet, die Presse in den Volksdemokratien sei freier als die im Westen. Gemessen an der Laudatio in der KP-Zeitung wirkt der gemütliche Nationalismus eines Kommentars aus der Zeitung »Scotsman« – übrigens des einzigen, der in der ungarischen Preise in vollem Wortlaut abgedruckt wurde – geradezu erfrischend: »Hier (in Schottland) hatte niemand ein tröstendes Wort für England in der bitteren Stunde seiner Erniedrigung. Keine einzige Träne wurde darüber vergossen, daß die gewaltigen Ungarn unsere Nachbarn besiegt haben. England hat allem Anschein nach dieses Spiel ebenso verloren, wie es seine Kolonien verloren hat. Wie wir England kennen, ist es von dieser Niederlage mehr erschüttert als durch den Verlust seiner Kolonien ... Obwohl wir nicht die Auffassung teilen, daß England durch diese Niederlage zur Weltmacht vierten Ranges geworden ist, sind wir doch großzügig genug, darauf zu hoffen, daß England aus seinem Fiasko eine Lehre ziehen wird.«

Während die Sportwelt durch den Londoner Triumph in Atem gehalten wurde, bereitete sich Ungarn auf den Empfang der Jungs mit den goldenen Füßen vor. Am 3. Dezember 1953 wurde die Mannschaft ab Mitternacht von einer riesigen Menschenmenge auf dem Grenzbahnhof Hegyeshalom erwartet. Gekommen waren, wie die Parteipresse berichtete, die »Werktätigen der grenznahen Betriebe und Dörfer, die ihre Geschenke und Grüße übermitteln wollten. Der kleine Grenzbahnhof erwies sich als zu eng. Hunderte standen Spalier zu beiden Seiten der Gleise, als der Zug um ein Uhr zwölf, von den Klängen des Sportmarsches begleitet, in den Bahnhof einfuhr...«

Eine jubelnde Menschenmenge wartete auch in Budapest auf dem Platz vor dem Ostbahnhof. »Auf der Seite des Bahnhofs, wo die Züge ankommen«, lesen wir in der Presse, »wurde vor dem Ausgang eine Ehrentribüne errichtet. Auf dem fahnengeschmückten Platz wuchs die Masse der Wartenden von Minute zu Minute. Zum Empfang unserer Fußballspieler waren Vertreter der Partei, der Regierung, der Kultur und der Öffentlichkeit erschienen.«

Im Namen der »Öffentlichkeit« wurden die Spieler vom Genossen István Kristóf begrüßt, dem Vorsitzenden der staatsoffiziellen Einheitsgewerkschaft, im übrigen Mitglied des Politbüros. Redner gab es viele, doch selbstverständlich fehlte auch nicht der einfache Arbeiter, der im Namen der Belegschaft den Fußballstars versicherte, man werde als Gegenleistung für die sechs siegreichen Tore die Produktionsnorm um sechs Tonnen übererfüllen.

Für die Leute, die an diesem eiskalten Morgen am Bahnhofsplatz standen, um die zumeist aus dem Arbeitermilieu stammenden Fußballer zu begrüßen, gab es außer der Freude an diesem Triumph reichlich wenig Erfreuliches im Leben. Vielleicht konnten sie in diesen Tagen wieder Hoffnung schöpfen, daß es nach dem Fußballerfolg endlich auch andere Erfolge geben würde – daß man zum Beispiel Brot und Milch kaufen könnte, ohne Schlange zu stehen.

Dichter schrieben Dithyramben, Chöre sangen Lieder zu Ehren der Nationalelf. Dem Sieg in Wembley folgten andere, unter ihnen der Sieg beim Rückspiel in Budapest, im neuen Volksstadion, wo die Engländer eine 1:7-Niederlage einstecken mußten. Die Erfolgsserie schien unendlich zu sein.

Allerdings gab es auch besorgniserregende Töne. In der Bevölkerung kursierten böse Gerüchte; man erzählte sich Geschichten über märchenhafte Fußballergagen, die manch einem das Blut zum Sieden brachten. Angeblich gab es ein Geheimabkommen zwischen der Mannschaft und der Regierung, das den Fußballern gestattete, nach jedem Auslandssieg zollfrei beliebige Warenmengen importieren zu dürfen. In einem Land, das jährlich nur ein paar tausend Funktionäre verlassen durften, hatten solche Gerüchte Sensationswert.

Eine andere Geschichte drehte sich ebenfalls um Geld. Angeblich hatte der große Puskás auf die Frage des Sportministers, wie es mit der Kondition der Mannschaft derzeit bestellt sei, mit den Worten geantwortet: »Genosse Minister, kleine Kohle – kleines Spiel, große Kohle – großes Spiel.« Dieser Satz wurde schon bald zum geflügelten Wort. Man bewunderte die Jungs – vor allem Puskás als hoffnungsvollen Offizier der Ungarischen Volksarmee – weil sie es wagten, sich den Funktionären gegenüber souverän zu verhalten. Auch die Prassereien und Luxusautos hatte man ihnen verziehen – in den Augen des Volkes hatten sie auf all das viel mehr Anrecht als die Herrschenden. Nur ein Recht sprach man der Nationalmannschaft völlig ab, nämlich das, ein Spiel zu verlieren.

Auf dem Parteikongreß im Mai 1954 wurden die Fußballer vom Parteivorsitzenden Rákosi persönlich in seinem Rechenschaftsbericht gewürdigt. »Die Errungenschaften der guten Arbeit in unserer Volksdemokratie zeigten sich auch in der Entwicklung des Sports, in den Erfolgen, die die ungarischen Sportler bei internationalen Treffen erzielen konnten. Diese Erfolge ... mehren nicht nur die Sympathien für die ungarische Volksdemokratie, sondern auch für das ganze Lager des Friedens ...«

Das »Lager des Friedens«, damals ein Euphemismus für die Länder im sowjetischen Machtbereich, brauchte in Wirklichkeit eher die Sympathie der eigenen Bevölkerung. Vor allem das ursprünglich beschönigende Wort »Lager« begann allmählich zweideutig zu werden. In Ungarn wurden damals im Zeichen der neuen Politik von Imre Nagy die ersten Internierungslager aufgelöst.

Die Verdienste der goldenen Füße wurden zu einem Zeitpunkt parteioffiziell gewürdigt, als die Elite des ungarischen Fußballs sich gerade auf die Fußballweltmeisterschaft in Bern vorbereitete. Nach der vielbewunderten Erfolgsserie hatte man keinen Zweifel daran, daß der Rimet-Pokal der ungarischen Mannschaft leicht in die Hände fallen würde.

Die Nation saß vor ihren kleinen Volksradios, die massenhaft in Umlauf gebracht worden waren, um zu vermeiden, daß westliche Sender übermäßig viel gehört würden. Die Nachrichten aus Bern waren atemberaubend. Ungarn–Brasilien 4:2, Ungarn–Uruguay, nach einer Verlängerung, 4:2, Ungarn–Bundesrepublik Deutschland 8:3. Bei diesem Spiel geschah etwas Beunruhigendes. Puskás, der ständig von Spitzenspielern der deutschen Mannschaft hautnah gedeckt wurde, zog sich in einem besonders heftigen Augenblick eine Verletzung zu. Der Glaube des heimischen Publikums an die ungarische Mannschaft blieb jedoch ungebrochen. Per Losentscheid wurde festgelegt, daß Ungarn gegen die Westdeutschen ins Endspiel gehen sollte. Am ersten Juliwochenende war die Stimmung in Ungarn auf dem Siedepunkt. Die Parteiführung und der Staatssicherheitsdienst fühlten sich durch die besondere historische Verantwortung des Augenblicks zu einer sehr ungewöhnlichen Maßnahme veranlaßt. Die Nachrichtenagentur MTI meldete am Freitag, dem 2. Juli, zwei Tage vor dem entscheidenden Spiel:

»Mehrere Familienmitglieder der Spieler unserer sich auf der Schweizer Weltmeisterschaft triumphal behauptenden

Nationalmannschaft reisen in die Schweiz, um dem Endspiel am Sonntag beiwohnen zu können. Die Gruppe der Familienangehörigen fährt heute abend um einundzwanzig Uhr zwanzig vom Budapester Ostbahnhof ab.« Natürlich wurden die Mütter und Ehefrauen von einer begeisterten Menge verabschiedet und mit dem Mandat eines ganzen Landes versehen, den Jungs da drüben in einem Kampf das Rückgrat zu stärken, von dem es hieß, daß nicht nur der Ausgang der Weltmeisterschaft, sondern das Schicksal der Nation von ihm abhinge.

Dann nahm die Tragödie ihren Lauf. Der Sporthistoriker Károly Molnár schrieb darüber vierundzwanzig Jahre später: »Die Angehörigen reisen ab, sie sind jedoch unerfahrene ›Weltreisende‹. Unterwegs zur Schweiz verlassen eine Mutter und eine Ehefrau – wahrscheinlich die Frau von Kocsis – den Zug, um Trinkwasser zu holen. Der Internationale Expreßzug hat für diese gute Absicht kein Verständnis, und die beiden Frauen bleiben zurück. Dieses unangenehme Zwischenspiel erhöhte die Unruhe unter den Spielern der ungarischen Mannschaft.«

Es gab auch noch andere Gründe zur Beunruhigung. Die Unterkunft der Ungarn befand sich in Solothurn, wo zu dieser Zeit ein Volksfest tobte. Der Lärm störte den Nachtschlaf der Spieler und störte sie auch beim Training. Auch das Wetter verwöhnte die Sportler nicht besonders. Es regnete tagelang, und das Spielfeld war ziemlich naß. Drei siegreiche Spiele hintereinander hatten die Mannschaft stark in Anspruch genommen. Aber jeder beantwortete die Frage des Sportministers Sebes, ob er sich einsatzbereit fühle, mit einem eindeutigen Ja.

Ein besonderes Problem stellte der Einsatz von Puskás dar. Wegen seiner Beinverletzung hätte er eigentlich dem Spielfeld fernbleiben müssen. Andererseits schien es moralisch untragbar, ihn aus der Entscheidungsschlacht herauszuhalten, denn Puskás war am ehesten geeignet, als legendärer und weltberühmter Kapitän der Mannschaft den Rimet-Pokal in Empfang zu nehmen.

Das Spiel an jenem Sonntag begann mit zwei ungarischen Toren – eines davon schoß Puskás den Westdeutschen ins Netz. Aber die Deutschen holten noch in der ersten Halbzeit auf, und in der zweiten Halbzeit mußte der Torwart Grosics ein drittes westdeutsches Tor in Kauf nehmen. Das dritte Tor war entscheidend für den Ausgang der Weltmeisterschaft: Fritz Walter, der deutsche Mannschaftskapitän, nahm den Pokal in Empfang, und die Ungarn mußten sich mit dem zweiten Platz zufriedengeben.

Jeder, der das Spiel bis zum Ende verfolgen konnte – sei es, daß er im Wankdorfstadion persönlich anwesend war, sei es, daß er die Rundfunkübertragung hörte oder das Match gar schon im Fernsehen verfolgen konnte –, war sich darüber im klaren, daß das Spielergebnis den realen Kräfteverhältnissen keineswegs entsprach. Die westdeutsche Mannschaft war nie wieder so in Form wie in Bern. Aber nicht darum ging es, sondern um das Ergebnis der Weltmeisterschaft im Juli 1954, und das Ergebnis hieß: Deutschland ist Weltmeister.

Die Verbitterung der ungarischen Spieler war unbeschreiblich. Die politische Tragweite wurde jedoch zuerst von der Parteiführung erkannt. Jetzt kam die jahrelang hochgeputschte Triumphstimmung wie ein Bumerang zu den Agitatoren zurück. Das Schluchzen des populären ungarischen Rundfunkmoderators György Szepesi klang den Hörern noch in den Ohren, als der Korrespondent der Parteizeitung in Bern bereits eine erste Bilanz zog:

»Als wenn wir aus dem siebenten Himmel gefallen wären – so fühlten wir uns am Sonntag nach dem Endspiel der Weltmeisterschaft. Inzwischen haben wir das Ganze schon einmal überschlafen. Aber es scheint noch immer ein Alptraum zu sein, daß unsere Truppe, vier Jahre lang unbesiegt, die hier auf der Weltmeisterschaft unter anderem die Mannschaften Brasiliens und Uruguays besiegte, nun eine Niederlage von einem Team einstecken mußte, das man wirklich guten Gewissens nicht zu den drei besten der Welt rechnen kann.«

Die Suche nach den Sündenböcken begann sofort, was daraus deutlich wird, daß der Sportminister sich eilig bemühte, den Einsatz Puskás' zu rechtfertigen. Und in dem Maße, wie die Mannschaft bei der Heimreise dem Land immer näher kam, vermehrten sich auch die Schutzargumente: Die Sportler seien zu erschöpft gewesen; das Wetter habe sie im Stich gelassen, und selbst Fortuna sei zur westdeutschen Mannschaft übergewechselt. Wie sie das tat, darüber gibt eine höchst merkwürdige Feststellung in der Parteizeitung Aufschluß:

»Rückblickend auf die Ereignisse der Weltmeisterschaft, müssen wir auch an die Atmosphäre denken, die während des Spiels geherrscht hat und mit der unsere Mannschaft ebenfalls zu kämpfen hatte. Bei der ersten Begegnung mit der Mannschaft Westdeutschlands wurden unsere Gegner durch das Gebrüll aus den Kehlen von 35 000 fanatischen Deutschen angeheizt.«

Dieses Argument war zumindest teilweise zutreffend. Die Staatsbürger der Bundesrepublik konnten sich erlauben, massenhaft an den entscheidenden Spielen ihrer Mannschaft teilzunehmen. Denn die »fanatischen Deutschen« verfügten über etwas, wovon die an Selbstbewußtsein so reichen ungarischen Fußballfans nur träumen konnten: über ein gültiges Reisedokument, mit dem sie ihr Land jederzeit verlassen durften.

Der offizielle Empfang der Mannschaft wurde diesmal in der Presse viel zurückhaltender angekündigt als der nach dem 6:3 in London. Zwar war der zweite Platz in Bern, rein formal gesehen, wichtiger als der Erfolg gegen die Briten. Nichtsdestoweniger begnügte sich die offizielle Nachrichtenagentur mit einer kurzen Mitteilung: »Die ungarische Fußballmannschaft ist nach ihrer Teilnahme an der Weltmeisterschaft in der Schweiz am Mittwoch vormittag nach Ungarn zurückgekehrt. Die Gruppe, die sich bei dem bisher größten internationalen Treffen ausgezeichnet hat, wurde auf der Grenzstation Hegyeshalom feierlich empfangen. Auf dem geschmückten Grenzbahnhof waren trotz der Vormittagsstunde zahlreiche Menschen zur Begrüßung der Mannschaft erschienen. Genau um zehn Uhr fünfzig traf der Zug ein, in dessen Fenstern nacheinander die lange nicht mehr gesehenen, jedoch bekannten Gesichter auftauchten. Nach dem Aussteigen kam es zu einer kurzen Kundgebung.« Die Reden der diesmal nicht so hochrangigen offiziellen Vertreter waren etwas knapp gehalten. Das Kommuniqué endet rasch wortkarg: »Die Spieler der ungarischen Mannschaft nahmen anschließend an einem Bankett teil.«

Der Sporthistoriker Molnár, damals Korrespondent des Budapester Rundfunks, erinnert sich an jenen etwas düsteren Empfang. Bei der Ankunft der Spieler war er auf dem Grenzbahnhof anwesend. Die enttäuschten und empörten Fans bewarfen den Studiowagen des Rundfunks mit Steinen, denn sie meinten, man wolle in dem LKW die zur Schande des Landes gewordenen Spieler in die Hauptstadt schmuggeln. Der Fahrer, offensichtlich ein Mitarbeiter des Staatssicherheitsdienstes, sagte angesichts der tobenden Menge zu dem Journalisten, Vergleichbares habe er nur gesehen, als er die von den amerikanischen Behörden ausgelieferten ungarischen Kriegsverbrecher vom Budapester Flughafen abholte und ins Gefängnis begleitete. »Währenddessen«, fährt der Sporthistoriker fort, »wartet das enttäuschte, verbitterte Publikum am Ostbahnhof auf die Mannschaft. Man wartet lange, um die verlorenen Illusionen von den Spielern zurückzufordern. Man wartet lange und vergeblich ... Der Zug wird bei Györ auf ein anderes Gleis gestellt, die Mannschaft wird nach Tata befördert, wo sie auf einem abgeriegelten, leeren Bahnhof aussteigt. Nächstes Ziel ist das Trainingscamp Tata.«

Die Menschenmenge vor dem Ostbahnhof formierte sich zu einer spontanen Massenkundgebung, zur ersten Demonstration seit der kurzen Phase der parlamentarischen Demokratie nach 1945. Zehntausende zogen durch die Rákoczi-Straße, warfen Schaufenster ein und forderten den Kopf des Sportministers. Man behauptete, die ungarische Mannschaft sei für zweihundertfünfzig Volkswagen-Kleinbusse an die Deutschen verkauft worden. Manche wollten die Busse sogar gesehen haben. Die Polizei des Polizeistaats flüchtete erschreckt in die Hauseingänge.

Manche Historiker behaupten, jene Niederlage in Bern sei einer der Hauptgründe für den Aufstand im Oktober 1956 gewesen. Wenn die große Nationaltragödie, die mit den Zahlen 3:2 ausgedrückt werden kann, für dieses historische Ereignis wirklich eine Bedeutung hatte, dann war sie nur die Initialzündung einer langjährigen Frustration.

Und das Bankett, das in der kurzen Meldung der Nachrichtenagentur erwähnt worden war? Es hat tatsächlich stattgefunden, und die Stimmung muß der bei einem Totenschmaus sehr ähnlich gewesen sein. Die Spieler erfuhren jedoch Trost von allerhöchster Instanz, denn, so erzählt der Chronist, »zur allgemeinen Überraschung erschien plötzlich Rákosi selbst auf dem Bankett. Er teilte mit, der zweite Platz sei auch ein Erfolg, und niemand werde bestraft oder auf andere Weise benachteiligt, weil die Weltmeisterschaft zu diesem Ende gekommen sei.«

Diese Art von Zuspruch, die einen heute noch erschauern läßt, war der Schlußakkord der ungarischen Fußballhysterie. Seitdem ist niemand in Ungarn mehr der Meinung, daß ein System seine Überlegenheit gegenüber anderen Systemen durch ein Fußballspiel unter Beweis stellen kann. Seit 1954 mußten auch die größten Fanatiker unter den Staatsmännern einsehen, daß Fußball einfach ein Spiel ist, bei dem man sowohl gewinnen als auch verlieren kann. Und schon bald mußten sie sich davon überzeugen lassen, daß es in der Politik auch nicht viel anders ist.

Die Schriftsteller proben den Aufstand 1953–1956

I

»Wir trauern um den größten Sohn der Zeit,
Wir trauern um den Ingenieur des Morgen.
Doch werden wir sein großes Werk besorgen,
Zu folgen Stalin sind wir stets bereit.
Wir trauern um den Führer – doch der Lenz naht,
Die Bäume zeigen schon ihr Blütenkleid.«

So beginnt die Hymne des Dichters László Benjámin auf den Tod Stalins im März 1953. Benjámin, ein ehemaliger Sozialdemokrat, war zu dieser Zeit einer der Preisgekrönten des Systems. In jenen kalten Tagen ahnte noch niemand im Lande, daß Stalins Tod bald zum Ausgangspunkt der heftigsten inneren Krise werden würde, die je eine Volksdemokratie erschüttert hatte. Die Struktur der Unterdrückung, das Einparteiensystem und die Allmacht der Geheimpolizei schienen unveränderlich zu sein. Auch die Literatur war von jener eintönigen Starrheit geprägt. Doch nicht nur die Literatur, sondern die Atmosphäre der ganzen Gesellschaft wurde seit 1949 durch das Fehlen jeglicher Art von Kritik bestimmt. Selbst der sozialistische Barde László Benjámin wird kaum geahnt haben, daß er in wenigen Jahren zu den führenden Persönlichkeiten einer geistig-politischen Bewegung gehören würde, die als »Rebellion der Schriftsteller« Eingang in die ungarische Geschichte finden sollte.

Die inneren Kämpfe der sowjetischen Parteiführung um Stalins Erbe brachten im Frühsommer des Jahres 1953 tektonische Schwankungen mit sich, die das Vorzeichen eines großen Erdbebens darstellten. Zu einem ersten Ausbruch von Massenbewegungen, der nur mit sowjetischen Panzern niedergeschlagen werden konnte, kam es am 17. Juni 1953 in der

DDR. Zwar sprachen die sowjetische und die osteuropäische Propaganda in diesem Zusammenhang von einem »Tag X«, der von den westlichen Geheimdiensten organisiert worden sein sollte. Nach der Logik des Kalten Krieges schien diese Argumentation auch gar nicht abwegig. Aber die Führer der KPdSU wußten, daß diese Erklärung bei weitem nicht ausreichte – vor allem dann nicht, wenn man ähnlichen Erscheinungen in den Bruderländern rechtzeitig Vorschub leisten wollte. Ungarn galt der sowjetischen Parteiführung als schwächstes Kettenglied des osteuropäischen Staatensystems. Diesbezügliche Informationen über die Unzufriedenheit der Bevölkerung standen mehr als hinreichend zur Verfügung. Die Bauern waren gegen die gewaltsamen Methoden der landwirtschaftlichen Kollektivierung und fühlten sich als Katholiken von der Glaubensverfolgung im Lande bedroht. Auch die Arbeiter, wenngleich in gedämpfter, passiver Form, protestierten gegen die Ausbeutung in der verstaatlichten Industrie und gegen die Bespitzelung im Betrieb mit all ihren strafrechtlichen Folgen. In jenen Jahren wurde gegen mehr als 100 000 Staatsbürger irgendein politisches Verfahren eingeleitet. Die Gefängnisse und Internierungslager waren überlastet. Zur allgemeinen Armut und Bedrücktheit trug auch die gnadenlose Dürre des Sommers 1952 bei, die auf die Lebensmittelversorgung vor allem der Landbevölkerung verheerende Auswirkungen hatte. Dem real existierenden tristen Zustand gegenüber betonte die lautstarke Erfolgspropaganda der gleichgeschalteten Presse den Wohlstand des ungarischen Volkes. Dieser sei einzig und allein der Partei und ihrem Führer, »Stalins bestem ungarischem Schüler«, dem Diktator Mátyás Rákosi zu verdanken.

Als die sowjetische Parteispitze die führenden Funktionäre des ungarischen Systems Ende Juni nach Moskau zitierte, hatte sie wahrscheinlich nicht nur im Sinn, einer neuen sozialen Explosion aus dem Wege zu gehen. Die sowjetische Gesellschaft befand sich nach Stalins Tod in einer tiefen Krise, und die gemäßigten Kader im Politbüro, Nikita Chruschtschow an der Spitze, suchten nach einem Ausweg aus diesem Zustand der Lähmung. Vieles deutet darauf hin, daß die Krisenbewältigung in Ungarn exemplarischen Charakter für sie hatte – daß sie gewissermaßen einen Versuchsballon starten wollten. Die ungarischen Genossen erhielten den nachdrücklichen und dringenden Rat, politische und persönliche Veränderungen in der Volksrepublik Ungarn vorzunehmen, vor allem im Bereich der Landwirtschaft. Die durch Terror erzwungenen Genossenschaften sollten schnellstens aufgelöst werden, ebenso die Internierungslager. Der Kampf gegen die Großbauern sollte eingestellt, die Produktionsnormen der Industrie sollten gelockert werden. Es wurde auch geraten, die politischen Gefangenen teilweise zu rehabilitieren bzw. zu amnestieren. Die sowjetische Parteiführung kritisierte heftig den Personenkult um Rákosi und forderte mehr Toleranz gegenüber der Kirche.

All diese Veränderungen betrachteten die sowjetischen Genossen nur dann als realisierbar, wenn auch personelle Konsequenzen aus der verfehlten Politik gezogen würden. Deshalb sollte Rákosi sein Amt als Ministerpräsident aufgeben, um – so die offizielle Lesart – seine ganze Aufmerksamkeit der Parteiarbeit zu widmen. Der ehemalige Landwirtschaftsminister Imre Nagy, den man früher wegen seiner »rechtsabweichlerischen« Linie kritisiert hatte, sollte neuer Ministerpräsident werden.

Als Anfang Juli ein entsprechender Beschluß des Plenums, einstimmig wie immer, angenommen wurde, spürte jeder im Land, daß sich hier nichts Gewöhnliches abspielte. Man konnte wieder etwas leichter atmen, die innenpolitische Entspannung ließ große Hoffnungen aufkommen, die durch die Beendigung des Koreakrieges noch bestärkt wurden. Zwar wußten vor allem die Parteimitglieder, daß der Versuch der Erneuerung von Anfang an durch eine sehr wesentliche Tatsache in Frage gestellt war: Die Führung der Partei lag noch immer in Rákosis Händen. Vieles hing von der inneren Konstellation der sowjetischen Führungselite ab. Erste Schritte deuteten jedoch darauf hin, daß Chruschtschow es mit seiner neuen Linie ernst meinte. Ein wichtiges Indiz dafür war die Entlassung und Hinrichtung des Chefs der Geheimpolizei, Berija.

Ein Mann namens Mihály Farkas, der im Politbüro für die Sicherheit des Staates zuständig war und zum Kreis um Rákosi und Gerö gehörte, war im Juni 1953 nicht als Teilnehmer der ungarischen Parteidelegation nach Moskau eingeladen worden. Dies galt als ein Zeichen der Ungnade. So befreite man ihn von seinem Posten als Sicherheitschef und betraute ihn mit der Arbeit auf kulturellem Gebiet – in der Geschichte der osteuropäischen Länder gibt es zahlreiche solcher Paradoxa. Farkas schwenkte um und wurde Anhänger des Reformers Nagy, wenn auch nur aus Angst vor der Zukunft und nicht aus Überzeugung. So schien es unter der Führung dieses ehemaligen Staatsterroristen plötzlich eine Möglichkeit zur Lockerung der Zensur zu geben. Die allgemeinen Veränderungen innerhalb des Landes – die Auflösung der landwirtschaftlichen Zwangsgenossenschaften und die Freilassung der Inhaftierten – konnten nicht ohne Wirkung auf die geistige Elite der Gesellschaft bleiben. Die Schriftsteller, Künstler und Wissenschaftler genossen unter Rákosi zahlreiche Privilegien – nicht jedoch das Privileg freien Schaffens. Dabei ging es nicht einfach nur darum, daß die Zensur lediglich bestimmte Inhalte aus der Literatur ausklammerte. Es ging vielmehr um eine nahezu totale Kontrolle der Kunst. Unter anderem wurde die Art und Weise, wie Kunstwerke zu schaffen seien, direkt vorgeschrieben.

Nun tasteten sich die Dichter vorsichtig an neue Möglichkeiten heran. Zwei Monate nach der ZK-Sitzung erschien in der einzigen literarischen Zeitschrift des Landes, dem Wochenblatt »Irodalmi Ujság« (»Literarische Zeitung«), ein Gedicht des Poeten Sándor Csoóri. Der Dichter, ein junger Mann bäuerlicher Herkunft, beschreibt einen Besuch bei seinen Eltern und seine Erschütterung über die Armut in seinem Heimatdort:

> Ich glaubte, hoffte, und jetzt sehe ich mich um
> und bin verzagt (hier stimmt was nicht!).
> Ich suche meine sich mehrenden Sorgen einzukreisen,
> suche wie eine unschuldige Geisel in geschloßnem Raum.
> ... Ich lebte oben, in höheren Regionen,
> ich sah nur Licht, ich sah nur Gutes ...
> Ich glaubte den wundervollen Planziffern,
> den wunderschönen Errungenschaften,
> war begeistert und merkte nicht,
> wie schwer mein Volk an der Last seines Loses trägt.

Dieses Gedicht mit dem Titel »Flugblatt«, gedruckt in der offiziellen Zeitschrift des Schriftstellerverbandes, schlug ungemein hohe Wellen. Für den damaligen Leser war klar, daß mit diesem Gedicht – trotz seiner Naivität und den unverkennbaren Merkmalen früherer Staatsdichtung – der Kanon öder hymnischer Gesänge auf den Sozialismus durchbrochen worden war. Und alle wußten zu würdigen, daß bereits zu der vorsichtigen Andeutung, die da hieß »hier stimmt was nicht«, außergewöhnlicher Mut gehörte. Csoóris Gedicht machte Schule, die Literaten entdeckten mit immer größerer Emphase gewisse Ungereimtheiten im Staate Ungarn, mit anderen Worten, das Disharmonische in der besten aller möglichen Welten. Es gab durchaus eine Logik darin: Mit jeder Entdeckung dieser Art wurde ein Tabu durchbrochen, und man erweiterte die Pressefreiheit.

2

Bald darauf fand die erste öffentliche literarische Diskussion statt, die einen solchen Namen verdiente. Gemessen mit heutigem Maß nimmt sich die Frage, die damals gestellt wurde, vielleicht etwas einfältig aus: Darf man traurige Gedichte schreiben? Und wenn ja – wie oft? Jedoch war angesichts der Tatsache, daß die offizielle Doktrin des sozialistischen Realismus ausdrücklich Optimismus verordnete und private Themen aus der Literatur grundsätzlich zu verbannen suchte, diese Diskussion durchaus von tieferer Bedeutung. Als die Literaten den offiziellen Optimismus angriffen, trafen sie damit den neuralgischen Punkt der sozialistischen Kulturpolitik. Dazu kam, daß die bedeutendsten ungarischen Autoren jener Zeit sich von Anfang an in die Diskussion einschalteten. So schrieb der Nationalklassiker Gyula Illyés, seine Polemik an einen imaginären Kritiker adressierend:

»Wenn auf die traurig klingenden Gedichte heitere folgen oder sie durch solche ergänzt werden, dann kommt das vom Kritiker gewünschte Gleichgewicht zustande ... Vielleicht wäre es aber auch möglich, mit der Kritikerzunft einen ganzen pessimistischen Gedichtband auszuhandeln. Natürlich nur dann, wenn dieser wiederum durch ein darauffolgendes Buch ergänzt oder korrigiert wird. Auf diese Weise kann ein ganzes Lebenswerk doch im gewünschten Gleichgewicht bleiben. Aber leider ist es so, daß die Dichter – welche Sorgen auch immer sie damit der Kritik bereiten – nie ein abgerundetes Lebenswerk drucken lassen, auch einzelne Bücher erscheinen eigentlich nur selten ... Das Erscheinen einzelner Gedichte wird von gefährlichen Mißverständnissen begleitet sein. Wenn schon nicht die Leser, dann meinen doch die hauptberuflichen Textinterpreten sehr leicht, daß sie dem gesamten Ideengut oder der gesamten Gefühlswelt eines Autors gegenüberstehen ...«

Diese Art von Ironie teilte auch der Romanschreiber Tibor Déry: »Ich möchte mein Recht auf Tränen verteidigen – das Recht der Schriftsteller, das Recht der Leser. Ich könnte kaum arbeiten, wenn ich nicht hin und wieder die Möglichkeit hätte, mich zu beklagen ... Die Möglichkeit zu trauern ist ein ganzheitliches Bedürfnis ...«

Der junge Philosoph István Mészáros, damals Schüler von Georg Lukács, ging noch weiter:

»Sind wir tatsächlich nur traurig, weil wir unserem Wesen nach so gerne traurig sind? Oder sind wir es vielmehr, weil die Bedingungen uns dazu bewegen? Persönliche und gesellschaftliche Bedingungen ... Unsere Trauer entspringt nicht allein den Sorgen unseres privaten Lebens, sondern stammt auch aus sozialen Beweggründen. Wenn wir zum Beispiel Fehler sehen oder das momentane Scheitern des Versuchs, diese Fehler korrigieren zu wollen.« Das Wort »Fehler« ist das Schlüsselwort jener Jahre, es kommt in allen Publikationen politischen Inhalts häufig vor. Es kann sehr vieles bedeuten: Das Spektrum der Möglichkeiten reicht von der Kritik an der Hinrichtung eines zu Unrecht Verurteilten bis zur Kritik an einer unökonomischen Investition in der Textilindustrie.

Versetzen wir uns in die Lage des damaligen Lesers: Nach jahrelangem systematischen Verschweigen der Wirklichkeit und jahrelangen Lügen wurde die Bedeutung solcher scheinbar akademischen Diskussionen immer größer. Wenn der soeben zitierte Philosoph zum Beispiel vom Scheitern der Versuche, die Fehler zu korrigieren, spricht, dann war dem Leser klar, daß es sich um den Widerstand der Stalinisten innerhalb der Partei gegenüber den neuen gesellschaftlichen Veränderungen handelte. Auch die Diskussion über das Recht auf Trauer machte die Runde. Zu ähnlichen Auseinandersetzungen kam es zunächst über die Satire, später über die Sozialreportage. Zu dieser Zeit gab es noch keine guten satirischen Werke und auch keine Sozialreportagen, aber immerhin schon Diskussionen darüber. Und die Diskussion wurde geradezu zum Selbstzweck. Das, was an Diskussionsbeiträgen veröffentlicht wurde, war natürlich nur ein bescheidener Widerhall dessen, was in Redaktionen, im Schriftstellerverband und in privaten intellektuellen Gesprächsrunden vor sich ging. Aber selbst diese unbestimmte, für unsere heutigen Begriffe sehr gemäßigte Kritik schuf in der Öffentlichkeit eine Art Ausnahmesituation. Die Partei, ermüdet von den Fraktionskämpfen zwischen den Anhängern von Imre Nagy und denen von Rákosi, mußte diese Kritik eine Zeitlang erdulden und beschränkte sich darauf, in der Parteipresse selbst jede echte Diskussion zu vermeiden. Das war – und hier gilt der offizielle Terminus erst richtig – ein fataler Fehler. Die »Literarische Zeitung« wurde dadurch direkt zum Zentrum der intellektuellen Opposition, die Kulturschaffenden übernahmen eine politische Rolle. Die Parteizeitung »Szabad Nép« reflektierte diesen Zustand mit wachsender Besorgnis:

»In der letzten Zeit beginnt sich eine Praxis anzubahnen, die mit sich bringt, daß in den Artikeln der Tagespresse über unsere Errungenschaften berichtet wird ... Dagegen hat die Literatur die Rolle übernommen, über ›größere Schwierigkeiten‹, über die Schattenseiten unseres Lebens zu sprechen.«

Und weiter: »Unsere Errungenschaften als Fehler hinzustellen – das ist in bestimmten Kreisen zu einer Art politischen Sports geworden. Es wäre natürlich ein großer Fehler, in jedem dieser Fälle zu sagen: Es reicht das Herumwühlen in den Fehlern. Aber ein Fehler wäre es auch, wenn wir gegen dieses Herumwühlen oder sogar Insistieren nichts tun würden.«

Die vollständig hohl gewordene Parteipropaganda gegen die Literaten erahnte bereits den springenden Punkt der ganzen Entwicklung. Das andere Schlüsselwort der permanenten Diskussion heißt nämlich »Wir«. Es geht um »unsere« Fehler, die in »unserer« Literatur von »unseren« Schriftstellern aufgegriffen werden. Und diese »unsere« Kritik gefährdet gleichzeitig »unsere« Interessen und »unsere« Partei. Die Blätter, die in den Fehlern »herumwühlen« oder sogar darauf »insistieren«, sind nach wie vor verstaatlichte Organe einer einheitlich gelenkten Presse. Sie sind einigermaßen offiziell, mitsamt der Kritik, die sie an den Fehlern des Systems üben.

Aber einigen von diesen »unseren« Zeitungen schenkte der Leser immer weniger Glauben, während andere, insbesondere die Kulturzeitschriften, von Monat zu Monat an Autorität gewannen. So erhöhte sich die Auflage der »Literarischen Zeitung« in den Jahren nach Stalins Tod folgendermaßen:

Dezember 1953: 20450
Juni 1954: 24000
August 1956: 30000
September 1956: 33000
13. Oktober 1956: 40000
20. Oktober 1956: 50000

Im geistigen Arsenal der rebellierenden Schriftsteller befand sich eine recht gefährliche Waffe. Sie, die ständig Fehler und Irrtümer der Partei kritisierten, nahmen plötzlich das Recht auf Irrtum für sich in Anspruch. So schreibt der Dichter István Eörsi in einem Gedicht des Jahres 1954:

»Wer für sein Volk spricht, wenn er auch manchmal irrt, darf niemals als Gegner abgestempelt werden.«

Das Recht auf Irrtum war damals der wirkungsvollste Mythos der Intellektuellen und tauchte später in jeder osteuropäischen Reformbewegung literarischer Prägung wieder auf. Er war ebenso unanfechtbar wie das Recht auf Trauer. Zudem diente er als Selbstschutz gegenüber einem anderen, nunmehr schwer angeschlagenen Mythos: dem der Unfehlbarkeit der Partei, wie sie von Ernst Busch zu Gehör gebracht wurde: »Die Partei, die Partei, die hat immer recht.« Der Verzicht der Intellektuellen auf Rechthaberei stärkte ihre moralische Stellung gegenüber dem immer zwiespältiger gewordenen Apparat.

3

Der Gegenschlag der Rákosi-Gruppe ließ nicht lange auf sich warten. Zunächst versuchte man die Rebellen im März und April 1954 mit einem warmen Regen von Staatspreisen zu besänftigen. Bald darauf löste man jedoch den Ministerpräsidenten Imre Nagy ab und ersetzte ihn durch den jungen Rákosi-Getreuen András Hegedüs. Obwohl die Reformen vom Juli 1953 nicht mehr rückgängig gemacht werden konnten, versuchten die Stalinisten, die Veränderungen zumindest zu stoppen – und dies nicht ohne Unterstützung aus bestimmten Moskauer Kreisen. Der vom Staatssicherheitsgeneral zum liberalen Kulturpolitiker avancierte Farkas wurde ebenfalls aus der Führung entfernt. Die grauen Funktionäre der Kulturpolitik suchten nun den direkten Konflikt mit den Literaten. Wegen relativ harmloser Gedichte und Reportagen ließen sie eine Augustnummer der »Literarischen Zeitung« beschlagnahmen – eine einzigartige Sanktion gegenüber der verstaatlichten Presse. Man leistete harten Widerstand gegenüber allem Neuen in der Kultur, aber auch gegenüber manchem Alten. So erhielt zum Beispiel das Nationaltheater keine Genehmigung, das Drama des Klassikers Imre Madách, »Die Tragödie des Menschen« – in Ungarn etwas zu schmeichelhaft als »ungarischer Faust« bezeichnet – aufzuführen. Dem Autor des 19. Jahrhunderts wurde plötzlich eine unter anderem von Schopenhauer beeinflußte pessimistische Geschichtsphilosophie vorgeworfen. Ebenso verhinderte man die Premiere des Balletts »Der wunderbare Mandarin«, da es ein Werk des damals noch als dekadent kritisierten Béla Bartók war. Diese und andere Maßnahmen führten im November 1955 zur ersten größeren Protestaktion der Intellektuellen, dem sogenannten Memorandum. Das Dokument, unterzeichnet von 63 Schriftstellern und Künstlern, ausschließlich Parteimitgliedern, wurde beim Zentralkomitee eingereicht. Darin hieß es:

»Mit Respekt bitten wir das Zentralkomitee, die den Beschlüssen des ZK und des Parteikongresses entsprechende Kulturpolitik der Partei gegenüber den diese Politik verfälschenden Funktionären und Gremien sowie gegenüber deren antidemokratischen, das Prestige unserer Partei unterwühlenden Führungsmethoden in Schutz zu nehmen. Wir bitten darum, sämtliche administrativen Maßnahmen zu überprüfen und für die Arbeiter der Kultur und der Presse jene Atmosphäre des aufrichtigen und sauberen kommunistischen Parteilebens zu garantieren, die gleichbedeutend ist mit der Möglichkeit ruhiger, schöpferischer Arbeit im Dienst an der Sache des Sozialismus.«

Was kann gemäßigter und loyaler sein als der Wunsch von Kommunisten, die Partei möge ihre eigenen Beschlüsse einhalten? Dennoch löste diese Aktion, die ohne Einbeziehung der Öffentlichkeit vor sich ging, eine schnelle und rigide Antwort der Parteiführung aus. Die Rákosi-Gruppe witterte hinter dem Memorandum Imre Nagy und seine Anhänger. Die kommunistischen Journalisten verbündeten sich mit den Schriftstellern. Sie forderten selbst auf den Redaktionssitzungen der Parteizeitung »Szabad Nép« die Möglichkeit offener Kritik. Selbst das heikelste Problem – die Rehabilitierung der Opfer stalinistischer Schauprozesse, vor allem von Lászlo Rajk und Genossen – wurde aufgeworfen.

Das Politbüro verlangte von sämtlichen Unterzeichnern des Memorandums, ihre Unterschrift zurückzuziehen. Anderenfalls drohte man mit Parteiausschluß, was zu dieser Zeit gleichbedeutend mit einem Berufsverbot war. In einigen Fällen hatte diese Drohung auch Erfolg – die Betroffenen erinnerten sich nur zu gut an die Zeit des großen stalinistischen Terrors, die noch nicht allzuweit zurücklag. Im Dezember 1955 organisierte die Rákosi-Gruppe, ganz im Stil ihrer Blütezeit, eine große Parteiversammlung – mit bestelltem Applaus und mit einer Menge von Anwesenden, die zu Vertretern der Arbeiterklasse ernannt worden waren. Die anwesenden

Schriftsteller kamen nicht mehr zu Wort, sie wurden in dem überfüllten Saal ausgepfiffen. Die Versammlung verurteilte das Memorandum und formulierte den grundlegenden Beschluß: »Niemand hat das Recht, Unterschriften zugunsten parteifeindlicher Erklärungen zu sammeln.« Es folgten Entlassungen, Parteiausschlußverfahren und Publikationsverbote.

Der Gegenangriff der Konservativen wurde noch mit einem besonderen politischen Akt gekrönt: Imre Nagy, der bereits vorher seiner politischen Funktionen enthoben worden war, wurde für die Fronde der Literaten verantwortlich gemacht und aus der Partei ausgeschlossen. Aber »es wechseln die Zeiten, da hilft kein' Gewalt«, wie Brecht sagt. Zwei Monate später fand der xx. Parteitag der KPdSU statt. In den Enthüllungen der Stalinschen Führungsmethoden konnte jeder Ungar ohne Schwierigkeiten die Methoden der Rákosi-Führung wiedererkennen. Der Diktator selbst, der auf dem sowjetischen Parteitag die ungarische Delegation leitete, beeilte sich nicht gerade, aus der neuesten Linie die Konsequenzen zu ziehen. Seine kriminelle Energie war noch längst nicht erschöpft, auch nicht im Bereich der Kulturpolitik.

Um die aufgewühlten jungen Intellektuellen zu beruhigen, rief die Partei einen Diskussionsclub, den berühmten Petőfi-Kreis, ins Leben. Diese taktisch gemeinte Maßnahme erwies sich jedoch bald als Bumerang. Die Clubabende, auf denen über Ökonomie, über Philosophie, über die Presse und über die Landwirtschaft frei diskutiert wurde, lockten sehr viel Publikum an. Im Spätsommer des Jahres 1956 waren die Organisatoren gezwungen, vor dem Versammlungsgebäude Lautsprecher aufzustellen, damit auch diejenigen etwas hören konnten, die nicht mehr in den Saal hineinpaßten. Mehr und mehr wurden die Clubabende zu hitzigen Protestversammlungen gegen die Politik der Partei. Die Hauptforderung war, man möge aus den sowjetischen Veränderungen möglichst schnell Konsequenzen ziehen. Als Gegenmodell zum osteuropäischen Stalinismus diente jedoch nicht die Sowjetunion, sondern Titos Jugoslawien mit seinen Arbeiterräten. Von den Sprechern der Partei wollte man nichts mehr wissen.

Der Apparat war nun außerstande, die literarische Rebellion aufzuhalten. Diese differenzierte sich langsam durch unterschiedliche Radikalität ihrer Forderungen; eines jedoch blieb allen gemeinsam: Man wollte jede Spur des Rákosi-Systems ausmerzen. Alle erwünschten Veränderungen wurden allerdings ausdrücklich im sozialistischen bzw. kommunistischen Rahmen gesehen und erdacht.

Die radikalsten Protestler wollten den literarischen Kampf zu einem offen politischen machen, der vor allem gegen die Funktionäre gerichtet sein sollte. Den Schriftstellern dachten sie dabei eine führende Rolle zu. Gegenüber der Parteiherrschaft plädierten sie für eine Kompetenzerweiterung der formal existierenden Nationalen Front und außerdem für die Einbeziehung Parteiloser in die Politik.

»Der Kommunist ist ein gebildeter, aufrechter, edler, entschlossener, selbständiger und guter Fachmann – so heißt es in unseren naiven Zehn Geboten«, schrieb ein kommunistischer Journalist. »Als wenn ein Parteiloser nicht ein viel gebildeterer, aufrechterer, entschlossenerer und besserer Fachmann sein könnte ...« Der Altkommunist Julius Háy arbeitete gleichzeitig am Negativbild des selbstzufriedenen, privilegierten Apparatschik. In seinem äußerst populär gewordenen Artikel über den Genossen Kutschera, Symbolfigur und Inbegriff des Kaders, schreibt er: »Kutschera mit seinem Auto, seinem Einkommen, seiner Wohnung, den Extra-Einkaufsstellen, den Extra-Urlaubsheimen usw. entfernt sich vom Leben, von der Partei, er wird zu einem über das Volk herrschenden, dem Volk und der Partei übergeordneten Parasiten, er gewöhnt sich an eine empörende Aufgeblasenheit, er vergißt die einfache Kunst des Zufußgehens und damit auch die Kenntnis der Realität, der Menschen ... Das zweite, weshalb ich den Genossen Kutschera nicht mag, ist sein Dilettantismus ... Politische Zuverlässigkeit hat heutzutage keinen Seltenheitswert mehr, sondern gilt als alltäglicher Normalzustand. Deshalb sind von Hunderttausenden treuen, demokratischen Patrioten diejenigen politisch am zuverlässigsten, die ihre Arbeit mit dem meisten Sachverstand leisten. Sie, und nicht Genosse Kutschera ...« Das Prinzip, demzufolge die gute Leistung den Menschen gleichsam auch politisch qualifiziert, wurde später in den sechziger Jahren mit der Kádárschen Maxime »Wer nicht gegen uns ist, ist mit uns« halbwegs realisiert. In den fünfziger Jahren lösten solche Ansichten unter den Funktionären jedoch beinahe Panik aus. Sie wußten, daß die von den Literaten gestellte Frage keine rhetorische war, denn die empörte Bevölkerung stellte sie ebenso: Warum brauchen wir diesen aufgedunsenen Apparat, diese Armee von Aufsehern, von Hütern der wahren Lehre? Die Kutscheras waren empört, vor allem über die Parteiführung, die nicht mehr bereit war, sie gegen solch brutale Angriffe zu verteidigen.

Gemäßigtere Schriftsteller beschränkten sich darauf, die Funktionäre aus Literatur und Kunst entfernen zu wollen. Aber auch unter den letzteren gab es eher leidenschaftliche Naturen, die die Literatur als eine Art Gegenmacht betrachteten. Der Dichter Péter Kuczka, zu Beginn der fünfziger Jahre »der ungarische Majakowski« genannt, klagte die Parteiführung öffentlich an, weil »die Schriftsteller noch immer nicht über die zum Kampf notwendige Macht verfügen. Es sind noch nicht alle Mittel garantiert, die für eine freie Presse im kommunistischen Sinne unentbehrlich wären.« Der Journalist Tibor Tardos versuchte sogar, der Partei ihre Legitimation zur Machtausübung abzusprechen, indem er anläßlich einer Diskussion im Petőfi-Kreis behauptete: »Die Partei sind wir, die Partei ist unsere immer größer werdende Gruppe ...«

Es gab auch eine Tendenz, sich aus der großen Politik herauszuhalten und den Kampf auf berufliche Forderungen zu beschränken. So rügt ein Kritiker die bürokratische Langsamkeit der Verlage: »Der Drucker Andreas Hess richtete seine Werkstatt im Mai 1472 ein. Zu Beginn des Jahres 1473 begann er die Chronica Hungarorum zu setzen, und das Buch erschien bereits zu Pfingsten, also nach 133 Tagen. Wäre es vielleicht möglich, zu erreichen, daß der Akademische Verlag die Produktion von Zeitschriften wenigstens auf diese Geschwindigkeit bringt?« Das war eine rein berufliche Forderung, obwohl ihre Schärfe gegen die Zensur der zuständigen Abteilung des ZK gerichtet war.

Ein anderer Autor verlangte die »Rehabilitierung« der Weimarer Avantgarde, unter anderem der Dramaturgie Brechts, die bereits in den dreißiger Jahren von den damaligen Konservativen als »Kulturbolschewismus« verfemt worden war. »Wir müssen endlich aus der Schande, daß wir jahrelang dieselbe Literatur verfolgt haben, die bereits von Hitler und Horthy verfolgt worden ist, etwas lernen«, meinte er. Es gab zahlreiche Forderungen, die darauf zielten, das offizielle Prestige der Literatur zu erhöhen. »Unser Schrifttum soll in der Gesellschaft endlich die Stelle einnehmen, die augenblicklich Operette und Fußball besetzt halten«, forderte ein Publizist. Dies war unter anderem eine Anspielung auf die künstlich gesteigerte Fußball-Hysterie der Rákosi-Ära, die allerdings nach der durch die westdeutsche Mannschaft erlittene Niederlage bei der Fußballweltmeisterschaft 1954 zum Gegenstand allgemeiner Kritik wurde.

Eine der sehr gemäßigten Stimmen gehörte dem Bauernschriftsteller Péter Veres, dem damaligen Vorsitzenden des Schriftstellerverbandes. Obwohl er, vor wenigen Jahren noch Hauptstütze der offiziellen Kulturpolitik, sich jetzt für die Reformen einsetzte, versuchte er trotzdem, die Leidenschaften etwas zu zügeln: »Der Kampf um eine neue Literatur muß unter den Bedingungen des freien Meinungsaustausches hauptsächlich in Werken und durch Werke ausgefochten werden.«

Es war jedoch im Juni 1956 bereits zu spät, Nüchternheit zu predigen. Die Atmosphäre war so aufgewühlt, daß plötzlich alles politisch wurde. Bei der Premiere von Shakespeares Stück »Richard der Dritte« kam es zu einer Spontandemonstration. Anlaß war die Szene, in der der Gerichtsschreiber dem Publikum das bereits vor dem Prozeß verfertigte Todesurteil von Hastings zeigt. Die ungarischen Zuschauer fühlten sich an neuere Schandtaten erinnert und forderten die Rehabilitierung der Opfer der großen Schauprozesse.

Das Theater wurde politisch, und der Politik fehlte es nicht an Theatralik. Die Aufführung von George Bernard Shaws »Heiliger Johanna« veranlaßte einen Kritiker zu folgender Bemerkung: »Auf die Frage der Jungfrau von Orleans: ›Wann kommt die Zeit, o Gott, wo der Heilige wegen des Aussprechens der Wahrheit nicht mehr verbrannt wird, o Gott, wann, wann kommt jene Zeit‹ – auf diese Frage ist bereits eine endgültige Antwort in Vorbereitung.«

Ein anderer Literat bezog sein Gleichnis direkt aus der Antike: »Denn es fanden sich im Lande Kassandras Poeten, schneeweiß und rein, die wahre Worte sagten.« Natürlich waren die neuen Verfechter der Freiheit keine Heiligen, keine Kassandras, und am wenigsten waren sie schneeweiß. Mehrheitlich waren sie vielmehr als Autoren oder Literaturfunktionäre an der Stalinisierung der Literatur beteiligt gewesen und damit auch für die Stalinisierung des Systems mitverantwortlich. Viele von ihnen handelten nun aus ehrlichem schlechtem Gewissen. Jener Dichter, dessen Ode auf Stalins Tod zu Anfang dieser Ausführungen zitiert worden ist, schrieb jetzt erschütternde Worte an einen Freund, der nach Jahren von Haft und Folter freigelassen wurde: »Du, du, verzeih mir wegen meiner niedrigen Gedichte ...«

Die Helden des Budapester Frühlings waren keine politischen Dissidenten im heutigen Sinne, sondern Parteireformer, mit einer Partei im Hintergrund, die langsam ihre Glaubwürdigkeit bei der Bevölkerung vollständig eingebüßt hatte. Deshalb klingen manche ihrer Reminiszenzen an das 19. Jahrhundert so hohl. Der Publizist Tibor Tardos schrieb in einem Jubiläumsartikel zu 1848: »Wie einfach war es damals ... die Pressefreiheit zu erringen! Petöfi und seine Freunde legten ihre Hand auf eine alte, schwarze, ölige Druckmaschine. Und in Ungarn entstand, durch Handauflegen wie bei der Heilung in Patagonien, die Pressefreiheit. Seit Jahren blicken uns die Petöfi-Denkmäler mit einer Frage in den Augen, ja sogar streng und haßerfüllt an.«

Petöfi und die Teilnehmer an der Bewegung des ungarischen Vormärz hatten es wirklich »einfach«. Sie verfügten über keine freie Presse und verschafften sich eine. Dagegen ließ die Generation der Sechsundfünfziger ihre immer freieren Gedanken nach wie vor in der parteioffiziellen Presse drucken. Und obwohl ihre Verdienste um die Erweiterung von Spielräumen der Freiheit und Öffentlichkeit außer Frage stehen, erwiesen sich Herkunft und Form dieses Widerstandes für die meisten von ihnen auf lange Sicht als bestimmend.

Dies vor allem deshalb, weil die Ereignisse bereits im Sommer 1956 die ungarischen Intellektuellen längst überholt hatten. Der letzte Versuch der Partei, irgendeine Offensive zu starten, nämlich das plötzliche Verbot des Petöfi-Kreises im Juni 1956, kam ebenfalls zu spät. Auf der Suche nach Unterstützung in der Öffentlichkeit verhandelten die Stalinisten bereits mit dem parteilos gewordenen Imre Nagy. Auf eine überraschende Intervention Moskaus hin wurde Rákosi Ende Juli entlassen. Die neue Parteispitze wurde außer mit früheren Funktionären um solche ergänzt, die aus dem Gefängnis entlassen worden waren – darunter auch János Kádár. Doch alles half nicht mehr. Anfang Oktober organisierte die Partei ein offizielles Begräbnis für Rajk und Genossen. Dieses Ereignis mündete in eine beispiellose Demonstration, an der Zehntausende teilnahmen. Die Koalition der Trauergäste war umfassend. Sie reichte von enttäuschten Kommunisten bis hin zu wütenden Antikommunisten. Die »Literarische Zeitung« hatte keine Sensationen mehr zu bieten. Man konnte jetzt auch in der Parteipresse Überraschendes lesen.

Imre Nagy wurde am 17. Oktober wieder in die Partei aufgenommen. Um den zwanzigsten Oktober herum organisierte die Studentenschaft Solidaritätskundgebungen mit den polnischen Kommunisten, die auf ihrem Parteitag gerade politische Reformen versprochen hatten. Für Dienstag, den 23. Oktober wurde eine große Demonstration geplant. Die Mitglieder des Politbüros hielten sich an diesem Tag in Belgrad auf, um Aussöhnungsdiplomatie mit Titos Jugoslawien zu betreiben. Der Innenminister hatte die Demonstration zunächst verboten, lenkte aber einige Stunden später ein, da sich die Bewegung als unaufhaltsam erwies. Am Abend wurde auf die Menschenmenge vor dem Rundfunkgebäude geschossen, und in der Nacht tauchten die ersten sowjetischen Panzer in den Straßen der Hauptstadt auf.

Am zweiten November schrieb der Schriftsteller Tibor Déry in der »Literarischen Zeitung«: »Als ich die ersten Schüsse hörte, stieg mir das Blut zu Kopf: Dafür bist du mitverantwortlich! Du hast geredet, gehetzt – wie wirst du jetzt den Toten gegenüber Rechenschaft ablegen ... Bei jedem neuen Schuß hatte ich das verrückte Gefühl, selbst auf den Abzugshahn zu drücken ... Meine Freunde, ich nehme die Verantwortung auf mich ... Wir ungarischen Schriftsteller haben doch zumindest eine Entschuldigung: Wir haben früher als alle anderen mit dem Kampf gegen die Tyrannei begonnen ...«

Diese Selbstanklage Dérys, die später, nach der Niederwerfung des Aufstands, zu seinem Gerichtsurteil mit beigetragen hat, sollten wir mit einiger Skepsis betrachten. Zwar ist es richtig, daß die Schriftsteller als erste der Diktatur den Kampf angesagt haben, doch dies ist durchaus verständlich. Sie allein verfügten über die Macht des Wortes und indirekt über die Möglichkeiten zu dessen Verbreitung. Die schweigende Mehrheit der Bevölkerung, viel stärker in Unmündigkeit gehalten als die Intellektuellen, konnte ihre Unzufriedenheit am wenigsten artikulieren. Das Wesentliche an der ganzen Angelegenheit war aber weder diese schweigende Unzufriedenheit noch die lautstarke Agitation durch die Literatur, sondern die Schizophrenie des Systems, das nicht mehr imstande war, seine Krise zu bewältigen oder zumindest mit Hilfe der Zensur zu verschleiern. In diesem Sinne müssen wir von den großen Worten Dérys ein wenig zurücknehmen, gleichgültig, ob dies wie eine Entschuldigung oder wie Kritik klingt. Der ungarische Oktoberaufstand wurde zwar von den Schriftstellern mitgetragen, war jedoch kein Werk der Literaten. Was ist aus den ehemaligen Protestlern geworden? Viele von ihnen verließen das Land, nachdem die sowjetischen Truppen den Aufstand niedergeschlagen hatten. Einige wurden in den darauffolgenden Prozessen zu schweren Haftstrafen verurteilt, andere zu vielen Jahren Publikationsverbot verdammt. Nach dem Amnestie 1960 kamen jedoch die meisten inhaftierten Schriftsteller wieder frei. Dies war nicht zuletzt der Solidarität ihrer westlichen Kollegen, wie Sartre, Camus und anderer, zu verdanken.

Die neuen Machthaber, durch die jüngsten Ereignisse klüger geworden, suchten jetzt den historischen Kompromiß mit der Literatur. Ohne auf zentrale Kontrolle verzichten zu wollen, ließen sie den Autoren gewisse Freiräume und hoben manche Tabus auf. Nur auf eines mußten die Autoren verzichten, nämlich auf den romantischen Anspruch, als Gewissen der Nation fungieren zu wollen. Die Bedingungen des Handels schienen den meisten akzeptabel; schließlich wollten viele nur in Ruhe ihrer Profession nachgehen. Ebenso fand die Gesellschaft zu einer relativen Ruhe – um den Preis der Aufgabe einiger Ideale. Es ist leicht, darüber negativ zu urteilen; viel schwieriger ist es, eine andere Haltung einzunehmen, wie dies einige ungarische Schriftsteller der neueren Generation tun. Das, was die Sechsundfünfziger an Bedeutendem geleistet haben, hat uns so manches aus dem Wege zum freien

Schaffen geräumt, was für die Schriftstellerkollegen in der CSSR oder in der DDR noch immer ein unüberwindliches Hindernis ist. Nach einem Volksaufstand wie im Oktober 1956 ist das Lügen in Ungarn nicht mehr so einfach. Deshalb werden Presse und Verlagswesen heutzutage von Halbwahrheiten beherrscht. Man hat bei uns das volle Recht auf Traurigkeit, aber die Lust darauf ist inzwischen geschwunden.

Und doch: Man findet in dem gesättigten, selbstzufriedenen Geschwätz der ungarischen Kulturzeitschriften ab und zu Worte oder gar ganze Artikel, die eine ungewöhnliche Ähnlichkeit mit dem halb vagen, halb gewagten Stil der Jahre nach 1953 haben. Der geübte Leser kann hinter den zu Gemeinplätzen degenerierten, einstmals unerhörten Frechheiten das Atemberaubende erahnen, was damals in Budapest die Leute – und keineswegs nur die Gebildeten unter ihnen – veranlaßte, vor den Zeitschriftenkiosken Schlange zu stehen. Nur wenige jedoch vermuten von dem heutigen Tümpel, daß er einst eine Quelle war.

(1986)

Bei diesem Aufsatz stützte ich mich auf das Standardwerk von zwei exilungarischen Autoren, Tamás Aczél und Tibor Méray: »Reinigender Sturm. Über die Rolle der Literaten bei der Vorbereitung des Aufstandes von 1956.« München 1984

Das Jahrhundert

Psychoanalyse und Politik

Es war zu der Zeit, als die Welt noch in Ordnung war. Im Spätsommer 1909 reisten drei Psychoanalytiker gemeinsam auf dem Schiff »George Washington« nach Amerika, um dort zusammen mit einem vierten Kollegen, dem Briten Ernest Jones, Vorträge zu halten. Die drei Herren, die an Bord der »George Washington« ihre Träume analysierten und gleichzeitig von der Zukunft der Analyse träumten, waren der Österreicher Sigmund Freud, der Schweizer Carl Jung und der Ungar Sándor Ferenczi. Zu dieser Zeit begann die Freudsche Lehre die Neue Welt zu erobern. Auf dem alten Kontinent hingegen war sie zunächst auf erbitterte Widerstände gestoßen, vor allem seitens der konservativen Wissenschaften und der katholischen Kirche. So gehörte sie, wie wir heute sagen würden, zu einem Kanon alternativen Wissens. Ihre ersten Verfechter waren meist Dissidenten aus der Medizin, und das aufmerksame Publikum stammte aus den Reihen der europäischen Linken. Innerhalb Europas war Ungarn das Land, wo sich die Psychoanalyse – sowohl als Gedankengut wie auch als Bewegung – bislang am stärksten verfestigt hatte. Ihre Geschichte, genauer gesagt, die Geschichte der Budapester Schule der Psychoanalyse, ist in jüngster Zeit von Paul Harmat, einem ungarischen Arzt, der in Linz lebt, aufgearbeitet worden. Das Buch ist 1988 bei der edition diskord in Tübingen erschienen.

Dieses ungemein reichhaltige Werk, das auf gründlichen Recherchen basiert, läßt sich kaum auf die übliche Art und Weise rezensieren. Das inhaltliche Spektrum des Autors ist breit gefächert. Er schreibt über wissenschaftliche Aspekte im engeren Sinne ebenso wie über Kulturgeschichtliches, Politisches und Persönliches. Im folgenden werde ich mich auf einen Themenbereich konzentrieren, der dem Konzept des

Wissenschaftshistorikers Harmat ohnehin zugrunde liegt. In seiner vierhundert Seiten umfassenden Monographie schildert er das Schicksal einer wissenschaftlichen Disziplin angesichts einer immer massiver werdenden Bedrohung durch die politischen Geschehnisse der Außenwelt.

Eine der Ursachen, warum die Budapester Schule zum Mittelpunkt der europäischen Psychoanalyse wurde, ist zweifellos in dem Umstand zu suchen, daß Sándor Ferenczi recht früh von Freud zu seinem Lieblingsschüler erkoren worden war. Insbesondere nachdem Carl Jung begonnen hatte, von der Freudschen Lehre abzuweichen und dadurch den Zorn des Meisters auf sich zu ziehen, erblickte Freud in Ferenczi ebenso seinen besten Schüler auf dem Territorium der Doppelmonarchie, wie er den Briten Ernest Jones für seinen authentischen Vertreter im Westen des Kontinents hielt. Aber die Beziehung zwischen Ferenczi und Freud war weitaus persönlicher, eindeutig gestaltet nach dem Vater-Sohn-Muster. Als der Budapester später vor allem in seiner analytischen Praxis von den Doktrinen des Meisters abwich, kühlten die Beziehungen allmählich ab. Ohnehin ist die Geschichte der Psychoanalyse von zahlreichen Abspaltungen, Schismen und inneren Richtungskämpfen gekennzeichnet, die manchmal verblüffende Ähnlichkeiten mit der Geschichte des Christentums oder gar mit der des Marxismus aufweisen.

Die Freundschaft zwischen Freud und Ferenczi war jedoch nur ein bestimmender Faktor für die schnelle Verbreitung der Wissenschaft vom Unbewußten in der ungarischen Hälfte der Doppelmonarchie. Paradigmatisch für den raschen Erfolg war vielmehr die von Harmat überzeugend geschilderte Tatsache, daß das subversive Potential der neuen Lehre in Ungarn vor allem von jüdischen Intellektuellen begriffen und aufgegriffen wurde. In ihrem Emanzipationskampf gegen die konservativ-patriarchale Gesellschaft verstand die jüdische Intelligenz die Lehre Freuds, der man offiziellerseits jegliche Wissenschaftlichkeit absprach, als eine geheime Ideologie.

Auch die Gegner aus Politik und Wissenschaft betrachteten sie als eine solche. So äußerte sich der Internist und Neurologe Ernö Jendrassik in seinem Lehrbuch der inneren Medizin über das neue Gedankengut wie folgt:

»Diese Lehre behauptet, daß die Hysterie nur eine Folgeerscheinung in frühestem Kindesalter erlittener sexueller Traumata sei und schlägt die Psychoanalyse als Therapie vor. Letztere besteht im großen und ganzen aus wochenlangen Privatgesprächen, bei denen der Arzt dem Patienten taktlos bohrende anstößige Fragen stellt. Solange diese Wissenschaftler lediglich Traumbücher schreiben, ist die Sache nicht ernst zu nehmen, aber diese Methode bedeutet für junge Mädchen eine große Gefahr.«

Ein anderer Mediziner, Gyula Donáth, kritisierte die Freudsche Theorie als nicht repräsentativ, da der Wiener Meister in seinen Thesen nur eine dünne Schicht des Wiener Bürgertums berücksichtigt habe. »Auch wenn Mitglieder der Arbeiterklasse von solchen sexuellen Traumata heimgesucht werden«, sagte der Budapester Professor, »so haben diese Individuen doch ganz andere Sorgen, als daß sie sich in solchen Vorstellungen wiegen könnten.«

Diese zwei Gegenargumente enthalten im Keim bereits alles, was den Psychoanalytikern auch zu späteren Zeiten vorgeworfen wurde. Aber handelte es sich zur Zeit der sonnigen Jahrhundertwende bei solchen Argumenten um nichts weiter, als um die Angst der Gesellschaft, sich heiklen und anzüglichen Themen wie Masturbation, Libido oder weiblicher Sexuallust zu stellen, so wurden solche Vorwürfe nach dem Ableben des liberalen Zeitalters zu Knüppeln, später sogar zu Maschinengewehren im Kampf gegen die einzelnen Vertreter der Freudschen Wissenschaft in Ungarn. Und der bereits erwähnte Umstand, daß die Mehrheit der Mitglieder dieser Schule jüdischer Abstammung war, spielte eine außerordentlich verhängnisvolle Rolle.

Für viele Analytiker der Sturm-und-Drang-Zeit war eine

gewisse Einseitigkeit und Enge der Weltbetrachtung konstatierbar. So entging es sowohl Freud als auch Ferenczi, daß der Erste Weltkrieg im Werdegang ihrer Lehre einen historischen Bruch bedeutete. Zwar befand sich ein Teil der Freud-Schüler geografisch im Bereich der Kriegsgegner, doch zunächst konnten die Beziehungen zwischen den Analytikern, die in den Ländern der Zentralmächte lebten, weiter aufrechterhalten werden. Allerdings wurde die Kontaktpflege zunehmend durch Reiseschwierigkeiten und finanzielle Nöte erschwert. Doch erst den Zusammenbruch der Monarchie erlebten Lehrer und Schüler als tiefen Einschnitt. Da Ferenczi Ungarn auf keinen Fall verlassen wollte, suchte er Freud zu bewegen, nach Budapest überzusiedeln. Freud wiederum akzeptierte den leidenschaftlichen Patriotismus seines ungarischen Kollegen, den dieser mit der überwältigenden Mehrheit des assimilierten Judentums des Landes teilte, wollte Ferenczi jedoch lieber in der Kaiserstadt sehen. »Ziehen Sie Ihre Libido rechtzeitig vom Vaterlande ab und bringen Sie sie in der Psychoanalyse unter, sonst werden Sie sich unbehaglich fühlen müssen«, riet der Wiener seinem damaligen Kronprinzen im November 1918. Die Tatsache, daß dieser sich weigerte, den Wunsch des Meisters zu erfüllen, belastete in der Folge ihre Beziehung.

Die Psychoanalyse zur Heimat machen – nur ein kleiner Teil der ungarischen Freud-Anhänger beherzigte damals diesen Vorschlag, obwohl die historischen Zeichen eher dafür sprachen: Nach der kurzlebigen Räterepublik im Jahre 1919, die sowohl der linken Intelligenz als auch der Psychoanalyse eine sehr günstige Position gewährte, kam es zum ersten Mal in der modernen Geschichte Ungarns zu einem heftigen antisemitischen Ausbruch. Erst als das konservative Horthy-Regime sich konsolidiert hatte, beruhigten sich die Gemüter wieder ein wenig.

Selbstverständlich wurde Ferenczi durch die Weiterentwicklung des europäischen Geschehens sensiblisiert. Kurz vor seinem Tod im Jahre 1933 schrieb er seinem Meister einen Geburtstagsbrief. Die Nationalsozialisten hatten bereits die Macht ergriffen, und diesmal war es Ferenczi, der dem Österreicher anriet, von seinem Patriotismus Abstand zu nehmen, denn angesichts der Bedrohung aus dem Norden hatte er den Wunsch, Freud in England und damit in Sicherheit zu wissen. Jones, der seine Haß- und Eifersuchtsgefühle gegenüber Ferenczi kaum verbergen konnte, fühlte sich daraufhin genötigt – ein schönes Beispiel für die Blauäugigkeit vieler Intellektueller jener Zeit –, den Ungarn der Paranoia zu bezichtigen. Doch tatsächlich wurde das Objekt von Ferenczis angeblichem Verfolgungswahn innerhalb eines halben Jahrzehnts zur Weltmacht. Vielleicht hat sich Sigmund Freud, als er fünf Jahre später, bereits alt und sehr krank, seine Heimat mit dem letztmöglichen Zug Richtung England verließ, an die frühe Warnung seines ungarischen Freundes erinnert.

Die Psychoanalytiker wurden von den Nazis verfolgt, und zwar nicht nur, wenn sie Juden waren. Ihre Bücher wurden eingestampft oder verbrannt. Das ideologische Konstrukt des gesunden Volksempfindens fühlte sich von den entlarvenden Wahrheiten der Psychoanalyse bedroht. Auch in Ungarn wappnete sich der immer militanter werdende Rechtsextremismus gegen die Freudsche Lehre, während der konservative Wissenschaftsbetrieb dieser weiterhin den Zugang zu den Universitäten verweigerte. Ein Vorteil im Nachteil: Die Rassengesetze der Jahre 1938 und 1939 konnten die ohnehin schwache Position der Budapester Psychoanalytischen Schule nicht weiter erschüttern. Sie führte bereits eine Randexistenz und blieb auch weiterhin eine Randerscheinung. Erst 1944 war nicht nur ihr Fortbestand, sondern auch das Leben ihrer Protagonisten ernsthaft bedroht.

In den dreißiger Jahren jedoch blühte die Tätigkeit der ungarischen Psychoanalytiker zunächst einmal auf. Vor allem die Individualpsychologie und die Laienanalyse erlebten einen beispiellosen Aufschwung. Zweifelsohne war letztere nicht ganz frei von Scharlatanerie und snobistischer Ausstrahlung. Die Behandlung der kranken Seele gehörte gelegentlich bereits zum modernen Konsumangebot. Das waren Jahre, in denen Begriffe wie »das Unbewußte«, »das Über-Ich« oder »Libido« in den Sprachgebrauch der gehobenen Gesellschaft Eingang fanden und dort häufig dazu dienten, Bildung zu simulieren. Trotz dieser oberflächlichen Modeerscheinungen läßt sich mit Sicherheit behaupten, daß die Freudsche Lehre in Ungarn einerseits ernsthafte wissenschaftliche Ergebnisse zeitigte, andererseits in der Belletristik eine starke Wirkung erzielte. Das Œuvre vieler ungarischer Analytiker, die später in Westeuropa oder Amerika tätig waren, hatte seine Wurzeln in der Budapester Zwischenkriegszeit. Namen wie Leopold Szondi, Thomas Szász oder Michael Bálint, allesamt im Ausland bekannter als in ihrer ehemaligen Heimat, zeigen, in welch verschiedene Richtungen sich die anfangs so einheitlich anmutende Freudsche Urlehre entwickelte – von der Schicksalsanalyse bis hin zur klinischen Psychologie. Andererseits zeigt die lange Liste ungarischer Psychologen, die, wie Freud sagen würde, ihre Libido von ihrem Stammland zwangsweise abziehen mußten, wie verschwenderisch Ungarn mit seinen kulturellen Werten umging.

Wie Harmat des öfteren aufzeigt, blieb die Freudsche Lehre in der Zwischenkriegszeit nach wie vor eine linke Religion. Bereits damals zeichnete sich jedoch eine Entwicklung ab, die ihren langen Schatten bis in die Nachkriegszeit warf. Das Drama um den sozialistischen Dichter Attila József ließ bereits den unversöhnlichen Konflikt zwischen Freudscher Lehre und Kommunismus erahnen. József, ein Dichter proletarischer Abstammung, war eine Zeitlang Aktivist der illegalen kommunistischen Partei. Gleichzeitig befand er sich in der Analyse bei verschiedenen Ärzten und Laien. Als überzeugter Marxist suchte er seine Weltanschauung mit seinem persönlichen Schicksal zu verbinden. Seine Studie »Hegel, Marx, Freud«, in der er den klassischen deutschen Philosophen als Bindeglied zwischen dem Begründer des modernen Sozialismus und der psychoanalytischen Lehre betrachtete, stieß jedoch bei der Führung der illegalen KP auf leidenschaftliche Ablehnung. Er selbst wurde aus der Partei ausgeschlossen – eine Tatsache, die ihn sicherlich bis zu seinem Freitod belastete, die aber von der kommunistischen Literaturwissenschaft jahrzehntelang geleugnet wurde. Später versuchten einige Parteiideologen, diesen Konflikt zwischen der KP und dem nach seinem Tod von der Partei heiliggesprochenen József mit rein technischen Gründen zu erklären. Die Partei, so hieß es, mußte ihrem Dichter gegenüber vorsichtig sein, denn angeblich bestand keine Garantie dafür, »daß der Patient bei der uneingeschränkten Selbstoffenbarung der freudistischen Analyse nicht Konspirationsgeheimnisse verrät, die weder den Arzt noch andere etwas angehen.« In Wahrheit offenbarte sich in der kommunistischen Ablehnung der Freudschen Lehre und der psychoanalytischen Praxis etwas anderes: Seit Beginn der dreißiger Jahre waren in der Sowjetunion alle psychoanalytischen Gruppen verboten, und der »Freudismus« wurde als reaktionäre bürgerliche Ideologie verfemt. Die ungarische Linke der dreißiger Jahre folgte dieser Entwicklung nicht sofort. Es entstanden vielmehr Strömungen, die sich – ganz im Sinne des Dichters Attila József – als »freudomarxistisch« verstanden.

Obwohl der Exodus der ungarischen Psychoanalytiker bereits in den dreißiger Jahren begann, blieben die meisten Mitglieder der Budapester Psychoanalytischen Vereinigung im Lande, arbeiteten weiter und verbreiteten ihre Ansichten, so lange es nur eben ging. Imre Herrmann berichtete, daß der Kreis sogar in den Kriegsjahren regelmäßig seine Sitzungen abhielt, »aber diese Zusammenkünfte mußte man bei der Polizei stets anmelden. Ein Detektiv war also immer zugegen. Aus diesem Grunde wählte ich Themen aus, von denen der

Detektiv nichts verstehen konnte: Er konnte sie folglich auch nicht beanstanden. Über Probleme, die mit Sexualität zusammenhingen, fiel kein Wort.«

Nach der Besetzung Ungarns durch die deutsche Wehrmacht löste sich die Vereinigung auf. Die nun folgende Schreckensherrschaft der ungarischen Nazis, der Pfeilkreuzler, bedeutete nicht nur die Vernichtung der gesamten psychoanalytischen Literatur, sondern für viele Vertreter der Freudschen Lehre – für Juden ebenso wie für manchen christlichen Helfer – den Tod. Gewissenhaft listet Paul Harmat alle Toten der Budapester Schule auf; eine Gewichtung entsprechend ihrer Bedeutung für die Wissenschaft nimmt er selbstverständlich nicht vor. Und er zitiert Hanna Arendt zu diesem Thema: »Noch heute ist in Deutschland die Vorstellung von den ›prominenten‹ Juden nicht verschwunden ... Es gibt nicht wenige, besonders unter den Gebildeten, die heute noch öffentlich die Tatsache beklagen, daß Deutschland Einstein aus dem Land gejagt hat – ohne zu begreifen, ein wieviel größeres Verbrechen es war, Hänschen Kohn von nebenan zu töten, auch wenn er kein Genie war.«

Gleich nach Kriegsende gründeten die Überlebenden den Verband aufs neue. Die ersten Jahre der damals noch bestehenden pluralistischen Demokratie ermöglichten einen zweiten Frühling der Budapester Schule. Vielversprechende Werke wurden veröffentlicht, wie zum Beispiel das Buch »Faschistische Seelen« von Pál Gartner, eine Sammlung von Interviews mit inhaftierten ungarischen Kriegsverbrechern, oder »Die Psychologie des Antisemitismus«, eine analytische Studie von Imre Herrmann. Viele Mitglieder der Schule, die aufgrund ihrer jüngsten Erfahrungen mit europäischer Geschichte inzwischen der Kommunistischen Partei beigetreten waren, wurden nun offiziell anerkannt und konnten auch in den neu entstehenden Institutionen, unter anderem an den Universitäten, arbeiten. Doch sollte dieser selige Zustand nicht lange andauern.

Im selben Maße, wie sich die Einparteiendiktatur der KP etablierte, wurden die Angriffe gegen die Psychoanalyse immer offener. Die kommunistische Interpretation der Freudschen Lehre ließ dieser keinen Spielraum. Es hieß unter anderem: »Der Freudismus ... ist ein Bazillenherd sämtlicher bürgerlicher Irrglauben, politischer Nährboden für den Faschismus, Träger und Verbreiter des philosophischen Idealismus; er verleiht dem Irrationalismus des zerfallenden Kapitalismus den Anschein einer wissenschaftlichen Fundierung ...« Wichtiger war jedoch die Annahme, mit dem Sozialismus würden die seelischen Krankheiten automatisch verschwinden, weswegen auch ihre Behandlung überflüssig oder gar schädlich sei. Demgemäß mußte am Jahresende 1948 die Vereinigung ungarischer Psychoanalytiker aufgelöst werden. Die folgenden Jahre mit ihren stalinistischen Schauprozessen verschonten auch manche Vertreter der Budapester Schule nicht. Es kam zu Verhören und Verhaftungen, und als politischer Anklagepunkt gegen die Opfer fiel immer häufiger das Wort »Zionismus«.

Das Schicksal der ungarischen Psychoanalytiker, aber auch das der idealistischen Kommunisten der Nachkriegsjahre erreichte dramatische, ja geradezu, wie Harmat sagt, Shakespearesche Dimensionen in der Familiengeschichte der Sippe Gimes-Hajdú. Gimes, ein praktischer Arzt, wurde als Jude Opfer des Holocaust. Seine Frau, die Ärztin Lilly Hajdú, war eine der prominentesten Vertreterinnen der Budapester Schule. Ihr Sohn wiederum, Miklós Gimes, erhielt im Jahre 1948 als Parteijournalist den Auftrag, die Freudsche Lehre zu »zerschmettern«, was er, sehr zum Leidwesen seiner Mutter, auch tat.

Wenige Jahre später wurde Gimes als Anhänger des Reformkommunisten Imre Nagy zum Tode verurteilt und 1958 hingerichtet. Seine Mutter beging Selbstmord. »Die überlebenden Familienmitglieder«, resümiert Harmat zum Erscheinungszeitpunkt seines Buches, »wissen bis zum heutigen

Tage nicht, wo die sterblichen Überreste des ermordeten Miklós Gimes ruhen.« Inzwischen weiß man darüber Bescheid. Gimes wurde, wie auch einige andere Opfer des Kádárschen Terrors, im Juni 1989 in Budapest offiziell beigesetzt.

Über diese und ähnliche Tragödien wurde jahrzehntelang geschwiegen – kein Wunder, handelte es sich dabei doch um das Unbewußte oder, mehr noch, um das zum Unbewußten gemachte der Gesellschaft. Obwohl 1957 nach langen Jahren zum ersten Mal wieder ein Buch von Freud veröffentlicht werden durfte, folgte ein zweites erst ein Vierteljahrhundert später. Das Thema war, wenn auch nicht hundertprozentig tabu, so doch grundsätzlich heikel. In der Klemme zwischen Zensur und Selbstzensur hielten selbst aufgeklärte Intellektuelle, wie zum Beispiel die Lukács-Schüler István Hermann oder Ágnes Heller, an ihren Vorurteilen gegenüber der Freudschen Lehre fest. Zensur und Selbstzensur verhinderten dabei nicht nur die Rezeption, sondern auch die notwendige Kritik an manchen veralteten Vorstellungen Freuds. Inzwischen waren immerhin vierzig Jahre verstrichen, und sie waren über die Lehre des Wiener Arztes, die ihre Anfänge in der Kaisermetropole des vorigen Jahrhunderts gehabt hatte, keineswegs spurlos hinweggegangen.

Eine der Ursachen des langen Schweigens über die Psychoanalyse und ihre Budapester Schule war zweifelsohne die Tatsache, daß die Offiziellen in Ungarn noch in den frühen achtziger Jahren die Moskauer Zentrale als ideologisches Über-Ich betrachteten. Wie grotesk und erniedrigend die sowjetische Einmischung auf diesem Gebiet mitunter war, schildert Paul Harmat anhand des Besuchs einer sowjetischen Philosophen-Delegation im Budapest der sechziger Jahre. Man hatte die Absicht, den ungarischen Kollegen das noch immer nicht gelöste Problem der Psychoanalyse zu erklären. »Nun erscheinen unbedeutende Philosophen aus Moskau«, schreibt Harmat, »in einer ehemaligen Hochburg der

Psychoanalyse, in Budapest, und die Ungarn werden darüber aufgeklärt, wie sie Freud und seine von den Kapitalisten bestochenen Helfershelfer zu interpretieren haben.«

Glücklicherweise ist eine solche Konstellation heute nicht mehr vorstellbar. Die politischen Veränderungen in der Sowjetunion ermöglichten unter anderem, die Tabuisierung des Themas Freud zu durchbrechen. Die eigentliche Hoffnung, was Ungarn betrifft, liegt jedoch anderswo: Vielleicht ist die ungarische Öffentlichkeit fähig, ihre kulturellen Traditionen wiederherzustellen, sie in das geistige Leben des Landes wieder einzubauen. Neben der Aktivierung von allen möglichen Bereichen der theoretischen und praktischen Psychologie, die angesichts des mentalhygienischen Zustands der ungarischen Gesellschaft auch dringend notwendig ist, gehört zu dieser Neubelebung ebenso die gründliche Rekonstruktion der Vergangenheit. Die kulturgeschichtliche Arbeit, die Paul Harmat diesbezüglich geleistet hat, kann angesichts der jahrzehntelang in mehreren Schichten verschütteten Kenntnisse fast mit den Bemühungen eines Archäologen verglichen werden. Zusätzlich liefert das Werk des ungarischen Arztes aus Linz einen neuen Beweis dafür, wie tief unsere Kultur in einem gesamteuropäischen Zusammenhang verwurzelt war und hoffentlich auch bleiben wird.

(1989)

Zwischen Alptraum und Wirklichkeit
Juden in Ungarn nach 1945

I

Mehr als fünfundvierzig Jahre nach dem Zweiten Weltkrieg ist die jüdische Frage in Ungarn immer noch heikel und nach jahrelanger Tabuisierung durch das Einpartei-System unverändert aktuell. Eine historische Wunde scheint im Gegensatz zu einer physischen erblich zu sein.

Der in den Niederlanden lebende ungarische Geschichtsprofessor Péter Várdy zog die Bilanz des ungarischen Holocaust wie folgt: »Bis 1945 starben fünfhundertsechzigtausend ungarische Staatsbürger jüdischer Herkunft in deutschen Konzentrationslagern, im Arbeitsdienst oder als Opfer von Terrorkommandos der Pfeilkreuzler. Die Verfolgung kostete neunundsiebzig Prozent der Provinzjuden das Leben. Anfang 1946 waren etwa hundertfünfundneunzigtausend Juden in Ungarn übriggeblieben, von denen hundertvierundvierzigtausend über konfessionelle Bindungen verfügten. Seit 1948 gibt es keine Volkszählungsdaten über konfessionelle oder nationale Zugehörigkeiten, so daß wir auf annähernde, ungenaue Schätzwerte angewiesen sind. Heute leben in Ungarn hunderttausend Menschen, die in konfessionellem Sinne Juden sind. Davon haben nur dreißig- bis fünfzigtausend eine Bindung an die jüdischen Gemeinden.«

»Die Verteilung des Restjudentums«, fährt Várdy fort, »ist bezüglich Lebensalter, Geschlecht und in regionaler Hinsicht höchst unregelmäßig. In Auschwitz oder durch den Arbeitsdienst sind zu einem besonders hohen Prozentsatz Kinder und Männer umgekommen (...). Die Zahl des Judentums wurde bei der letzten diesbezüglichen Volkszählung mit hundertvierunddreißigtausend angegeben. Die Überproportionalität der Frauen lag bei dreißig Prozent.«

Es ist offensichtlich, daß diese fast vollständige Ausrottung des assimilationsfreudigen ungarischen Judentums in der ungarischen Nachkriegsgeschichte ihre Spuren hinterlassen mußte. Das Trauma war allgemein, es war der ganzen Nation zu eigen; und doch war es so, als hätten sich zwei völlig verschiedene Schicksale erfüllt. Das Magyarentum hatte bereits zwei Weltkriege mitgemacht, jedesmal gegen seine eigenen Interessen und jedesmal auf der Verliererseite. Und das Judentum war seinen Weg von der Vertreibung bis zur Vernichtung mit einem beinahe mystischen Fatalismus gegangen.

Die Auflösung des demographischen Gleichgewichts ließ bereits nach dem Krieg das Weiterleben der jüdischen Religion fraglich erscheinen. In Provinzstädten und kleinen Dörfern fehlten immer häufiger die zehn erwachsenen Männer, die das Zeremoniell zur Durchführung eines Gottesdienstes vorschreibt. Noch verheerender war die moralische Situation. »Das offizielle Judentum«, schreibt Várdy, »bot nach dem Krieg das Bild einer in sich gespaltenen, zerstrittenen und schließlich verängstigten Minderheit.« Viele, so schreibt der Professor, wurden von Schuldbewußtsein geplagt: weil sie dem Bösen keinen hinreichenden Widerstand geleistet hatten; weil sie nicht alles getan hatten oder tun konnten, um ihren Nächsten zu retten; schließlich einfach, weil sie am Leben geblieben waren. Die quälendste aller Fragen war aber: Wie werden wir jetzt mit denen zusammenleben, die im günstigsten Falle tatlose Zeugen, öfter jedoch Nutznießer waren bei der Ausplünderung und Ermordung unserer Glaubensbrüder?

Währenddessen tat der Holocaust sein Werk in den Nerven und Instinkten, in den Seelen der noch kaum geborenen oder kaum erwachsenen jüdischen Generation. Fünfzehn Jahre nach dem Krieg ergab eine medizinische Untersuchung bei Personen, die zur Zeit der Verfolgung 5–25 Jahre alt gewesen waren, folgende typische Symptome: Depressionen, Kopfschmerzen, starke Reizbarkeit, Überempfindlichkeit, agressive Anfälle, Schwindsucht, Gedächtnisverlust, Konzentrationsschwäche, Schlaflosigkeit, Alpträume.

Für Schlaflosigkeit und Alpträume hätten auch die meisten Nichtjuden des Landes genügend Gründe gehabt. Der Philosoph András Kovács, der zwar in Ungarn lebte, seine Abhandlungen zur jüdischen Frage jedoch lange Zeit nur im Ausland veröffenlichen konnte, resümiert die moralische und politische Situation nach dem Krieg wie folgt: »Die Begegnung der aus den Konzentrationslagern oder aus dem Ghetto zurückgekehrten Juden mit ihrer früheren Umgebung konnte unmöglich konfliktfrei vor sich gehen. Unvermeidlich war die Frage: Sind für den Tod einer halben Million ungarischer Juden nur die aktiven Teilnehmer an der Verfolgung verantwortlich oder auch diejenigen, die passive Beobachter des Geschehens waren? Kann man nicht sogar von einer nationalen Verantwortung sprechen – angesichts der Tatsache, daß eine solch große Masse ungarischer Staatsbürger, die sich als vollwertige Mitglieder der Nation empfanden, durch Gewalt zu Tode kamen?«

Professor Várdy gibt auf diese von Kovács »unvermeidlich« genannte Frage eine klare Antwort: »Im Zusammenhang mit den Judenverfolgungen haben sich fast alle kompromittiert. Jeder ist irgendwie belastet: die ungarische Gesellschaft wegen ihres virulenten Antisemitismus, die Regierungsorgane wegen ihrer an Mord grenzenden direkten Mitschuld, die Alliierten wegen ihrer zynischen Versäumnisse, die Behörden von Palästina – sogar die Opfer, weil sie sich nicht wehrten. Verschiedene Institutionen wegen ihres verbrecherischen Dilettantismus bei Rettungsaktionen, die organisierte Arbeiterbewegung wegen ihres Schattendaseins, die christlichen Kirchen des Landes wegen ihrer früheren Unterstützung des Antisemitismus (...), die Männer des Geistes, vor allem die Literaten wegen ungenügenden Widerstandes und später der Unfähigkeit zu trauern. Die Verantwortung für die Judenverfolgung kann nicht auf die Kriegsverbrecher beschränkt werden, ihre Last trägt die ganze Gesellschaft.«

2

Während des demokratischen Intermezzos zwischen 1945 und 1948 gab es zahlreiche Veröffentlichungen, in denen versucht wurde, die Verantwortungsfrage in diesem Sinne zu stellen, und zwar aus jüdischer sowie nichtjüdischer Sicht. Besonders herausragend war ein bedeutender Essay des demokratischen Publizisten István Bibó. Darin analysiert er unter moralischen und sozialpsychologischen Gesichtspunkten die tieferen Ursachen des ungarischen Antisemitismus, der im Holocaust endete. Er verschweigt auch nicht, daß nicht einmal jene halbe Million Opfer hingereicht hat, um Judenhaß und Rassenvorurteile in der Gesellschaft endgültig verschwinden zu lassen.

Wenn man sich fragt, welche Parteien im ungarischen Mehrparteien-System, solange es noch existierte, am ehesten den Antisemitismus verurteilten und die Rehabilitation des Judentums forderten, so ist theoretisch denkbar, daß eine Partei sich in dieser Angelegenheit um so heftiger engagierte, je weiter links sie im politischen Spektrum angesiedelt war. In diesem Sinne hätte die kommunistische Partei, ebenfalls schärfsten Verfolgungen durch das frühere Regime ausgesetzt, am konsequentesten den Gedanken der Gerechtigkeit vertreten müssen. Leider war dem nicht so. Ausgerechnet die Kommunisten, bestrebt, die zu weiten Teilen nationalsozialistisch indoktrinierten Massen zu gewinnen, sahen sich dauernd zu einer besonders nationalbewußten Selbstdarstellung gezwungen. Nach Möglichkeit wollten sie als die am ehesten authentische ungarische Kraft des Landes erscheinen. Aus historischen Gründen, die offensichtlich sind, gab es nicht nur im Gefolge der Partei, sondern auch in den leitenden Gremien besonders viele jüdische Bürger. Um so unglaublicher, ja beinahe obszön mutet die folgende Geschichte an.

Noch wütete der Krieg und mit ihm die Ausrottung der ungarischen Juden, noch lebte Hitler, als die kommunistische Zeitung »Szabad Nép« einen Leitartikel unter dem Titel »Ein aufrichtiges Wort in der jüdischen Frage« veröffentlichte. Verfasser dieses Artikels war der Schriftsteller József Darvas, der später in den fünfziger Jahren das Amt des Kulturministers bekleidete. »Wenn es um Leiden geht«, schrieb Darvas, »dann können sich auch die Arbeiterschaft und das Bauerntum auf einen jahrhundertelangen Leidensweg berufen. Sie haben auch ihre Toten gehabt, und zwar nicht erst seit den Judengesetzen. Und doch arbeiten sie, bringen Opfer, bauen das neue Land auf (...) Warum wollen jetzt diejenigen, die, solange es möglich war, immer auf der Sonnenseite des Lebens standen, nun unter der Decke ihres falschen Märtyrertums untätig bleiben? (...) Im Laufe der letzten Jahre hat sich bei uns eine seltsame ›Arbeitsdienstler-Mentalität‹ entfaltet: Man hat gelernt, die Welt in Arbeitsdienstler und Wachpersonal zu trennen. Und jetzt, wo die Welt sich ändert, möchten sie eigentlich das Wachpersonal spielen ...«

Dieser Artikel erschien zu einem Zeitpunkt, als in den einsamen Dörfern des Landes wilde Gerüchte über die angebliche Rachsucht der wiederkehrenden Juden kursierten und bereits eine neue Welle des Antisemitismus in Bewegung gebracht hatten. Ein günstiger Nährboden dafür waren die tatsächlich vorhandenen Entbehrungen und Leiden der ungarischen Bevölkerung – das war die Wahrheit, mit der Darvas seine große Lüge würzen konnte. Ein Jahr später kam es in dem nordungarischen Dorf Kunmadaras zu pogromartigen Ausschreitungen, die auch Todesopfer forderten.

3

Ein erheblicher Teil der ungarischen Bevölkerung erlebte den Frühling 1945 nicht als Befreiung. Jene militärische Operation, in deren Verlauf die Rote Armee die Divisionen des Generals Pfeiffer-Wildenbruch in Budapest zur Kapitulation zwang, wurde von der Bevölkerung noch jahrelang »Der Sturm« genannt. Die alten Leute bezeichnen das Ereignis heute noch so. Hunderttausende ungarische Kriegsgefangene, die katastrophalen Niederlagen an der Front, die zerstörten Städte und nicht zuletzt die Requisitionen und Gewalttätigkeiten der Besatzerarmee erschwerten einen begeisterten Empfang der Befreier. Im Bewußtsein der meisten Menschen war und blieb das sowjetisch-ungarische Verhältnis eine Beziehung zwischen Siegern und Besiegten.

Ganz anders wurde das Kriegsende vom größten Teil des bedrohten Judentums empfunden, unabhängig davon, welche Gedanken sich der einzelne über die Zukunft der ungarischen Gesellschaft machte. Der die Ghettomauern niederreißende Rotarmist wurde in den Augen vieler Verfolgten zu einem fast religiösen Symbol des Erlösers. Den Unterschied zwischen den Gefühlen eines durchschnittlichen Ungarn und eines Juden schildert die Philosophin Ágnes Erdélyi in einem Essay, der István Bibó gewidmet ist:

»Ich und die anderen überlebenden Juden mußten einsehen: Die sowjetischen Soldaten retteten uns vor dem sicheren Tod – sie und sonst niemand. Dieses Erlebnis verband uns nicht mit den anderen, sondern trennte uns vielmehr von ihnen. Die anderen konnten die Tatsache, daß die Befreiung ausgerechnet durch die Russen erfolgte, ganz unterschiedlich erleben. Sie konnten sich darüber sogar freuen, aber sie konnten darin eine nationale Tragödie sehen. Sie konnten sich schämen, weil die Befreiung nicht aus eigener Kraft erfolgt war. Die weniger Schamhaften konnten erwägen, ob es nicht vielleicht besser gewesen wäre, nicht die Russen, sondern die

Briten und die Amerikaner kommen zu sehen. Wir konnten diese Geschichte nur in einer Weise erleben: Wir sind am Leben geblieben, weil die Russen *kamen*.«

Als Folge dieser berechtigten Dankbarkeit fühlten sich viele Juden nicht nur der Sowjetunion, sondern auch dem von ihr unterstützten neuen ungarischen Regime verpflichtet. Deshalb strömten die jüdischen Jugendlichen und die Intellektuellen nach 1945 in die kommunistische und in die sozialdemokratische Partei. Die militantesten wurden sogar Mitglieder der Politischen Polizei, um die edle Aufgabe der Entnazifizierung mit zu bewältigen. Je mehr es jedoch den Kommunisten gelang, die nationalsozialistischen Mitläufer aus dem öffentlichen Leben zu verdrängen, um so mehr wurde die Politische Polizei zu einem Mittel des Terrors. Der Kampf wurde nicht mehr gegen die Kriegsverbrecher geführt, sondern gegen die ehemaligen antifaschistischen Verbündeten und schließlich auch gegen die als Abweichler bezichtigten Kommunisten.

Auch jüdische Belange blieben von den politischen Restriktionen nicht verschont. Die Kampagne gegen die katholische Kirche engte auch den Spielraum der israelitischen Gemeinde ein. Während jedoch die Tatsache, daß es Millionen Katholiken gab, die Partei zur Vorsicht zwang, galt für das Restjudentum, daß seine Rechte eingeschränkt wurden und es gleichzeitig in diesem repressiven System seine einzige Stütze fand. Die Gemeinde, so weist Professor Várdy nach, wurde zu einer Minderheitenorganisation, »die materiell, aber mehr noch geistig dem Wohlwollen des Staates ausgeliefert war, der sie nach Belieben unterstützt, toleriert, verbietet, terrorisiert und der gleichzeitig seinen Schutz gegenüber dem Antisemitismus der Umwelt anbietet.«

Es ist wichtig, darüber zu sprechen, denn, wie András Kovács sagt: Im gesellschaftlichen Bewußtsein taucht bis heute immer wieder die stereotype Ansicht auf, die Ära bis 1956 sei eine Art politischer Judenherrschaft gewesen.

4

Gewiß nahmen vor 1956 viele Intellektuelle jüdischer Herkunft hohe Machtpositionen ein, auch höchste Machtpositionen wie die des Diktators Mátyás Rákosi. Gewiß entstammte auch Gábor Péter, der berüchtigte Chef des Staatssicherheitsdienstes, einer jüdischen Familie. Aus bereits genannten Gründen bekleideten viele ungarische Juden eine Funktion in der Partei oder im Staatsapparat. Es ist nicht unwahrscheinlich, daß sie in der Machtsphäre stärker repräsentiert waren, als es ihrem zahlenmäßigen Bevölkerungsanteil entsprach. Allerdings gibt es dazu, wie auch zu vielen anderen Sachverhalten, keine statistischen Angaben. Aber selbst für den oberflächlichen Beobachter muß offensichtlich gewesen sein, daß diese Machthaber auf keinem Gebiet spezifisch jüdische Interessen vertraten. Der hellsichtige István Bibó stellte dies bereits 1948 fest:

»Viele Juden – sowohl von der Judenverfolgung Betroffene als auch jüdische Institutionen – haben die bittere Erfahrung gemacht, wie wenig Lust Positionsträger jüdischer Abstammung haben, bestimmte kleine, akzeptable oder gar selbstverständliche Forderungen zu erfüllen, sich solche Angelegenheiten als jüdische Angelegenheiten zu eigen zu machen, wenn diese Angelegenheiten nichts gemeinsam haben mit der staatsbestimmenden politischen Linie oder Zielsetzung, wenn sie auch diesen nicht wiedersprechen.«

Später, in den Jahren der Diktatur, wurde die Kluft zwischen offiziellen Persönlichkeiten jüdischer Herkunft und den einfachen Juden noch größer. András Kovács gibt dazu eine ausgewogene Situationsbeschreibung: »In Wirklichkeit lebte die Mehrheit der Juden in diesen Jahren um nichts besser als die anderen Mitglieder der Gesellschaft (...). Die Zugehörigkeit zum Judentum bedeutete nicht nur keinen Vorteil, sie rettete auch nicht von Nachteilen: Während der Verstaatlichungen wurden die jüdischen Unternehmer ebenso behandelt wie die anderen; die jüdischen Mitglieder der bürgerlichen Schichten haben ihre Existenzgrundlagen ebenso verloren wie die Nichtjuden; wenn ein Jude als »klassenfremd« eingestuft wurde, war er ebenso der Möglichkeit des Hochschulstudiums beraubt wie die anderen (...). Im Rajk-Prozeß tauchte unter anderem auch der Anklagepunkt des Zionismus auf ...«

5

An dieser Stelle erinnere ich mich an ein Ereignis aus meiner jüdischen Kindheit. Ich bin in einem Internat der Israelitischen Gemeinde Budapest aufgewachsen. Auf das schöne Internatsgebäude in der Innenstadt hatte der Staatssicherheitsdienst AVH – in der Bevölkerung häufig als jüdisch beschimpft – ein Auge geworfen. Als Ersatz boten die Geheimpolizisten ein reichlich heruntergekommenes Mietshaus in Alt-Buda an. Die verzweifelten Verwaltungsratsmitglieder des Internats fragten einen alten Budapester Rabbiner um Rat. Sie wollten einen Brief an Rákosi schreiben und an seine Herkunft appellieren: Er solle nicht zulassen, daß seine halbwüchsigen Glaubensgenossen ihres Heims beraubt würden. Der Rabbi war von dieser Idee überhaupt nicht begeistert. »Reicht es euch nicht, daß er einer von uns ist? Sollen wir ihn auch noch daran erinnern?«

Der politische Spürsinn des Rabbiners erwies sich als richtig. Man schrieb Dezember 1952, in Prag lief der Slansky-Prozeß, und in der Anklageschrift wimmelte es von Namen wie Löbl oder Taussig. Einen Monat später wurden in Moskau jüdische Ärzte unter dem Verdacht verhaftet, die sowjetischen Führer durch Fehlbehandlung ermorden zu wollen. In Budapest nahm man den Vorsitzenden der Jüdischen Gemeinde und den Chefarzt des Jüdischen Krankenhauses fest. Es lag in der Luft, daß bald ein Zionistenprozeß stattfinden würde. Glücklicherweise kam es dazu nicht mehr, weil Josef

Stalin im März 1953 starb. Zu diesem Zeitpunkt hatten die jüdischen Ärzte in der Sowjetunion ein perfektes Alibi – sie saßen im Gefängnis.

6

Die Annahme, zwischen 1945 und 1956 hätte sich in Ungarn eine Judenherrschaft etabliert, gehört also ins Reich der Legenden. Sie ist aber als solche, durch die bloße Tatsache ihrer Existenz, durchaus aufschlußreich. Es liegt darin ein ähnlicher Versuch, sich zu entlasten, eine ähnliche Suche nach Freispruch wie etwa in Deutschland in der häufigen Erwähnung deutscher Nachkriegsleiden. Wenn es nämlich stimmen würde, daß der Terror des Regimes Rákosi ein einziger jüdischer Racheakt war, dann müßte man im Sinne dieser abstrusen Logik vom Begleichen einer alten Rechnung reden – man ist wieder quitt. Die Ungarn, so müßte es heißen, haben zwar gesündigt, sind jedoch bereits gestraft worden. Ihre Seelen sind, was Juden betrifft, wieder schneeweiß geworden. Nur hat das menschliche Leid keinen Tauschwert, und nicht einmal die Zahlen, die Rechenexempel von Tod und Vernichtung sind vergleichbar. Ungarn und Deutsche, und mit ihnen alle Völker und jeder einzelne Mensch, sind mit ihrer Vergangenheit auf sich gestellt und müssen mit ihrer Verantwortung allein bleiben.

7

Im November 1956 gab es unter den fast zweihundertfünfzigtausend ungarischen Staatsbürger, die das Land über die zeitweise geöffnete Grenze verließen, zwanzigtausend Juden. Ihre Motive waren nicht eindeutig. Die ehemaligen Unternehmer mögen sich vielleicht nach den Freuden der freien Marktwirtschaft gesehnt haben, aber viele der jüdischen Auswanderer hatten einfach vor neuen antisemitischen Übergriffen Angst.

Einem Bericht der Jüdischen Gemeinde zufolge hat der Judenhaß in jenen Oktobertagen keine gravierende Rolle gespielt. Nach einem Weißbuch der Kádár-Regierung zu den Oktoberereignissen war es jedoch in insgesamt einundzwanzig Fällen zu antisemitischen Äußerungen gekommen. András Kovács meint zu Recht, daß es durchaus eine weit höhere Dunkelziffer geben könnte. Natürlich kann man die Juden begreifen, die aus Angst vor Pogromen das Land verlassen haben. Nach 1944 ist selbst ein einziges Schimpfwort, auch ein winziges Hakenkreuz an der Hauswand für einen Juden nicht unerheblich. Tatsache ist jedoch, daß es weder in der Presse der Aufstandsperiode noch in den Programmen der neugegründeten Parteien Anzeichen für Antisemitismus gab.

8

Die öst-westliche Entspannungspolitik war noch in den Kinderschuhen, als die Bundesrepublik Deutschland durchblikken ließ, auch die ungarischen Juden hätten unter Umständen mit Entschädigungszahlungen zu rechnen. Zwischen beiden Ländern gab es damals keine diplomatischen Beziehungen, die Verhandlungen zogen sich in die Länge. 1958 schlug die Jüdische Gemeinde ihren Mitgliedern vor, diesbezügliche Schadenersatzanträge zu stellen.

Viele Juden weigerten sich aus moralischen Gründen, die Rechtsnachfolger des Dritten Reiches zur Kasse zu bitten. Meine Restfamilie, bestehend aus Mutter und Großmutter, füllte jedoch das Formular aus. Es gab gute Gründe dafür. Wir gehörten zu dem Teil der ungarischen Bevölkerung, der sich nicht gerade mit einem hohen Einkommen rühmen konnte. Ein Familienvermögen hatte es schon vor dem Krieg nicht gegeben. So konnten wir, wie ich mich bis heute erinnere, als Schaden nur die Tatsache angeben, daß sämtliche erwachsenen Männer der Familie in verschiedenen Konzentrationslagern ums Leben gekommen waren und daß meine verwitwete Mutter infolge der erlittenen Strapazen krank geworden war und in absehbarer Zeit völlig arbeitsunfähig sein würde. Zehn Jahre nach Ausfüllen des Formulars – meine Großmutter war bereits tot, und meine Mutter wohnte in einem Altersheim unter medizinischer Kontrolle – erhielten wir die offizielle Antwort. Wir wurden darüber informiert, daß »das Deutsche Reich, im Lande Berlin vertreten durch die Sondervermögens- und Bauverwaltung bei der Oberfinanzdirektion Berlin, 1 Berlin 12, Fasanenstraße 87«, unserem Antrag nicht entsprechen könne. Allerdings wurde gleichzeitig erklärt, daß uns durch das Verfahren keine Kosten entstünden.

Einer plausiblen Begründung zufolge ist »die Gerichtsbarkeit der Wiedergutmachungsämter von Berlin« in der Angelegenheit unserer »im Jahre 1944 auf Grund diskriminierender Verfolgungsmaßnahmen« erlittenen Schäden »nicht gegeben«. Die Schlußfolgerung auf dem Dokument lautete: »Die Antragsteller haben keine konkreten Angaben über den Verbleib der als entzogen beanspruchten Gegenstände gemacht; sie vermuten lediglich die Verbringung in die Bundesrepublik Deutschland oder nach Groß-Berlin. Diese allgemeine Vermutung reicht jedoch für den Verbringsungsnachweis nicht aus (...) Anhaltspunkte für eine Verbringung sind den Wiedergutmachungsämtern von Berlin für die Vermögenswerte, die den Gegenstand dieser Entscheidung bilden, nicht bekannt geworden.«

Der Sachlichkeit wegen muß ich hinzufügen, daß meine Familie im Jahre 1974, infolge der nun bereits vorhandenen diplomatischen Beziehungen zwischen Ungarn und der Bundesrepublik, gegenüber dem Dritten Reich doch einen gewissen Erfolg verbuchen konnte. Als einziger Erbe der verstorbenen Antragsteller erhielt ich dreißig Jahre nach Kriegsende viertausend Forint einmaligen Schadenersatz, nach damaligem Wechselkurs etwa dreihundertzwanzig DM.

Heute, nachträglich begreife ich die Empfindlichkeit der Juden, die auf eine finanzielle Wiedergutmachung verzichtet haben; nicht nur, weil auch die größten in Ungarn ausgezahlten Beiträge keinem Vergleich mit dem nur materiell gemessenen Schaden standhalten konnten, und nicht einmal deswegen, weil infolge der Langsamkeit der Bearbeitung der Anträge die Zahlungen nur in wenigen Fällen den unmittelbar Betroffenen zugute kamen. Meine Bedenken sind moralischer Art und haben mit der Haltung zu tun, die in dem oben zitierten Dokument deutlich wird.

Eine Behörde oder ein Land, das die unbequeme Rolle des Rechtsnachfolgers des Dritten Reiches auf sich nahm, muß sich darüber im klaren gewesen sein, daß die meisten Schadenersatzansprüche nicht nachweisbar sind. Sicherlich hätten die ursprünglichen Besitzer in der Kunstsammlung von Göring mit Erfolg Nachforschungen anstellen können. Auch der Wert des verschleppten Vermögens eines jüdischen Fabrikanten ist nicht so schwer einzuschätzen. Wenn jemand aber eine Nähmaschine, einen Wintermantel oder einen goldenen Zahn besaß, den man ihm wegnehmen konnte – wer sucht diese Gegenstände auf dem Gebiet der Bundesrepublik oder Groß-Berlin? Und wie kann man formal den Anteil eines vergasten Ostarbeiters an dem Profit der totalisierten reichsdeutschen Wirtschaft berechnen? Welchen Kurswert hat eine Handvoll Asche, die sich inzwischen im Luftraum des ehemaligen Deutschen Reiches in seinen Grenzen von vor 1937 gleichmäßig verteilt hat?

Selbst die Verrechtlichung der Frage ist pure Heuchelei. Aus juristischer Sicht bedeutet Wiedergutmachung die Wiederherstellung der ursprünglichen oder einer ähnlichen Lage. Wo aber sind die ursprünglichen Rechtssubjekte aufzufinden? Die in jenem Berliner Dokument versteckte Annahme, die Betroffenen hätten mit ihren ungenauen Angaben selber den edlen Akt der Entschädigung vereitelt, ist zum Erbrechen zynisch. Es handelte sich um osteuropäische Juden, die in den fünfziger oder sechziger Jahren unmöglich als Privatdetektive in das Wirtschaftswunderland gehen konnten, um ihre verschwundenen Sachwerte wiederzufinden. Natürlich hat ihr Ausgeliefertsein mit einem späteren Zeitpunkt, mit der Enge eines anderen Systems zu tun; dessen Wurzel liegt jedoch im Dritten Reich. Diese Einsicht fehlte den Wiedergutmachern, und deshalb gab es nicht nur die Kontinuität der Rechtsnachfolge, sondern noch eine andere, kalte Kontinuität, die dieses Verfahren, wenn es auch noch so großzügig gebührenfrei war, für viele Juden von vornherein unannehmbar machte.

9

Nach 1956 trat, was die jüdische Frage anbelangt, in Ungarn eine gewisse Beruhigung ein. András Kovács meinte zu Recht: »Dem heutigen politischen System (dem Kádár-Regime – Gy. D.) kann man keinen Antisemitismus vorwerfen. Die Bürger jüdischer Herkunft werden im Vergleich zu anderen Mitgliedern der Gesellschaft in keiner Weise systematisch benachteiligt.« Aus einer bestimmten Sicht war dies ein wichtiger Umstand. Ungarn hatte sei 1919 immer nur offen antisemitische Regierungen oder solche, die aus kompensatorischen Gründen mit den Problemen des Judentums rigide umgingen. Die oben erwähnte relative Ruhe war ein Teil der Stabilität, die in der Ära Kádár nach anfänglichem Terror zweifellos hergestellt wurde. Folglich war diese Ruhe jedesmal bedroht, wenn die Stabilität des Landes insgesamt gefährdet schien.

Das überwiegend intellektuelle jüdische Milieu in Ungarn reagierte deswegen empfindlich auf alles, was in den Nachbarländern geschah, so zum Beispiel auf die sogenannten »antizionistischen« Kampagnen der sechziger und siebziger Jahre in Polen und in der Sowjetunion. Diese Ereignisse, daneben die Nahostkriege, setzten einen Prozeß in Gang, den Kovács als »Reproduktion des jüdischen Gruppenbewußtseins« bezeichnet. Daß dieses Bewußtsein jedoch nie öffentlich artikuliert werden konnte, lag an der Eigenart der nach 1956 errungenen Stabilität. Ebenso wie der verhältnismäßige Frieden der ungarischen Gesellschaft mit Hilfe eines sorgfältig ausgebauten Tabusystems aufrechterhalten wurde, war auch der Preis für jüdische Seelenruhe ein mehr oder weniger freiwilliges Schweigen über das Erlittene. Wohlmeinende Funktionäre, Zensoren und Beamte der jüdischen Institutionen warnten unisono davor, heikle Themen allzu häufig in die Öffentlichkeit zu bringen, um nicht – so lautete das oft wiederholte Argument – »Antisemitismus zu provozieren«. Währenddessen gab es hinter der gemütlichen Fassade der »lustigsten Baracke im Lager« beklemmende jüdische Lebensgeschichten.

10

Ende der siebziger Jahre befragten ungarische Sozialwissenschaftler fünfzig Personen, hauptsächlich Intellektuelle zwischen dreißig und vierzig, wann, wie und von wem sie zum ersten Mal gehört hätten, daß sie jüdischer Herkunft seien. Die Forscher hatten damals keine Hoffnung, das Ergebnis ihrer Arbeit veröffentlichen zu können.

»Daß wir Juden sind«, sagte einer der Befragten, »hörte ich zum ersten Mal nicht von meinen Eltern, sondern von den Nachbarskindern. Ich war damals vielleicht fünf oder sechs Jahre alt. Die sagten, wir hätten Jesus gekreuzigt. Ich fragte bei meinen Eltern nach, die daraufhin zugaben, daß wir Juden sind (...). Ich hatte einen Lehrer, der nannte mich immer ›Mazzefürst‹. Ich ahnte nicht, daß es eine antisemitische Äußerung war.«

Eine Frau erinnerte sich: »Außerhalb unserer Familie ließ mich niemand spüren, daß ich jüdisch bin. Einmal ereignete sich etwas Furchtbares. In unserer Schulklasse gab es ein Mädchen. Ich hatte einmal Wochenaufsicht und bedrohte sie, ich weiß nicht mehr, womit, daß ich sie melde oder aufschreibe, und sie sagte daraufhin: »Hör auf, du häßliche Jüdin!« (...) In den Erzählungen meiner Mutter über Auschwitz gab es immer einen Angelpunkt: Die Bedingung des Am-Leben-Bleibens ist, daß man in der grauen Masse unauffällig bleibt. Ich habe das in meiner Kindheit so oft gehört, daß ich ständig Angst habe, anders zu sein.«

Wer in der Kindheit zu oft hört, daß man sich auf dem Appellplatz unauffällig verhalten soll, für den verwandelt sich leicht die ganze Erwachsenenwelt zum Appellplatz. Aber nicht alle reagierten so ängstlich. Zu einem Jungen mit heißerem Temperament sagten seine Schulkameraden in einem Sommerlager: »Wir kochen Seife aus dir, Alter«, und er griff sie daraufhin mit einer Spitzhacke an. Der Fall wurde vom örtlichen Parteikomitee untersucht, das herausfinden wollte, was das für Eltern sind, die ihre Kinder zum Antisemitismus erziehen. Sicherlich, es wurde zu harten Maßnahmen gegriffen, vor allem, wenn die Eltern Staatsangestellte oder – horribile dictu! – Parteimitglieder waren. Nur eines gab es nie: ein Gespräch, bei dem alle Interessierten hätten sagen können, was sie dachten. Nein, Skandale wollte man in der Kádár-Ära möglichst vermeiden.

II

Im Sommer 1986 wurde in einem Freilichtkino in Budapest das amerikanische Filmmusical »Anatevka« aufgeführt, das bisher nur in seiner Bühnenversion zugelassen war. In den überfüllten Bankreihen saßen ungarische Juden aller Generationen und starrten fasziniert auf die Leinwand, auf der eine versunkene Welt erschien. Für die meisten Anwesenden war dies kein künstlerisches, sondern ein persönliches Ereignis. Manche Zuschauer weinten, andere tauschten verunsicherte Blicke, als wollten sie sich vergewissern, daß die in jüdischen Angelegenheiten eher vorsichtigen Behörden ihnen diese verbotene Frucht tatsächlich gewährten.

Der Zweifel hatte gute Gründe. In denselben Tagen zerschlug die ungarische Staatssicherheit einen jüdischen Privatklub, dessen Mitglieder in ihren Wohnungen jüdische Geschichte und Kultur sowie die hebräische Sprache studieren wollten. Bei den Verhörten wurden die Organisatoren als »zionistische Agenten« verdächtigt und mit Gefängnisstrafe und Ausbürgerung bedroht. Die Älteren von ihnen fühlten sich auf mysteriöse Weise in die fünfziger Jahre zurückversetzt. Bis heute gibt es für diesen sinnlosen Willkürakt keine plausible Erklärung.

Gleichzeitig gab es auch ermunternde Zeichen. So nahm das lange Tauziehen um die Errichtung eines Denkmals für Raoul Wallenberg im Sommer 1987 einen positiven Ausgang. Der schwedische Diplomat, der im verhängnisvollen Jahr 1944 das Leben von mindestens zehntausend Budapester Juden rettete und der zugunsten seiner Schützlinge selbst Adolph Eichmann zu trotzen wagte, verschwand gleich nach der Befreiung Budapests in einem Moskauer Gefängnis und kam dort nach offizieller sowjetischer Darstellung im Jahre 1947 ums Leben. Dieser Sachverhalt allein hat ausgereicht, die Erinnerung an ihn bis zuletzt nur in vorsichtigem Flüsterton zu wahren. Andererseits kursieren bis heute die wildesten Legenden über sein qualvolles Weiterleben in einem Lager des sowjetischen Gulag. Die verspätete Geste der Budapester Regierung, das Denkmal doch noch zu errichten, galt nicht so sehr diesem Ritter ohne Furcht und Tadel als eher einer diplomatischen Notwendigkeit. Der greise und machtmüde Kádár, so hieß es damals, bereite sich auf eine Staatsvisite nach Stockholm vor, und er wolle peinlichen Fragen von vornherein aus dem Weg gehen.

Nach Kádárs Abdankung im Mai 1988, als die unabhängigen Organisationen in Ungarn plötzlich wie Pilze aus dem Boden schossen, entstand unter ihnen der erste Jüdische Kulturverein nach 1948. Heute gibt es zahlreiche weltliche und kirchliche Schulen sowie mehrere jüdische Zeitschriften. Denkmäler für die Opfer des Holocaust werden seitens der Regierung gefördert, die Reisen von und nach Israel sind zu einer Selbstverständlichkeit geworden. Man kann behaupten, daß die demokratische Wende für die ungarischen Juden positive Veränderungen mit sich gebracht hat.

Leider nicht nur. Die zu lange verschwiegene Vergangenheit scheint sich an der Gegenwart rächen zu wollen. Die durch den Zusammenbruch des kommunistischen Systems freigesetzten Emotionen und Ideologien sind bei weitem nicht alle demokratisch. Unter anderem erhebt auch ein Antisemitismus sein Haupt, den man im Westen irrtümlicherweise mit dem Attribut »der neue« versieht, als wäre nicht jeder Haß und jede Diskriminierung so alt wie die Menschheit selbst.

In Ungarn gibt es relativ geordnete Verhältnisse, und die Gefahr von Pogromen besteht nicht. Die friedliche Art und Weise des Systemwechsels zeigt einen nicht zu unterschätzenden zivilisatorischen Reifegrad der ungarischen Gesellschaft. Die extreme Rechte im neuen politischen Spektrum scheint zunächst keinen großen Einfluß zu haben. Dennoch wäre es ein Fehler, die Judenfeindlichkeit zu verniedlichen.

Damit meine ich nicht einmal die Stimmungen, die sich bei manchen Fußballspielen entladen, wenn die siegreiche Mannschaft in der frustrierten Phantasie der Verliererseite plötzlich jüdische Züge erhält. Frustration ist ohnehin der soziale Nährboden für jeglichen Massenhaß. Bedrohlich werden für mich die Ressentiments vor allem dann, wenn sie aus berufenem Munde von angesehenen Literaten ertönen.

Dies kann geschehen, wenn politische Parteikämpfe, etwa zur Zeit der Wahlkampagne, an Schärfe zunehmen. Die Tatsache, daß im Parteivorstand der Freien Demokraten zahlreiche Intellektuelle jüdischer Abstammung sitzen, dient als Angriffsfläche. Man behauptet, eine winzige Gruppe beherrsche in Ungarn die Medien und lasse das Fernsehen nicht ungarisch genug werden. Schon läßt der Stückeschreiber und Gelegenheitspolitker István Csurka über den verhaßten Medien seine Philippika erdonnern: »Die ungarische Gesellschaft muß endlich aufwachen! Solange es in Ungarn möglich ist, Ungarn mit volksnationalem Rückgrat mit einer Flut von Verleumdungen unmöglich zu machen (...), solange eine winzige Minderheit der ganzen Gesellschaft erreichen kann, daß nur ihre Wahrheit die Wahrheit ist (...) solange gibt es keine Aussicht, daß sich die großen völkischen Massen in ihrer Heimat wohlfühlen. Ungartum, erwache!«

Die politische Leidenschaft macht aber selbst Lämmer zu Bestien. Der feine Lyriker Sándor Csoóri schreibt: »Immer entschiedener fühlt man, daß sich im Lande umgekehrte Assimilationsbestrebungen zeigen: Das liberale ungarische Judentum möchte in Stil und Denkweise das Magyarentum ›assimilieren‹. Zu diesem Zweck ist es ihm gelungen, sich ein noch nie dagewesenes parlamentarisches Sprungbrett zusammenzuzimmern.« Als daraufhin ein Skandal ausbricht und mehrere Autoren aus dem Schriftstellerverband austreten, weil sie ihre Mitgliedschaft nicht mehr mit Csoóri teilen wollen, wird der Poet traurig und scheint die Welt nicht mehr zu verstehen, beziehungsweise fühlt sich von aller Welt mißverstanden.

Das alles sind Einzelfälle, die sich beliebig ergänzen lassen. Ich verzichte jedoch auf weitere Beispiele, weil ich keinesfalls den Anschein erwecken möchte, der Antisemitismus sei ausschließlich ein Problem der Juden. Ebenso, wie ein notorischer Frauenhasser zumeist mit seiner eigenen Männlichkeit nicht zurechtkommt, ist jeder Fremdenhaß auf eine Störung der eigenen nationalen oder persönlichen Identität zurückzuführen. Das wissen auch die nichtjüdischen Ungarn, die den Antisemitismus als Problem unserer Gesellschaft sehen. Gefährlich ist dieses Phänomen vor allem wegen der internationalen Dimension. Von dem russischen »Pamjatj« über die deutschen Republikaner und die rumänischen »Vatra« bis hin zu der französischen »Nationalen Front« gibt es eine gesamteuropäische Tendenz des Fremdenhasses und der fanatischen Intoleranz. Auch das ist Europa.

Für das Judentum von heute ist jedoch der Antisemitismus nur eine Bedingung seiner bedrohten Existenz. Das Zerstörungswerk des Holocaust wirkt in den späten Generationen ohnehin weiter. Trotz ermunternder Zeichen einer neuen Aktivität scheint mir manchmal, daß das ungarische Judentum zu einer aussterbenden Spezies geworden ist. Der Krieg und die Pfeilkreuzlerherrschaft haben bei uns nicht so viele Synagogen verwüstet, wie in Deutschland zerstört worden sind. In Ungarn hätte man nicht, wie Helmut Gollwitzer nach der Kristallnacht, sagen können: »Ringsum brennen Gotteshäuser ...« Aber die Jahrzehnte des Friedens haben die ungarischen Synagogen vernichtet. Die noch funktionierenden oder bereits verlassenen Gotteshäuser verkünden mit ihrer Trostlosigkeit das Erlöschen einer Kultur. Der Staub mehrt sich, der Dreck der verpesteten Umwelt und der Staub des Vergessens.

Zwar mangelt es nicht an heroischen Anstrengungen, die autonome jüdische Kultur über Wasser zu halten. Es kommt mir jedoch so vor, als ob diese Bemühungen nur die Agonie verlängern. Noch eine Generation, und es wird kein ungarisches Judentum geben.

Ich selbst gehöre von meiner Abstammung her und teilweise auch durch meine Erziehung dieser Tradition an. Ich bin also selbst ein Exemplar dieser aussterbenden Rasse, der osteuropäischen, der ungarischen Juden. Von diesem langsamen Todeskampf fühle ich mich jedoch auch als Ungar, als Osteuropäer betroffen. Die feuchtgewordenen Steine der alten Synagogen, die Alten, die sich frierend in ihre Gebetsschals hüllen, die den heiligen Text vielleicht schon nicht mehr für den lieben Gott, sondern immer mehr für sich selbst aufsagen – es ist mir, als ob mit dieser versinkenden Welt die

Geschichte selbst stirbt. Die Geschichte, also die menschlich bewohnbare Vergangenheit.

(1986–1991)

Als Quelle für diesen Aufsatz diente unter anderem der Sammelband »Die jüdische Frage in Ost- und Mitteleuropa«, der Ende 1985 in Budapest erschien, wenig später jedoch von der Zensur verboten wurde.

Aus den achtziger Jahren

Die Befreiung der Sowjetunion von ihren Satelliten. Eine Utopie (Frühjahr 1985)

12. Stellen wir uns das Unwahrscheinliche vor: Ein verjüngtes Zentralkomitee in Moskau entscheidet sich für die Befreiung der Sowjetunion von ihren immer lästiger werdenden Verbündeten. »Sehen Sie doch ein, Genossen«, sagt der erst dreiunddreißigjährige Erste Sekretär, »daß diese kleinen osteuropäischen Staaten mit ihrer chaotischen ökonomischen Situation, mit ihren unbegreiflichen inneren Widersprüchen und schädlichen Ideologien nur unseren kommunistischen Aufbau erschweren. Viel richtiger wäre es meines Erachtens, diese Gesellschaften – unter Wahrung unserer militärischen Interessen – ihrer eigenen Entwicklungsdynamik zu überlassen. Vom propagandistischen Standpunkt aus würde uns dies nur Vorteile bringen. Einerseits könnten wir dann wieder als Befreier dieser Länder gefeiert werden, andererseits waren unsere Ideale, wie die Erfahrung zeigt, stets sehr viel erfolgreicher in Gesellschaften, in denen nichts oder nur sehr wenig von ihnen verwirklicht worden ist.«

Fantasieren wir weiter: Die Worte des Ersten Sekretärs werden einstimmig zum Gesetz erhoben, der Warschauer Vertrag wird gekündigt, die in der osteuropäischen Region stationierten sowjetischen Truppen werden mit Militärmusik und Blumen verabschiedet, und die Länder des ehemaligen Ostblocks beginnen mit der Regelung ihrer eigenen Probleme. Durch freie Wahlen, an denen mehrere Parteien teilnehmen dürfen, schaffen sie ihre parlamentarischen Institutionen, sie öffnen die Grenzen und garantieren die Freiheitsrechte, einschließlich eines vernünftig beschränkten Privatbesitzes. Alles andere – das McDonald-Netz, die Arbeitslosigkeit, die Peep-Show – kommen von selbst.

11. Verzichten wir auf eine Analyse der dramatischen Auswirkungen, die ein solcher Schritt für die Lage Westeuropas, für die Ost-West-Beziehungen im allgemeinen und für die Stabilität in Afghanistan und Nicaragua im besonderen hätte. Bleiben wir bei der Problematik der osteuropäischen Region, die daraus herrühren würde, daß ein Bruch in der jahrzehntelangen historischen Entwicklung entstünde, daß die beruhigende Eintönigkeit der Diktatur vom mühevollen und risikoreichen Funktionieren einer Demokratie abgelöst würde. Jedenfalls müssen wir voraussetzen, daß eine solche Veränderung die betroffenen Länder völlig unvorbereitet fände. Paradoxerweise ist nämlich nicht nur das System sowjetischen Typs in diesen Gesellschaften dermaßen unorganisch geblieben, daß es bei Völkern mit schwächeren Nerven nur mit Waffengewalt aufrechterhalten werden konnte, sondern auch demokratisch-pluralistisches Gedankengut hat in diesen Ländern kaum eine Basis. Die erste und größte Sorge eines seinem Schicksal überlassenen Osteuropa wäre die Frage: Welchem Modell soll es folgen, welche staatlichen und sozialen Formationen soll es übernehmen? Welches sind die guten Traditionen und welches die schlechten, die zu vermeiden sind?

Ohne Zweifel sind die sowjetischen Strukturen, die der Tradition des Zarenreichs entsprechen, der Gesinnung der Bevölkerung von Plauen bis Plovdiv völlig fremd. Um nur einen Unterschied zu erwähnen: Die hierarchische Straffheit der Verwaltung wurde in Mittel- und Osteuropa durch die allgemein anerkannte Unfähigkeit des Apparats vorteilhaft gelockert. Karl Kraus nannte das »Tyrannei durch Schlamperei gemildert«. Während die zaristisch-russische Bürokratie durch das Pathos der Regel aufrechterhalten blieb, wurde die Monarchie eher vom Zynismus der Ausnahmen verwaltet. Demokratie und Pressefreiheit haben in diesen Ländern die Tendenz, entweder auszubrechen oder eingeführt werden zu müssen.

10. Das Kádársche Ungarn, das wir vielleicht nicht nur aus nationalistischer Überheblichkeit als Eldorado der osteuropäischen bürokratischen Zivilisation bezeichnen, weist zahlreiche Beispiele für diese Verflechtung von Regel und Ausnahmen auf. Die Pressefreiheit zum Beispiel ist bei uns nichts anderes als ein Extremfall der staatlichen Kontrolle über die Presse, die Großzügigkeit einer von ihrem eigenen Liberalismus beflügelten Zensur. Die Zensur ihrerseits ist eine nüchterne Selbstbeschränkung der von niemandem bezweifelten Freiheit, und zwar in ihrem eigenen Interesse.

Symbolisch für den ökonomischen Bereich war die Tatsache, daß die neue Wirtschaftsreform im Frühjahr 1982 mit der Verpachtung der städtischen Toiletten an kapitalstarke Privatpersonen eingeleitet wurde. Dogmatische Marxisten mögen in dieser Maßnahme die nahe Restauration des Kapitalismus geahnt haben (siehe Marx: »Die ganze alte Scheiße kommt zurück«). Tatsächlich aber handelte es sich um die Stärkung des Sozialismus. Es ist offensichtlich, daß ein von der Betreuung des anal-fäkalen Bereichs entlasteter Staat den Schlüsselindustrien viel größere Energie und Aufmerksamkeit widmen kann.

Was nun die Politik betrifft: Ob die Behörden die Opposition verfolgen oder nicht, hängt in Ungarn überhaupt nicht von irgendeiner gesetzlichen Regelung ab. Die diesbezüglichen Passagen jeder sozialistischen Verfassung sind so weit formuliert, daß aus ihnen sowohl ein viktorianischer Liberalismus als auch ein lateinamerikanischer Autoritarismus abzuleiten wäre. Hier macht sich eher eine Art Zweckrationalität geltend: Wird die Opposition *nicht* verfolgt, so dient dies nur dem Ruhm des Systems. In diesem Fall liefert jede Aktion der Andersdenkenden den Behörden einen Anlaß, *keine* repressiven Maßnahmen zu ergreifen. Kommt es aber doch zu Haussuchungen oder Verhören, so geschieht dies nur zum Schutz der Stabilität, im Namen des oft erwähnten »nationalen Konsens«, desselben, der auch die Existenz einer

Opposition stillschweigend toleriert.

Eine Art Konsens gab es selbst in den stürmischen Tagen des Oktober 1956. Der Politiker István Bibó veröffentlichte damals eine Denkschrift, in der er für den Fall einer demokratischen Systemveränderung der machtverlustigen kommunistischen Elite bestimmte Garantien einräumen wollte. Ein Teil des überflüssig gewordenen Apparats sollte mit hohen Renten abgefunden, ein anderer Teil in einem langfristigen Programm zu nützlichen Gliedern der Gesellschaft umgebildet werden. Dieser Vorschlag eines »zweiten Bildungsweges« für die Funktionäre zeugte von Bibós tiefer Einsicht in die osteuropäischen Verhältnisse. Sicher würde eine konsequente Demokratie im Fall eines Machtwechsels keine solchen Schonungsmaßnahmen anerkennen. Selbst die Betroffenen waren von Bibós großzügigem Projekt wenig begeistert: Der Minister der Imre-Nagy-Regierung wurde nach der Niederwerfung des Aufstands zu einer langjährigen Gefängnisstrafe verurteilt.

9. Aus alledem folgt, daß eine neue demokratische Staatlichkeit in Mittel- und Osteuropa weder das westliche noch das östliche Modell nachahmen kann. Vielmehr sollten diese Länder *sich selbst* ähnlich werden, ihrer historischen Identität näherkommen.

Eigentlich tun sie das auch. Es ist geradezu verblüffend, wie sich nach der Lockerung von Stalins eisernem Ring die Vergangenheit in diesen Ländern zu regen begann. Jahrhundertealte Situationen wiederholen sich mit gespenstisch ähnlicher Dramaturgie. Im November 1956 wurde die zu Verhandlungen eingeladene ungarische Regierungsdelegation im Hauptquartier der sowjetischen Armee festgenommen. Es gibt in Ungarn kein Schulkind, dem dazu nicht eine Episode aus der Türkenherrschaft einfällt: Ähnlich verhaftete der Sultan einen damaligen ungarischen Heerführer, nachdem er seinem Gast am Ende eines üppigen Mittagessens »schwarze Suppe« (Kaffee) angeboten hatte. Das häufige Nach-Moskau-Zitie-

ren der Führer des Prager Frühlings 1968 entbehrt ebenfalls nicht der Parallele zur Geschichte der hussitischen Ketzer-Bewegung.
Aber die Vergleiche hinken: Dubcek war kein Jan Hus, Chruschtschow kein Suleiman der Zweite, und der Warschauer Vertrag läßt sich schwerlich mit dem Konzil von Konstanz gleichsetzen. Und doch leben solche Vergleiche als Hinkebein im Nationalbewußtsein weiter. Sie stützen sich auf einen Mangel an Phantasie. Und wir wissen, daß die Idee, auch die noch so ungenau formulierte, rettungslos in materielle Gewalt übergeht, wenn sie in die Masse eindringt. Wenn ein Volk sich zum Beispiel in den Kopf setzt, die Legitimität freier Gewerkschaften direkt aus dem Neuen Testament abzuleiten, dann fühlt sich die benachbarte Supermacht möglicherweise dazu genötigt, an ihren Grenzen zu mobilisieren.

Die kleinen mittel- und osteuropäischen Nationen weichen jedoch nicht nur von den beiden oben genannten Modellen ab, sondern sie weisen auch in ihrem eigenen Charakter beträchtliche Unterschiede auf. Unterschiedlich ist ihr religiöser Hintergrund: Katholische, evangelische, russisch-orthodoxe und islamische Traditionen leben nebeneinander, und die historischen Erfahrungen sind nicht weniger divergent. Es gibt Länder, wo es im 19. Jahrhundert zu großen Revolutionen kam (Ungarn, Polen), und es gibt solche, wo keine stattgefunden haben (Rumänien, Tschechoslowakei). Einige Staaten der Region sind Vielvölkerstaaten (Rumänien, ČSSR), in anderen sind die nationalen Minderheiten unbedeutend (DDR, Ungarn). Politisch differenziert sich das Bild auch danach, ob die einzelnen Länder am Zweiten Weltkrieg als Verbündete von Nazideutschland oder als Mitglieder der antifaschistischen Koalition teilgenommen haben. Zu diesen vergangenen oder auf die Vergangenheit zurückzuführenden Unterschiede kommen noch diejenigen, die aus der heutigen Lage der einzelnen Länder resultieren. Es sind solche der Größe, der ökonomischen Stärke, des Konsumniveaus, der

Rolle der Öffentlichkeit, der Bewegungsfreiheit der Bevölkerung usw.

Diese intraregionalen Differenzen sind keine Fakten, die von rein wissenschaftlichem Interesse wären, sondern Faktoren, die das Leben unserer Länder und ihr nationales Bewußtsein tagtäglich beeinflussen. Die zum Leben erwachten alten Nationalismen wüten in Wirtshausschlägereien, als literarische Diskussionen getarnt, und werden zunehmend auch zum Bestandteil der Politik einzelner Regierungen. Ein gutes Beispiel dafür ist die Ungarnfeindlichkeit in Rumänien, aber teilweise auch die antirumänische Stimmung in Ungarn. Beide Leidenschaften haben historisch gut bestimmbare Ursachen, die durch die jetzige Minderheitenpolitik Rumäniens nur aktualisiert werden.

Die Sowjetunion steht der nationalen Renaissance in Osteuropa teils ohnmächtig gegenüber, teils versucht sie, sie für ihre eigenen Zwecke einzuspannen. Diese sozialistische Supermacht, die einmal aus der Idee der Verbrüderung der Nationen entstanden ist, hat die spezifischen nationalen Interessen der ihrer Einflußsphäre angehörenden Völker jahrzehntelang nicht zur Kenntnis nehmen wollen. Der höchste Preis, den sie dafür bezahlen mußte, war der Bruch mit China. Jetzt geht es ihr vor allem darum, die Gefahr zu vermindern, daß die miteinander in Streit liegenden kleinen Verbündeten sich plötzlich auf eine gemeinsame Plattform gegenüber der Großmacht einigen.

8. Zu Beginn der sechziger Jahre gab es Anzeichen für einen Entwicklungsprozeß in Richtung auf eine Art von osteuropäischer Integration. Innerhalb der sozialistischen Länder wurde das Reisen mehr oder weniger frei, ausgenommen nach Jugoslawien, dessen sozialistischer Charakter damals in Frage gestellt wurde. Es begann eine regelrechte Völkerwanderung: In einem einzigen Sommer kamen Hunderttausende tschechoslowakischer Touristen nach Ungarn, und ebenso viele

Ungarn besuchten den nördlichen Nachbarn. In diesem babylonischen Chaos von Studentenheimen und Campingplätzen begann sich die junge Generation der Volksdemokratien wohlzufühlen. Auch der Schwarzmarkt erlebte seine Konjunktur: Tschechische Schuhe, ungarische Salami, polnisches Bettzeug, ostdeutsche Haartrockner wurden ausgetauscht, und es schien, daß diese nicht ganz interessenfreien massenhaften Bekanntschaften der Auflösung des alten Argwohns und der traditionellen Haßgefühle dienen würden. Die handfesten Gespräche in den vernachlässigten osteuropäischen Eisenbahnwaggons waren getragen von Regionalbewußtsein: Hier trafen sich Menschen, die über ihre Regierungen ganz bestimmter Meinung waren und die wußten, was von dem großen Verbündeten zu halten sei. In dem plötzlich ausbrechenden Konsumentenbewußtsein schimmerte die Hoffnung auf Verbesserung der *gemeinsamen* Situation.

Dieser ermunternde Prozeß wurde aus verschiedenen ökonomischen und politischen Erwägungen heraus gestoppt. Der Tauschhandel, dessen wahre Künstler die Polen waren, wurde durch rigorose Zoll- und Reisebeschränkungen eingeengt. Die tschechoslowakische Reform, die polnische soziale Bewegung, ja sogar die gemäßigte ungarische Liberalisierung haben die konservative Machtelite anderer osteuropäischer Staaten dazu bewogen, die Bevölkerung in die alte Quarantäne zurückzutreiben. Besonders stark war die Isolierung der DDR-Bürger. Sie dürfen inzwischen jährlich zwei Wochen in Ungarn verbringen; Polen ist praktisch Sperrzone für sie; Bulgarien liegt zu weit weg, und Rumänien ist als Reiseziel wegen der fehlenden Infrastruktur wenig attraktiv.

In welch tiefe Krise der innersozialistische Tourismus geraten war, zeigte die Entscheidung der Bukarester Regierung vom Sommer 1979, daß auch an Osttouristen Benzingutscheine nur gegen Westwährung ausgegeben werden dürften. Diese Maßnahme, die sogar in der an absurden Entscheidungen reichen rumänischen Politik ihresgleichen sucht, war jedoch nur eine Konsequenz der allgemeinen osteuropäischen Fremdenverkehrsmisere. Heute krankt die Freizügigkeit zwischen den Volksdemokratien unter anderem auch am Devisenhunger der einzelnen sozialistischen Staaten. Westbürger sind überall willkommen, aber Osttouristen, die in der Prager Altstadt, am Balaton oder im Hafen von Varna nach D-Mark jagen, sind zweitklassige Bürger aus zweitklassigen Ländern. Sie stehen vor Intershop-, Tuzex-, Corecom- und Konsumtourist-Läden und sind auf einen anderen Wohlstand fixiert als den, der von den Bedingungen dieser Länder her möglich und notwendig wäre. Das erniedrigte Nationalgefühl schürt wiederum chauvinistische Leidenschaften.

7. Interessant ist, daß die neue nationalistische Welle immer mehr auf die bürokratischen Oligarchien übergreift. Unseres Erachtens hat dieses Phänomen unter anderem einen psychosozialen Hintergrund. Bedenken wir: Der Führer oder die führende Körperschaft eines sozialistischen Landes hat im eigenen Haus nahezu unbegrenzte politische Kompetenzen und ist gleichzeitig einer äußeren Macht, dem Großen Bruder, bis zur Lächerlichkeit ausgeliefert. Wer es gewohnt ist, Befehle zu erteilen, kann nach einer Weile Befehle immer schwerer ertragen. Aber auch die sowjetische Politik hat sich verändert: Von der ökonomischen Hilfe bis zur militärischen Intervention setzt sie die verschiedensten Mittel ein, um das, was sie euphemistisch die Einheit der sozialistischen Gemeinschaft nennt, aufrechtzuerhalten. Auf das Mittel des Drucks verzichten jedoch auch die kleinen Verbündeten untereinander nicht. In welch ätzendem, erniedrigendem Ton, besonders in Krisensituationen, die brüderlichen Verhandlungen vor sich gehen, darüber lesen wir dramatische Berichte bei Autoren von so unterschiedlicher Auffassung wie dem Tschechen Josef Smrkovsky oder dem verstorbenen Albaner Enver Hodscha.

Nach Helsinki kam es regelmäßig zu Kontakten kleiner

osteuropäischer Staaten mit westeuropäischen oder amerikanischen Partnern. Die US-Führung macht kein Hehl daraus, daß sie durch solche Beziehungen die einseitige Bindung der Mittel- und Osteuropäer an die Sowjetunion zu lockern sucht. Der nationalstaatlichen Eitelkeit wird durch spektakuläre Gesten geschmeichelt, etwa durch die Rückgabe der Krone des ersten ungarischen Königs, Stephans des Heiligen, aus amerikanischer Hand an Ungarn. Jedenfalls verfehlen die verschiedenen westeuropäischen »Ostpolitiken« ihre Wirkung auf die Würdenträger der kleinen sozialistischen Staaten nicht. Hier denken wir nicht nur an die Dollarmilliarden, die der natürliche Dünger der guten Beziehungen sind, sondern auch daran, daß die Ostfunktionäre bei solchen Westreisen ein langersehntes Prestigeerlebnis genießen. Es muß für sie ein höchst angenehmes Gefühl sein, sich zum Ehrendoktor ernennen zu lassen oder dem Papst die Hand zu schütteln. Auch daraus erklärt sich die heftige Sehnsucht nach Reisen, die die politischen Größen unserer Region im letzten Jahrzehnt befallen hat.

In dieser Hinsicht beginnen die Staatsmänner sogar den gewöhnlichen Bürgern zu ähneln. Sie schmieden Westreisepläne und stellen rechtzeitig Visaanträge, die dann von höheren Stellen entweder genehmigt oder abgelehnt werden. Manchmal kommt es zu bitteren Enttäuschungen: Statt einer angenehmen Bonner Reise müssen sie sich mit der Enthüllung eines Karl-Marx-Denkmals in Addis-Abeba oder mit einer Jagdtour in Finnland zufriedengeben. Es bleibt nur zu hoffen, daß unsere Führer ihren Kampf um Menschenrechte nicht aufgeben. Schließlich müssen die Erleichterungen von Helsinki auch für Erste Sekretäre und Staatsratsvorsitzende etwas bringen.

6. Wenn die osteuropäischen Länder plötzlich, wie eingangs beschrieben, in die Situation gerieten, frei handeln zu können, dann würden die großen nationalen Unterschiede und Ge-

gensätze, der gesteigerten Staatsraison entsprechend, zunächst aller Wahrscheinlichkeit nach zu heftigen Konflikten führen. Gleichzeitig ist aber offensichtlich, daß diese Länder nicht aufhören würden, gemeinsame Interessen zu haben. Mehr noch: Gerade durch die neuen Gegebenheiten würden zahlreiche solcher Interessen entstehen. Hier meinen wir nicht nur, daß sie ein Gegengewicht gegen den einheitlichen politischen, militärischen und ökonomischen Block der Sowjetunion bilden müßten, sondern auch, daß sie, wenn sie den Gedanken der Unabhängigkeit ernst nehmen, sich ebenso gegenüber dem vorwiegend ökonomischen Druck des Westens würden behaupten müssen. Denn es ist keineswegs natürlich, daß zivilisierte Gesellschaften dauernd auf die Unterstützung ihrer reichen Nachbarn angewiesen sind, daß sie sich das alltägliche Funktionieren ihrer Wirtschaft ohne regelmäßige Dollar-Injektionen gar nicht vorstellen können – als ob diese Kredite je auch nur ein Minimum an Stabilität gesichert hätten.

Es ist klar, daß heute kein sozialistischer Kleinstaat der Weltmarktkonkurrenz gewachsen wäre ohne westliche bzw. sowjetische ökonomische Unterstützung. Es ist aber nicht so sicher, daß sie auch mit gemeinsamen Anstrengungen nicht in der Lage wären, einen lebensfähigen ökonomischen Organismus zu schaffen. Den politischen Rahmen für eine solche ökonomische Zusammenarbeit könnte eine ostmitteleuropäische Konföderation bilden.

5. Es gab schon bestimmte theoretische Ansätze in dieser Richtung, von denen wir das Kossuth- und das Dimitroff-Projekt hervorheben wollen. Lajos Kossuth, Führer des revolutionären Ungarn, war im Laufe der Niederlage der Revolution von 1848 allmählich zu der Erkenntnis gekommen, daß die Ursache des Fiaskos unter anderem in der verfehlten Nationalitätenpolitik der ungarischen Revolutionsregierung zu suchen sei. Dadurch war es nämlich der Habsburger Reak-

tion gelungen, beinahe alle nationalen Minderheiten – Rumänen, Slowaken, Tschechen, Serben und Kroaten – gegen die ungarische Unabhängigkeit zu mobilisieren. Später, als Kossuth im Exil mit rumänischen Politikern Kontakt aufgenommen hatte, versuchte er, mit ihnen eine gemeinsame Front gegen die österreichische Monarchie aufzubauen. Dieser Versuch scheiterte damals aus internationalen Gründen, es blieb jedoch ein kleiner Programmentwurf des Führers der ungarischen Revolution erhalten. Daraus zitieren wir:

4.»I. Vergessen aller alten Zerwürfnisse und vollständige Aussöhnung zwischen Serben, Walachen und Ungarn.

II. Gleiches Recht und gleiche Freiheit für alle Bürger Ungarns ohne Unterschied des Stammes und der Konfession.

III. Autonomie der Gemeinde und des Komitates. Die Bevölkerung der von Bürgern gemischter Zunge bewohnten Gegenden wird die Administrations-Sprache im freundschaftlichen Wege feststellen.

IV. In den Kultus- und Unterrichtsangelegenheiten volle Unabhängigkeit für die verschiedenen Konfessionen und Nationalitäten.

V. Die serbischen und walachischen Truppen werden besonders organisiert und in serbischer resp. walachischer Sprache kommandiert werden. Zur Erlangung der verschiedenen Aemter wird Jedermann in der Armee gleiches Anrecht haben.

VI. Nach Beendigung des Krieges hätte eine in Siebenbürgen einzuberufende Versammlung über die administrative Einheit dieses Landes mit Ungarn zu bestimmen, und falls die Majorität beschliessen sollte, dass Siebenbürgen in administrativer Hinsicht seine frühere selbständige Position wieder erhalten soll, so wird dies nicht angefochten werden.

VII. Das Prinzip der Brüderlichkeit muss uns Alle leiten. Nur dies kann uns zu dem Ziele führen, das wir anzustreben haben. Und dieses Ziel ist die Konföderation der drei Donaustaaten: Ungarn, Serbien und die Moldau-Walachei.«

Diese verspätete Emphatie Kossuths gegenüber den Träumen der Rumänen, Serben und anderen Nationalitäten rührt paradoxerweise gerade von seinem Nationalismus her: Er befähigte ihn, sich vorzustellen, was einer anderen Nation fehlen könnte. Für einen ungarischen Provinzadeligen war das gegen Mitte des vorigen Jahrhunderts eine große intellektuelle Leistung, besonders wenn wir bedenken, daß der viel weitsichtigere Weltmann Marx zur gleichen Zeit die Existenzberechtigung der tschechischen Nation recht grob in Frage stellte.

Das Bemerkenswerteste an Kossuths Projekt aber ist seine traurige Aktualität. In einem großen Teil der von der geplanten Konföderation betroffenen Gebiete, so in Rumänien und in der ČSSR, sind bis heute weder kulturelle Rechte noch gleiche Chancen für »Bürger gemischter Zunge« garantiert. (Wir denken hier nicht nur an die ungarischen Minderheiten, sondern auch an Deutsche und Juden in Rumänien, an die Ruthenen in der Slowakei und natürlich an die als Nationalität nie anerkannte mächtige Volksgruppe der Zigeuner in Ungarn, über die sich wohl auch Kossuth keine Gedanken machte.) Was nun »das Prinzip der Brüderlichkeit« betrifft, so können wir dem 19. Jahrhundert versichern: Es ist bis heute eine hymnische Begeisterung à la Lammenais geblieben.

3. Dimitroffs Konföderationsvorstellungen kennen wir nur in einer etwas apokryphen Form. Der Führer der bulgarischen KP hat in einem ziemlich unklaren Interview vom Januar 1948 auf das Thema hingewiesen, das er in diplomatischen Verhandlungen mit jugoslawischen Führern vielleicht eingehender erörterte. Der sowjetischen Zeitung *Prawda* zufolge hatte man Dimitroff die Frage gestellt:

»›Es gehen Gerüchte, daß eine Föderation der Balkanstaaten und eine weitere in Ost- und Südosteuropa – Ungarn,

Tschechoslowakei und Polen umfassend – unmittelbar bevorstehen soll. Ist es möglich, daß gegebenenfalls auch andere Länder in diesen Gebieten einer solchen Föderation beitreten?‹

Dimitroff erwiderte: ›Die Frage einer Föderation oder Konföderation erscheint uns verfrüht. Sie ist zur Zeit nicht auf der Tagesordnung und daher auch noch kein Diskussionsthema bei unseren Konferenzen. Wenn die Frage reif geworden ist – was unweigerlich einmal der Fall sein wird –, werden unsere Völker sie lösen, und zwar die volksdemokratischen Nationen: Rumänien, Bulgarien, Jugoslawien, Albanien, Tschechoslowakei, Polen, Ungarn und Griechenland – merken Sie sich das, auch Griechenland! Sie werden dann entscheiden, was es einmal sein soll – ob eine Föderation oder Konföderation, und ebenfalls wann und wie sie abgeschlossen werden soll. Ich kann nur sagen, daß bereits heute unsere Völker alles dafür tun, die Lösung dieser Frage für die Zukunft außerordentlich zu erleichtern. Ich darf noch besonders betonen, daß unsere Völker, wenn es einmal zu einer solchen Föderation oder Konföderation kommen sollte, die Imperialisten vorher nicht um Rat fragen und auf ihre Opposition nicht hören, sondern die Frage selbständig lösen werden, so wie es ihr eigenes Interesse und das Interesse der internationalen Zusammenarbeit mit den anderen beteiligten Nationen verlangt.‹«

Wir wissen nicht, wie die Imperialisten auf die provozierende Erklärung Dimitroffs reagierten, derzufolge, ohne sie zu fragen, auch Griechenland in diese »Föderation oder Konföderation« aufgenommen werden sollte, obwohl Griechenland im Sinne der Jalta-Vereinbarung eindeutig der britischen Einflußsphäre angehörte. Eine wütend ablehnende Reaktion kam jedoch aus unerwarteter Richtung. Eine Woche später fand es die *Prawda* angebracht, die von ihr veröffentlichte Dimitroff-Erklärung zu desavouieren:

»Zahlreiche Leser der Sowjetunion haben sich an die Redaktion der *Prawda* mit Anfragen gewandt, die sich etwa so zusammenfassen lassen: Darf unterstellt werden, daß die *Prawda* sich durch die Veröffentlichung von Dimitroffs Interview mit dessen Ansicht einverstanden erklärt, daß eine Föderation der Balkan- und Donaustaaten, die auch Polen, Tschechoslowakei und Griechenland einschließt, zweckmäßig sei, wobei der Abschluß einer Zollunion zwischen ihnen ebenfalls für erforderlich angesehen wird?

In diesem Zusammenhang halten es die Herausgeber der *Prawda* für notwendig, folgende Erklärung abzugeben:

Erstens konnte die *Prawda* nichts anderes tun, als das Interview des Genossen Dimitroff so abzudrucken, wie es in der Presse anderer Länder bereits erschienen war. Selbstverständlich konnte sie keine Änderungen daran vornehmen.

Zweitens bedeutet dies indessen nicht, daß die Redaktion der *Prawda* mit dem Genossen Dimitroff in der Frage einer Föderation und Zollunion zwischen den genannten Ländern übereinstimmt. Im Gegenteil, die Redaktion der *Prawda* ist der Meinung, daß diese Länder keine derart fragwürdige und künstlich erzeugte Föderation oder Konföderation oder etwa eine Zollunion nötig haben; was sie brauchen, ist die Konsolidierung und Verteidigung ihrer Unabhängigkeit und Staatshoheit durch die Mobilisierung und Organisierung der demokratischen Kräfte ihrer Völker im eigenen Innern, wie dies in der bekannten Deklaration der neun Kommunistischen Parteien unmißverständlich festgestellt wurde.«

Die wahrscheinlich von Stalin persönlich inspirierte sowjetische Ablehnung ist der Form nach ganz konventionell. Zwischen der Übernahme des Dimitroff-Interviews und seiner Verurteilung hat sich etwas in der sowjetischen Politik verändert; nach Meinung des Tito-Biographen Vladimir Dedijer war es der neue Plan, gegen Jugoslawien aufzutreten und die Volksdemokratien enger um die Sowjetunion zusammenzuschließen. Plötzlich fühlten sich deshalb die einfachen sowjetischen Leser bestürzt wegen einer »fehlerhaften« Mitteilung in ihrer eigenen Zeitung. Die Redaktion entschuldigte sich mit der Pflicht, die Leser zu informieren, der die sowjetische Presse, wie bekannt, immer peinlichst nachgekommen ist.

Interessanter ist jedoch die Argumentationsweise der *Prawda*. Wenn nämlich der sowjetische Autor über eine »fragwürdige und künstlich erzeugte Föderation« spricht, scheint er zu vergessen, daß selbst die Sowjetunion nicht auf »natürlichem Wege«, sondern in der Folge eines sechsjährigen Krieges mit inneren und äußeren Gegnern entstanden ist. So erscheint Dimitroff, der ehemalige Führer der Komintern, als Schmied von fragwürdigen Plänen in recht zweifelhaftem Licht.

Solch ein Kopfschütteln in der *Prawda* im Vorfeld des sowjetisch-jugoslawischen Konflikts und der darauffolgenden Serie von Schauprozessen in Osteuropa sollte keineswegs als Scherz abgetan werden. Dimitroff war sich darüber im klaren. Kurz darauf zog er seine übereilte Erklärung in Sachen Konföderation zurück. Anderthalb Jahre später starb er während eines Moskaubesuchs – wie die offizielle Mitteilung behauptet, infolge von »Leberleiden und Diabetes«. In den Jahrzehnten danach hat keine sich an der Macht befindende kommunistische Partei die Frage nach einer Konföderation je wieder gestellt.

2. Offen gesagt, finden wir von den beiden geschilderten Konföderationsvorstellungen die Kossuthsche sympathischer. Nicht, weil wir derselben Nation angehören, auch nicht, weil wir in dem sowjetischen Veto gegenüber Dimitroff etwas zu Beherzigendes fänden. Es handelt sich einfach darum, daß Kossuths Standpunkt menschlicher ist. In den Vorstellungen von Dimitroff, zumindest in dem, was er der Veröffentlichung wert fand, geht es um Staaten, um die Koalition von acht Staaten. Im Projekt Kossuth tritt der Staat nur als Randerscheinung hervor, wir lesen dort mehr über zusam-

menlebende Gesellschaften, über Rechte und Chancen der Bürger. Den Revolutionär des 19. Jahrhunderts trennt von dem Apparatschik des 20. Jahrhunderts eine ganze Welt. Kossuth war noch zutiefst davon überzeugt, daß der Staat mit der Gesamtheit seiner Bürger identisch sein soll; für Dimitroff sollte die Konföderation durch einen zwischenstaatlichen Akt auf die »Tagesordnung« gesetzt werden. Bei aller Kühnheit des Dimitroffschen Projekts steht fest, daß Stalin eine solche Föderation mit einem einzigen Argument abtun konnte, nämlich daß Dimitroff aus dem neuen Staatenbund die Sowjetunion auszusparen wagte.

1. Jetzt wagen wir uns mit unserem eigenen Konföderationsprojekt hervor.

a) Die Ostmitteleuropäische Konföderation ist ein Bund freier und demokratischer Staaten auf der Basis der gegenseitigen vorteilhaften Zusammenarbeit und der nationalen Selbstbestimmung.

b) Die Länder mit sozialistischer oder gemischter Wirtschaft heben sämtliche Zollgrenzen zwischeneinander auf und gewähren ihren Bürgern unbeschränkte Reisefreiheit für alle Mitgliedsstaaten der Konföderation.

c) Über das politische System der einzelnen Länder entscheiden frei gewählte gesetzgebende Körperschaften unter Einbeziehung sämtlicher politischer Interessengruppen und sozialer Institutionen. (Dabei wäre es in Polen und der DDR möglich, die formal existierenden Koalitionsparteien zu reaktivieren, in Jugoslawien, die Selbstverwaltung zu aktivieren, usw.)

d) Die Konföderation schließt sich keinerlei militärischem Block oder politischer Machtkoalition an; ihre Armeen dienen Verteidigungszwecken und sind konventionell ausgerüstet.

e) Die Streitfragen zwischen einzelnen Mitgliedsstaaten werden vor die Öffentlichkeit gebracht, die Länder verzichten in ihren Beziehungen auf jegliche Geheimdiplomatie.

f) Ziel der internationalen Tätigkeit der Konföderation ist es, in den unseren Kontinent betreffenden Gegensätzen der Großmächte zu vermitteln.

Natürlich kann man gegen die obigen Ausführungen einwenden, sie seien unverantwortliches, unrealistisches Gerede. Tatsache ist, daß es in der nächsten Zukunft in Mittel- und Osteuropa kaum zu irgendeiner Form der Konföderation kommen wird. Mehr noch: Die traurige Rolle des östlichen Subkontinents ist weiterhin die Gespaltenheit, das ökonomische, politische und militärische Ausgeliefertsein zwischen den beiden Machtblöcken. Und doch muß man sich darüber Gedanken machen, ob es nicht auch anders sein könnte. Die Folgen solch unverantwortlicher und unrealistischer Gedanken kennen wir noch nicht. Wozu aber die jahrzehntelange Tätigkeit der Verantwortlichen und Realisten geführt hat, das wissen wir bereits.

(Der Autor bedankt sich bei der Historikerin Mariana Hausleitner, Berlin, für wichtige Hinweise.)

Sorgen mit der Freiheit.
Resümee eines Berlin-Aufenthalts (1984/85)

1

In all den Jahren, als ich in Ungarn unter meinem Publikationshunger litt, versuchte ich mich immer wieder folgendermaßen zu trösten: Welch großartiges Aufsehen werde ich erregen, wenn es mir endlich gelingt zu sagen, was ich denke! So vergingen die Jahre, und ich kam mir vor wie der Held eines berühmten alten Lustspiels. Dieser von Arbeit und Erniedrigung müde gewordene kleine Beamte murmelt ab und zu vor sich hin: »Wenn ich einmal den Mund aufmache ...« Die Kollegen nehmen diese Drohung ernst, und die Angelegenheit wird auch dem Vorgesetzten gemeldet. Alle beginnen, vor dem kleinen Alten Angst zu haben, denn sie wissen, daß da vieles zu entlarven wäre. Nur er selbst hat die geheime, große, grausige Botschaft längst vergessen, die er so viele Jahre lang sorgfältig gehütet hat.

2

Schließlich hatte ich die Möglichkeit, den Mund aufzumachen. Ich veröffentlichte vier Bücher in Westberlin, und dank eines zweijährigen Westaufenthalts war es mir sogar vergönnt, den Erfolg meiner Bemühungen persönlich zu ernten.

Anfangs war ich berauscht von der Freiheit des Wortes. Die gedruckte Version meines ersten deutschen Buches war mit der Manuskriptvorlage derart identisch, daß sogar einige Tippfehler unangetastet geblieben waren – als ob mein Verlag sie für besonders ehrwürdige stilistische Elemente gehalten hätte. Das Wichtigste für mich war jedoch, daß ein Manuskript, einmal von einem Verlag akzeptiert, tatsächlich auch als Buch erscheint. Mein Verlag brauchte kein Gutachten vom

Kulturministerium der BRD oder vom Zentralkomitee der damals regierenden Sozialdemokratischen Partei. Auch kam mir nicht zu Ohren, daß die Angelegenheit hinter den Kulissen etwa mit Kanzler Schmidt besprochen worden wäre. In Ungarn hat es immer wieder Bücher gegeben, über deren Schicksal von einer solch hohen Instanz befunden wurde.

3

All diese angenehmen Erfahrungen wurden noch von Hoffnungen ergänzt, die jeder einigermaßen ehrgeizige Autor nährt. Nun endlich waren alle Hindernisse beseitigt, das langersehnte Treffen zwischen Autor und Leser konnte stattfinden – wenn auch nicht zu Hause, so doch im goldenen Westen. Und mein Verlag erschien mir im Lichte meiner Erwartungen etwas übervorsichtig, als er die Auflage meines Buches auf 5000 Exemplare festlegte.

Mit der Zeit erwies sich die Vorsicht des Verlags als berechtigt. Von meinem ersten deutschsprachigen Buch wurden zweieinhalbtausend Exemplare verkauft. Ich meinerseits war versucht, auf meiner ersten Westreise nach dem Erscheinen des Buches die Wirkung des großen literarischen Ereignisses bereits im Stadtbild und in der Stimmung der Massen aufzufinden. Leider konnte ich keine dramatischen Veränderungen beobachten.

4

Daraufhin stellte ich grobe statistische Überlegungen an. Setzen wir voraus, sagte ich mir, daß im deutschen Sprachraum abzüglich der DDR 100 Millionen Menschen leben. Von diesen, dachte ich optimistisch, lesen 30 Millionen regelmäßig. 27 und eine halbe Million, meinte ich pessimistisch, lesen ausschließlich Konsalik. Die verbleibenden zweieinhalb Millionen widmen sich jedoch in ihrer Freizeit der wahren Literatur. Sagen wir, daß bei einer halben Million davon das Herz links schlägt – eine Annahme, die auch von den damaligen Wahlergebnissen bestätigt wurde. Die Hälfte dieser halben Million interessiert sich für Osteuropa. Hunderttausend von diesen zweihundertfünzigtausend waren schon in Ungarn und möchten gerne auch ungarische Literatur zur Hand nehmen. Fünfzigtausend von diesen hunderttausend geben sich mit den Werken meiner bereits in Deutschland bekannten Kollegen zufrieden. So etwas nimmt zwar jeder Autor übel, aber der Nationalstolz ist ein stärkeres Gefühl als die Eitelkeit. Aber, so fragte ich mich, was ist mit den anderen fünfzigtausend denn bloß los? Zweieinhalbtausend davon haben mein Buch gekauft, verbleiben siebenundvierzigtausendfünfhundert Leser. Fünfzig von diesen sind entschuldigt, weil sie von mir persönlich Geschenk- oder Belegexemplare erhielten. Aber all die anderen ... was, um Himmels willen, machen diese Leute bloß mit den acht Mark, die mein Büchlein kostet?

Beim Basteln an dieser primitiven Statistik bedachte ich auch die Verhältnisse in meinem Land. Wenn sich ein ungarischer Verlag traut, ein Buch herauszugeben, dann ist eine Erstauflage von 10 000 Exemplaren durchaus keine Seltenheit. Die Auflagenziffern für Reihenausgaben liegen durchschnittlich bei 15 000 Exemplaren. Es ist so gut wie sicher, daß diese Bücher auch gekauft werden. Umgerechnet auf die Bevölkerung der BRD bedeutet dies, daß mein Buch, ein sehr bescheidenes Kalkül vorausgesetzt, in einer Auflagenhöhe von 60 000 Exemplaren verkauft werden müßte. Und ich verlange nichts weiter als ein Publikum von 47 450 zusätzlichen freiwilligen Lesern.

5

Bevor ich in den Verdacht einer schriftstellerischen Mono- oder Megalomanie gerate, möchte ich betonen, daß mich während meines Deutschlandaufenthaltes die Frage der literarischen Rezeption auch an und für sich interessierte.

Im Januar 1984 betrat ich mit ausdrücklicher Kaufabsicht eine Buchhandlung. Ich hatte den Auftrag erhalten, einen Artikel über Orwell zu schreiben und suchte dazu Sekundärliteratur. Die Verkäuferin bot mir sechs verschiedene Werke an, allesamt über den Autor des Buches »1984«. Aus welchem von diesen, dachte ich, soll ich die paar Daten ziehen, die ich gebrauchen kann? Eigentlich müßte ich alle sechs lesen, um dies beurteilen zu können. Wann aber komme ich dazu, den Artikel zu schreiben? So blieb mir nur, von ästhetischen und finanziellen Voraussetzungen auszugehen. Sollte ich also die gelbe Monographie oder die rote kaufen? Sollte ich acht Mark achtzig für die eigene Erbauung opfern oder fünfzehn Mark siebzig in die Sache investieren? Um die Entscheidung hinauszuschieben, sah ich mir zunächst die anderen Waren der Buchhandlung an. Mindestens dreißig bis vierzig Bücher erweckten in mir den Wunsch, sie sofort zu lesen. Schließlich verließ ich den Laden unverrichteter Dinge.

In ähnliche Verlegenheiten kam ich, wenn ich mich über Buchpublikationen informieren wollte. Ich konnte mich zwischen der Bestsellerliste des »Spiegel« und dem entsprechenden Verzeichnis der *Zeit* nicht entscheiden. An Sonnabenden studierte ich zusätzlich noch die Liste jener Bücher, die die »Frankfurter Rundschau« ihren Lesern unbedingt als Lektüre empfahl. Aber hier mußte ich mich bereits fragen: Inwieweit bin ich überhaupt ein Leser der »Frankfurter Rundschau«? Sicherlich, an Wochenenden kaufte ich diese Zeitung. Den Anzeigenteil warf ich mit sicherem Griff sofort in den Müll. Zumeist verzichtete ich auf die Neuigkeiten aus Hessen, den Wirtschaftsteil las ich oberflächlich. Am ehesten interessierten mich noch die Weltpolitik und das Feuilleton. Schon bald jedoch schob ich die Zeitung beseite. Ich war erschöpft, und außerdem hatte ich ein schlechtes Gewissen. Als Gastberliner hätte ich vielleicht eher den »Tagesspiegel« lesen sollen und als anständiger Linker die »taz«. Aber von Anfang an hatten sich grundlegende Zweifel in meine Seele geschlichen: Will ich überhaupt so viel über die Welt wissen, wie man mir jeden Tag mitteilen will?

6

Anläßlich meines Abenteuers mit Orwell hatte ich noch einen anderen Verdacht. War es überhaupt meine eigene Absicht, die mich in die Buchhandlung getrieben hatte, oder nicht vielmehr eine fremde? Vielleicht hatte der Stab, der für die »Operation Orwell-Jahr« zuständig war, mich bereits von vornherein in die Armee der Käufer eingeplant. Man war bemüht, mich in das Schlaraffenland der Bildung zu locken. Vielleicht beobachtete ein gutmütiger Großer Bruder durch sein Telescrin, ob ich dem außergewöhnlichen Jahr schon meinen Tribut entrichtet hatte.

7

Das Dilemma bei der Wahl meiner Lektüre war dem bei der Beschaffung meiner täglichen Lebensmittel gespenstisch ähnlich. Bolle, Aldi, Edeka und Kaiser's, diese kultischen Hallen des Konsums, übten auf mich immer einen sanften Zwang aus. Während ich den Einkaufswagen zur Kasse schob, war mir oft so, als würde ich eine staatsbürgerliche Pflicht erfüllen. Es wäre in der hiesigen Kultur gleichbedeutend mit zivilem Ungehorsam, eine Art Konsumdienstverweigerung, wollte man die Vielfalt der materiellen und geistigen Güter einfach ignorieren.

Sehr bald kaufte ich mir einen gebrauchten Farbfernseher. Die drei westlichen Sender, die ich empfangen konnte – nennen wir sie Bolle, Aldi und Edeka – nagelten mich mit ihrem hübsch verpackten Warenangebot auf meinem Ikea-Lehnstuhl fest. Auch hier verspürte ich die Verlegenheit der

Fülle. Bei Bolle lief etwas über die Parteispendenaffäre, Aldi sendete »Dallas«, und bei Edeka wurde über AIDS diskutiert. Wenn im Sommer »Dallas« lief, brauchte ich nur das Bild einzuschalten und das Fenster zu öffnen. So genoß ich neben der frischen Luft auch noch eine perfekte Tonqualität aus den Nachbarwohnungen. Mit Hilfe der Fernbedienung konnte ich mich gleichzeitig an mehreren Orten aufhalten. Der Raum erweiterte sich, die Zeit wurde kurz. Zum Lesen zu kurz.

Wenn man noch Kulturereignisse besonderer Art dazunimmt – die Olympischen Spiele in Los Angeles, das nächtliche Live-Konzert für die Hungernden in Afrika, André Hellers Feuertheater, die Krebsoperation von Ronald Reagan –, dann konnte ich damit nicht nur meine eigene Lesefaulheit entschuldigen, sondern auch die der siebenundvierzigtausendvierhundertfünfzig potentiellen Leser, die mit einem Stoßseufzer auf den Kauf meines Buches verzichtet hatten. Ich wunderte mich nur im nachhinein über meine einfältige Erwartung, daß ausgerechnet das geschriebene Wort, und ausgerechnet das aus Osteuropa, in diesem höllischen Lärm Gehör finden könnte.

8

Was der osteuropäische Schriftsteller auf dem westlichen Markt anzubieten hat, ist der freie Gedanke. Die moralische Deckung dieses Gedankens, gleichsam der Beweis dafür, daß er wirklich frei ist, liegt in der Tatsache, daß man ihn im Ursprungsland unterdrückt. Wenn ein Autor im Osten außer unter dem Schreibverbot noch unter anderen Unannehmlichkeiten zu leiden hat, so wird im Westen daraus gefolgert, daß die von ihm übermittelten Gedanken überdurchschnittlich frei seien. Im Sinne dieser Logik wäre der größte Freiheitsgehalt zweifellos in den Werken hingerichteter Schriftsteller zu finden.

Diese Art der Bewertung entstammt den Jahren des Kalten

Krieges. In den Jahrzehnten nach 1956 veränderte sich das Bild weitgehend. In der Welt hinter dem Eisernen Vorhang wurden erste, bescheidene, jedoch spezifisch osteuropäische Stufen der literarischen Freiheit verwirklicht. Bald entstand die Dissidentenliteratur, die man im Westen eine Zeitlang für die einzig authentische Botschaft Osteuropas hielt. Das war die Zeit der Hochkonjunktur.

9

Inzwischen sättigte sich der Markt. Die Paperbacks füllten sich langsam mit freien Gedanken westlicher und östlicher Provenienz. Der osteuropäische Autor wurde von einem bedauernswerten und des Mitgefühls bedürftigen Wesen zu einem ebensolchen Konkurrenten wie der westliche Kollege. Die dramatische Wende fand jedoch statt, als der Prozeß der literarischen Produktion für den Leser vollkommen unnachvollziehbar wurde. Was sich hier abspielt, kann man schwerlich anders nennen als »Verharmlosung der Literatur durch das Verlagswesen«. Um zu dieser Erkenntnis zu gelangen, reicht es, einige Tage auf der Frankfurter Buchmesse zu verbringen.

Die mir bekannten westlichen Bucherfolge erinnern mich am ehesten an eine Grippeepidemie. Nehmen wir einmal an, der Verlag Bolle, Aldi oder Edeka plant einen Bestseller. Die dem Erscheinen vorausgehende Reklamekampagne entspricht der Inkubationsphase. Das Fieber wird durch Vorabdrucke und/oder einen Beitrag in der Sendung »Aspekte« ausgelöst. Die Seuche bricht aus, wenn der »Spiegel« ein Interview mit dem Autor führt, und erreicht ihren Höhepunkt, wenn das Buch alle Schaufenster der Buchhandlungen ziert. Nach einer Weile haben die wichtigsten Risikogruppen die Buchkrankheit überstanden und sind damit immun gegenüber der Versuchung, das Buch etwa jetzt erst zu lesen. Spätfolgen, zum Beispiel das Zitieren bestimmter Passagen oder die Bezugnahme auf einzelne Figuren des Werkes als Inkarnationen bestimmter menschlicher Haltungen, sind sporadisch und zufällig. Anderthalb Jahre nach dem Erscheinen eines Buches sind solche Spätfolgen nicht mehr zu erwarten. Der literarische Erfolg im Westen ist weder tief noch dauerhaft, das Werk wird niemals in das außerliterarische Bewußtsein integriert. In diesem Sinne ist das Verlagswesen im Westen eine typische Wegwerfproduktion.

10

Ein anderes Problem ist die modebedingte Zersplitterung literarischer Themen. Würde zum Beispiel ein neuer Goethe geboren – davor sind wir ja nie ganz sicher – und es wäre ihm daran gelegen, seinem »Faust« den Erfolg zu garantieren, dann müßte er sehr genau erwägen, als was er die Geschichte tarnen will. In Betracht kämen ungefähr folgende Kategorien: Soziale Enthüllungsliteratur / Umweltliteratur/ Frauenliteratur / Friedensliteratur / Behindertenliteratur / Anthroposophische Literatur / Nicaragua-Solidaritätsliteratur / Bhagwan-Literatur / Therapie-Literatur / Literatur des 19. Jahrhunderts.

11

Weit mehr Schwierigkeiten als dieser hypothetische Goethe haben osteuropäische Autoren mit ihren Westveröffentlichungen; dies vor allem deshalb, weil der freie Gedanke ohne das gewohnte Risiko an Gewicht verliert. In der BRD ist es eine wahre Offenbarung, wenn die Staatsanwaltschaft gegen einige Autoren ein Verfahren einleitet, weil sie irgendein extrem radikales Blättchen in Schutz genommen haben. Wenn ein Buch sogar beschlagnahmt wird, dann ist das ein richtiges Fest für die Literatur. Es ist, als hätte sie für einen Augenblick ihre alte Würde zurückgewonnen.

Heinrich Böll war die letzte große anachronistische Gestalt, der es noch möglich war, sich mit ihrer schriftstellerischen Autorität für verfolgte Minderheiten oder Personen einzusetzen. Böll war ein Don Quijote, der seinen Kampf nicht mit einer Windmühle führte, sondern mit einem multinationalen computergesteuerten Betrieb für die Produktion von Einheitsbrei. Jahrelang verteidigte er die längst zu Denkmälern deklassierten Barrikaden des freien Geistes. Als er starb, blieb es mir nicht erspart, seine traurigen Augen unter der berühmten Baskenmütze auf der Titelseite der »Bild-Zeitung« zu erblicken. Ich fragte mich: Wo sind jene Demonstranten vor dem Springerhaus geblieben? Jetzt sollten sie eigentlich protestieren, denn diese Würdigung ist die größte Blasphemie.

Ein osteuropäischer Schriftsteller, der all das sieht, muß sich dessen bewußt sein, daß die Atmosphäre, in der er mit seinen Werken wirken wollte, keine Freiheit ist, sondern eine des zynischen Liberalismus.

12

Das andere schwierige Problem ist das der Übersetzbarkeit – nicht im sprachlichen, syntaktischen Sinn, sondern vor allem im Sinne der Kommunizierbarkeit von Inhalten. Die meisten Autoren zwischen Polen und Bulgarien, die sich auch nach westlichen Lorbeeren sehnen, liefern einen Lebensstoff, der für die Mehrheit der potentiellen westlichen Leser durchaus fremd ist. Ein durchschnittlicher ungarischer Roman zum Beispiel ist aller Wahrscheinlichkeit nach vollgestopft mit sozialen und historischen Bemerkungen und Konnotationen, zu deren Verständnis der westliche Leser reichlich Fußnoten benötigen würde.

Nehmen wir ein imaginäres Beispiel. Der Held eines ungarischen Buches, ein junger Intellektueller, gerät an seiner Arbeitsstelle (Betrieb, Schule, Forschungsinstitut) in Konflikt mit der Obrigkeit, weil er versucht, gegen die dort herrschende Korruption anzugehen. Deshalb wird er entlassen. Damit es im Roman einen weiteren roten Faden gibt, wird er außerdem von seiner Geliebten betrogen. Und er läßt die Tasche mit seinem Paß in einer Straßenbahn liegen. Die Leseprobe versehen wir mit Fußnoten:

»Was sollte er jetzt bloß anfangen? Auf eine eigene Wohnung mußte er noch lange warten (1), und mit Maria konnte er nach alledem nicht mehr zusammenbleiben. Wie schön hatten sie sich doch die Reise vorgestellt! Vorsorglich waren sie bereits im Januar auf der Behörde gewesen, um den Touristenpaß (2) zu beantragen. Sie wollten in Paris bei dem Onkel von Maria wohnen, der sechsundfünfzig dorthin emigriert war (3). Sogar das Geld hatten sie schon besorgt (4). Wo sollte er jetzt im Ausland wohnen – gesetzt den Fall, man würde ihn überhaupt reisen lassen? Sein Paß war ja noch immer nicht wieder aufgetaucht. Außerdem war er verschuldet, denn das Wohnungsamt hatte die Renovierung und die Installation der Gasheizung nicht in bar gezahlt, sondern nur das Abwohnen garantiert (5). Über die zweitausend Forint, die in der verlorenen Tasche gewesen waren, konnte er nur müde lächeln: Bei Mohács war mehr verlorengegangen (6).«

13

Nun zu den Fußnoten:

(1) In Ungarn wartet man auf die Zuweisung einer staatlichen Mietwohnung (Sozialwohnung) durchschnittlich 10 bis 15 Jahre. Es ist vergleichsweise einfacher, eine Eigentumswohnung zu erwerben, aber eine solche ist für die meisten unerschwinglich.
(2) Es gibt einen Erlaß, der jedem ungarischen Staatsbürger das Recht zuspricht, alle drei Jahre für dreißig Tage als Tourist ins westliche Ausland zu reisen. Für jede Reise braucht man eine Sondergenehmigung, die die Behörden ohne Angabe von Gründen verweigern können.
(3) Zwischen dem 23. Oktober und dem 4. November 1956 kam es in Ungarn zu einem Volksaufstand gegen die Diktatur der stalinistischen

Parteiführung. Dieser wurde von sowjetischen Truppen niedergeworfen. Im Anschluß daran emigrierten 250 000 ungarische Staatsbürger ins westliche Ausland. Die Grenzen waren zu diesem Zweck geöffnet worden.

(4) Zu Reisezwecken darf jeder ungarische Staatsbürger, der über ein Touristenvisum verfügt, Westdevisen in Höhe von ca. 300 US-Dollar ankaufen. Dieses Geschäft wird über die Ungarische Nationalbank abgewickelt.

(5) Das Wohnungsamt, verantwortlich für die Instandhaltung staatlichen Wohnraums, verfügt über einen großen bürokratischen Apparat, dafür aber über wenig Gelder und technische Möglichkeiten. Wenn ein Bewohner auf eigene Kosten eine Instandhaltungsarbeit durchführt, die eigentlich zum Kompetenzbereich des Wohnungsamtes gehört, dann ist er berechtigt, einen Teil der Kosten »abzuwohnen«, also in Form von Mietminderung zurückzuerhalten.

(6) »Bei Mohács ist mehr verlorengegangen!« Mohács ist eine Kleinstadt in Südungarn. 1526 zerschlugen die Türken bei Mohács die Wehrkraft des mittelalterlichen ungarischen Staates. Die Schlacht ist seitdem ein wesentlicher Bestandteil des ungarischen Nationaltraumas. »Mohács« ist im ungarischen Bewußtsein ein Synonym für die historische Katastrophe, für den Tod der Nation.

14

Ich schwöre, daß ich diese Fußnoten, die den Umfang des eigentlichen Textes überschreiten, nicht beifüge, um den westdeutschen Leser von der Lektüre durchschnittlicher ungarischer Werke völlig abzuschrecken (allerdings habe auch ich vor diesen manchmal ein wenig Angst). Zweifellos gibt es ungarische Texte, die sich in höheren Sphären bewegen als der hier von mir kreierte, die also allgemeinere Gültigkeit haben.

Außerdem kommt es natürlich ebenso vor, daß ein ungarischer Übersetzer mit den Untertönen eines westdeutschen Textes wenig anfangen kann. Böll sagte zum Beispiel über die Eingaben seines Helden, eines Rechtsanwalts, daß sie »ihren langen Marsch durch die Institutionen« begännen. Der Übersetzer assoziierte nicht den bekannten Satz von Dutschke und gab deshalb die erwähnte Passage wie folgt wieder: »Die

Eingaben gehen ihren langen Weg von Behörde zu Behörde«. Der ungarische Leser denkt dabei kaum an etwas anderes als an bürokratisches Tauziehen. Der Übersetzer von Max von der Grün, ein alter ungarischer Kommunist, soll seinem Autor einmal ein verzweifeltes Telegramm geschickt haben: Er solle ihm doch um Gottes willen verraten, was mit jener »Satchmostimme« gemeint sei, die eine seiner Figuren habe.

Wenn der Name Rudi Dutschke 1968 in der ungarischen Öffentlichkeit hätte bekannt werden können, und, mehr noch, wenn Louis Armstrong mitsamt seiner Kunstgattung im Ungarn der frühen fünfziger Jahre nicht tabuisiert worden wäre, dann wären zwei Fußnoten völlig überflüssig. Leider geht es hier aber um mehr als um Fußnoten: Es geht um eine grundlegende Kluft beim Verständnis von Informationen und Begriffen. Die beiden Hälften Europas sollten noch lange die Möglichkeit haben, miteinander zu reden, um die Breschen auszufüllen und einen gemeinsamen Wortgebrauch zu vereinbaren. Als minimaler Ausgangspunkt sind offene Grenzen zu empfehlen, wie es in Europa vor dem Ersten Weltkrieg üblich war. Dann könnte zum Beispiel sogar das Wort »Mauer« seine ehemalige Dudenbedeutung zurückgewinnen: ein Bauwerk, das eine Stadt umschließt und nicht teilt.

Daß die Tragödie von Mohács nicht einmal mit Fußnote tiefere Wellen im Bewußtsein des deutschen Lesers schlagen wird, ist wenig verwunderlich. Manchmal habe ich den Verdacht, daß vor allem die jüngere Generation der deutschen Leser selbst für die eigene Vergangenheit nicht sensibel genug ist. In einer Schule im Ruhrgebiet sprach ich mit gepflegten und sympathischen Schülern über die Entstehung des Dritten Reiches. Unter anderem fiel der Begriff »Weimarer Republik«. Ein Junge bemerkte daraufhin mit völlig unschuldiger Miene: »Weimar? Weimar ist doch drüben!«

15

Es ist nun höchste Zeit, vor meiner eigenen Tür zu kehren, das heißt, darüber zu reden, wie es mit der Literatur »drüben« bestellt ist, genauer gesagt, in meinem Land. Inwieweit konnte der Schriftsteller dort das große Wort führen, und wie groß war die Macht seines Wortes, angefangen vom Königreich bis hin zur Volksrepublik Ungarn?

16

Der Nationaldichter der Ungarn, Sándor Petöfi, fiel als Sechsundzwanzigjähriger in den Revolutionswirren von 1848/49. Diese Revolution ist auch das Thema seiner gesamten Dichtung. Die Einheit von Laute und Schwert, von Dichtung und Kampf war seither immer das Aushängeschild unserer Literatur. Zwar sind die historischen Dekorationen und Kostüme stark abgewetzt, und nicht alle, die die Freiheit besungen haben, sind auch für sie gefallen. Bis heute jedoch ist die ars poetica des Dichters Petöfi verpflichtend, zumindest muß sie jeder Schüler in Ungarn auswendig kennen:

> »Wie Moses einst mit seinem Volke
> umhergeirrt im Wüstenmeer,
> geführt von einer Feuerwolke,
> so irren unstet wir umher.
> In jüngster Zeit der Himmel weihte
> als Führer auf der Wüstenbahn
> den Dichter, daß er leuchtend schreite
> dem Volk voran nach Kanaan.«

Der Dichter, folgen wir Petöfis Weisung, ist verpflichtet, Prophet in seiner Heimat zu sein. Der Gott der Freiheit bedient sich seines Mundes, um dem Volke die Wahrheit zu verkünden. Der Dichter muß diese Rolle bis zur letzten blutigen Konsequenz erfüllen. Ambivalenz ist fehl am Platz, denn seit Mohács (siehe Fußnote 6) geht es immer um das Sein oder Nichtsein der Nation. Diese tiefe und mystische Tragik kommt in zwei Zeilen der Nationalhymne am prägnantesten zum Ausdruck: »Dieses Volk hat bereits / für die Vergangenheit und die Zukunft gebüßt.« Kaum eine andere Nation hat sich jemals solch einen großzügigen Ablaßzettel ausgestellt, einem moralischen Blankoscheck vergleichbar. Die Ungarn hatten ihn aber auch nötig, denn die Geschichte bewies keineswegs die hier zum Ausdruck kommende höhere Einsicht.

17

Die Habsburger haben die Revolution von 1848/49 mit russischer Hilfe niedergeworfen. Ein paar Jahrzehnte später gingen jedoch zahlreiche revolutionäre Forderungen in Erfüllung. Nicht das Land Kanaan wurde erreicht, sondern die Gründerzeit kam, nicht die Freiheit triumphierte, sondern die konstitutionelle Monarchie. Der Citoyen durfte endlich zum Bourgeois werden, die ehemaligen Volksführer kandidierten für das Parlament. Die Freiheitsdichtung überschwemmte in ungeahnter Fülle die Feuilletons der großen Zeitungen. Allein die Gedichte zum Andenken Petőfis füllten viele Bände. Das tragische Nationalbewußtsein, oder vielleicht die Vorahnung einer künftigen Tragödie, verließ die Gesellschaft jedoch nicht einmal auf dem Höhepunkt der Prosperität. Und für die Dichter gab es immer einen freien Platz im Pantheon der Märtyrer einer imaginären Revolution.

18

Dann kam eine Epoche, die das Ideal Petőfis in den Rang einer offiziell vertretenen politischen Auffassung erhob, allerdings in Form einer tödlichen Parodie. In der ersten Hälfte der fünfziger Jahre unseres Jahrhunderts wurde der Dichter als Mitglied des ungarischen Schriftstellerverbands darauf verpflichtet, sich wie eine Feuerwolke zu verhalten. Wer nicht gewillt war, das in Marschkolonnen aufgestellte Volk gemeinsam mit der Partei nach Kanaan zu führen, der hatte bald seine Sorgen mit den Behörden, denen es oblag, die Propheten zu kontrollieren. Unter dem Banner des obligatorisch gewordenen »Engagements« wurden »private Themen« aus der Dichtung verbannt – ein Verbot, das den ständig verliebten Petőfi schwerlich erfreut hätte. Dem ungarischen Dichter wäre es kaum in den Sinn gekommen, daß diejenigen, die sich jetzt auf ihn beriefen, für ihre Art von Freiheit ein Einparteisystem und eine allmächtige Geheimpolizei brauchen würden. Und dabei lautete der offizielle Gruß in jenen angstvollen Jahren: »Freiheit, Genosse!« Der Staatsbürger, der seinem Mitmenschen einfach einen »Guten Tag« wünschen wollte, schaute sich zuerst vorsichtig um.

In der verstaatlichten und sowjetisierten ungarischen Kultur wurde auch die Literatur nach dem Muster der Produktionssphäre zentralisiert. Der seiner Individualität beraubte und zum Sprachrohr degradierte Künstler wurde gleichzeitig mit gewissen Privilegien ausgestattet. Viele fanden Gefallen daran. Nur wenige verzichteten darauf, in den Geburtstagsanthologien für Stalin oder Rákosi zu erscheinen. Die Unhaltbarkeit der Situation brachte der Komponist Zoltán Kodály prägnant zum Ausdruck. Als ein sowjetischer Kollege ihn fragte, warum der große Béla Bartók keine zur Arbeit anspornenden Lieder komponiert hätte, soll Kodály geantwortet haben: »Die Kometen lassen sich schwerlich in die Straßenbeleuchtung integrieren.«

19

Die in die Straßenbeleuchtung integrierten kleinen und größeren ungarischen Kometen rebellierten kurz nach Stalins Tod gegen ihre zweifelhafte Rolle. Die Form dieser Rebellion erinnert ein bißchen an einen Bummelstreik. Damit meine ich, daß die Autoren ihre Rolle im Sinne Petőfis hundertprozentig spielen wollten. Sie mischten sich in jede Angelegenheit ein. Es gab fast keine soziale, politische oder nationale Frage, die in der einzigen literarischen Wochenzeitung nicht erörtert worden wäre. So wurde die einst nach sowjetischem Muster geschaffene »Literarische Zeitung« allmählich zu einem Organ der Opposition und der Ungarische Schriftstellerverband zu einer Art zweiter Partei. Das in sich gespaltene Regime sah dem Ausbruch dieser – übrigens verfassungsmäßig garantierten – Pressefreiheit ohnmächtig zu. Daß die Angelegenheit mit dem Rattern von Maschinengewehren und Kanonen enden könnte, daran glaubten nur wenige Beteiligte. Nie war dem geschriebenen Wort in Ungarn ein derart unbegrenzter Kredit gewährt worden.

20

Nachdem die »Operation Kanaan« mißglückt war, baute man auf den Ruinen eine neue, mehr auf Stabilität ausgerichtete Gesellschaft. Nun politisierten die Leute weniger und kümmerten sich mehr um ihre Privatangelegenheiten. Die Wohlhabenden begannen, Häuser zu bauen, zu reisen und Autos zu kaufen. Ungarn ist heute das Land der begrenzten Möglichkeiten. Die Art, wie sich der kleine Mann zwischen den Grenzen und den Möglichkeiten an sein Glück herantastet – das ist schon fast ein way of life, ein Ansatz von Lebensqualität.

Auch die Literatur ist viel freier geworden, als sie es vor 1956 war. Der Zensor scheint manchmal monatelang zu schlafen. Einstmals verbotene Bücher erscheinen plötzlich in Massenauflagen. Die heute noch vorhandenen Tabus kann man an zwei Händen abzählen. Aber diese wachsende Freiheit vermindert gleichzeitig den Einfluß der Literatur. Das gilt sogar für die unzensierte Literatur, den Samisdat. Die Behörden, die die Autoren und die Vertreiber illegaler Bücher und Zeitschriften nicht mit äußerster Erbarmungslosigkeit verfolgen, relativieren durch dieses an sich lobenswerte Verhalten zugleich die Bedeutung der von jenen publizierten Inhalte.

Ich spotte über diese relative Freiheit, obwohl ich selbst ihr Nutznießer bin. Ich darf endlich Bücher veröffentlichen – in Ungarn und im Ausland, bei öffentlichen Verlagen und in der zweiten Öffentlichkeit. Ich habe Leser und brauche literarische Erfolge nicht zu entbehren. Aber mit einer gewissen Nostalgie denke ich an die sieben mageren Jahre meiner Laufbahn zurück, an die schwierigen Zeiten, in denen das Risiko des Schreibens zu einem Bestandteil der Inspiration werden konnte. Ich fühle mich von der jetzigen Freiheit etwas benommen.

21

Ende der fünfziger Jahre, als ich das Petöfi-Gedicht in der Schule auswendig lernte, glaubte ich sogar ein wenig daran. Nein, eine Feuerwolke wollte ich nicht gerade sein, dieser Weisung konnte ich nicht ganz folgen. Aber ich hoffte auf eine außerliterarische Relevanz der Literatur. Ich hoffe noch immer darauf. Vielleicht ist diese Hoffnung meine Privatangelegenheit – eitle Sehnsucht nach irgendeiner Transzendenz, kulturpessimistische Ziererei. Vielleicht aber auch nicht.

22

Als ich nach zwei Jahren im Westen wieder nach Budapest zurückkam, schlug mir außer dem wohlbekannten Smog noch ein Geruch von Unlust entgegen. Ich geriet mitten in den allgemeinen weihnachtlichen Einkaufsrummel. Im Supermarkt Bolle-Aldi-Edeka – diese drei Firmen laufen in Ungarn bislang noch unter dem Phantasienamen »Skála« – schoben schlechtgelaunte Menschen müde und pflichtbewußt ihre Einkaufswagen zur Kasse. Unseren Wirtschaftswissenschaftlern ist bekannt, daß Ware und Geld, die hier zirkulieren, keine reale Deckung haben und daß der Staatshaushalt seit Jahren am Rande der Pleite balanciert. Die Importeure nehmen dies mit matter Gleichgültigkeit oder überhaupt nicht zur Kenntnis. Und das Gedränge vor der Kasse ist durchaus noch östlich, die Preise sind jedoch fast westlich.

23

In den Erzählungen meiner Freunde spürte ich eine Art Melancholie. Gelangweilt zählten sie die kulturellen Ereignisse auf, die ich während meiner Zeit im Ausland versäumt hatte. Dann hörte ich noch einiges über zerfallene und zerfallende Paarbeziehungen sowie über Skandale in der ungarischen Politik, die in ihrer Subtilität natürlich keinem Vergleich mit den gigantischen Affären in der Bundesrepublik Deutschland standhalten. Am meisten aber wurde darüber geredet, wer wann in letzter Zeit im Westen war und wer in nächster Zeit dorthin zu reisen gedenke. Den Anlaß dazu lieferte ich selbst durch die Tatsache meiner Ankunft. Ich fühlte mich wie im Wartesaal eines merkwürdigen Bahnhofs, in dem jeder auf etwas wartet, aber niemand auf etwas hofft.

24

Der Sachlichkeit halber muß ich anmerken, daß ich nicht durchgängig nur Trauriges wahrnahm. Zum Beispiel wurde im Fernsehprogramm zu Weihnachten außerordentlich gute Laune verbreitet, und zwar sowohl bei Bolle als auch bei Edeka. Wenn ich noch hinzufüge, daß viele Staatsbürger das Fest schon vor einem Videogerät feiern konnten, dann ist das Bild geradezu bis zur Trostlosigkeit heiter. Lärmend heiter und ein wenig aggressiv war auch das Raketenkonzert in der Silvesternacht. Dieses Programm kannte ich aber schon aus

Berlin, und als grundsätzlicher Raketengegner kann ich mich nicht damit anfreunden.

25

Sehr bald nach meiner Ankunft ereilte mich ein besonderes literarisches Erlebnis. Bei einem Schaufensterbummel bemerkte ich plötzlich einen Importwodka aus Jugoslawien. Auf dem Flaschenetikett stand in großen Buchstaben: »Doktor Schiwago«.

Fußnote, diesmal für einen zufälligen ungarischen Leser: »Doktor Schiwago« ist der Titel eines Romans des russischen Schriftstellers Boris Pasternak. Für dieses Buch wurde ihm 1958 der Nobelpreis für Literatur verliehen. Unter dem Einfluß einer schmutzigen Hetzkampagne in der sowjetischen Presse verzichtete Pasternak auf die Auszeichnung. Zwei Jahre später starb er. Soweit seine Zeitgenossen sich erinnern können, trug dieser fatale literarische Erfolg wesentlich zu Pasternaks frühem Tod bei.

Das Buch »Doktor Schiwago« ist in Ungarn weder 1958 noch zu einem späteren Zeitpunkt erschienen. Und doch hat der Roman in seiner Wodka-Inkarnation eine drei Jahrzehnte währende strenge Zensur durchbrochen. Der seltsame und verspätete Triumph Pasternaks ist für mich ein trauriges Symbol für die Machtlosigkeit und die Macht der Literatur. Ja, wir Schriftsteller können ein paar Jahrzehnte lang gefährlich sein. Aber irgendwann werden wir dann doch in irgendeiner Form, unter irgendeinem Vorwand konsumiert. Das ist unser Schicksal, aber gleichzeitig liegt darin auch unsere Chance.

Ich kann nicht anders, ich gehe hinunter in den Laden. Soll es kosten, was es will, ich kaufe eine Flasche »Doktor Schiwago« und trinke einen Schluck zu Ehren des großen Namenspatrons.

Kleinkriminalität im Spiegel der ungarischen Presse in den achtziger Jahren

In den ungarischen Zeitungen gibt es eine regelmäßige Berichterstattung über Kriminalfälle. Das war nicht immer so. Früher folgten die Redaktionen der offiziellen Ansicht, daß Kriminalität im Sozialismus, sofern überhaupt vorhanden, allenfalls eine Randerscheinung sei, die es gar nicht verdiene, daß man die Bevölkerung damit langweile oder womöglich beunruhige. Tatsächlich aber hatte es in den Ländern Osteuropas nach dem Zweiten Weltkrieg eine neue Welle der Kriminalität gegeben. Die unmittelbaren Kriegsfolgen sowie die zunehmende Industrialisierung und Urbanisierung hatten enorme Menschenmassen in Bewegung gesetzt und ganze Bevölkerungsschichten entwurzelt. Traditionelle Moralvorstellungen hatten sich überlebt, die Familienbande waren gelockert. Dieser Vorgang ließ sich jedoch in keiner Statistik wiederfinden – aus dem einfachen Grund, weil keine statistischen Angaben veröffentlicht wurden.

Als die Behörden nach 1956 die Berichterstattung über Fälle von Alltagskriminalität erlaubten, taten sie dies mit dem Ziel, die Gesellschaft in die Verbrechensbekämpfung miteinzubeziehen. Heute gibt es in Ungarn keine Zeitung ohne eine Rubrik mit polizeilichen Meldungen sowie Prozeßberichterstattung. Auch das Fernsehen befaßt sich in seiner Sendung »*Blaulicht*« mit aktuellen Delikten. Durch Fotos und Phantombilder sollen die Zuschauer dazu angeregt werden, beim Auffinden polizeilich gesuchter Personen behilflich zu sein.

Mit dem anwachsenden Fremdenverkehr gab es zunehmend auch Kriminalität internationalen Charakters. 1983 wurde in ungarisch-italienisch-griechischer Zusammenarbeit ein grandioser Gemäldediebstahl inszeniert, der die Öffentlichkeit monatelang beschäftigte. Auch von Delikten wie

Rauschgifthandel und Devisenschieberei blieb das Land keineswegs verschont. Für diese neue zivilisatorische Stufe ist der Anschluß Ungarns an Interpol kennzeichnend.

In den siebziger Jahren wuchs das öffentliche Interesse an Verbrechen im allgemeinen. Fernsehserien wie *»Der Kommissar«* oder *»Tatort«* erreichten ungewöhnlich hohe Einschaltquoten. Die Neugier auf tatsächliche Sensationen war jedoch größer als die auf künstlerisch gestaltete Fiktionen. Die Bevölkerung braucht jeden Tag ihren »Fall«. Diesbezügliche Bedürfnisse werden am gewissenhaftesten von »Esti Hirlap«, dem einzigen Abendblatt des Landes, befriedigt. Die Art der Berichterstattung im Budapester Abendblatt ist nicht so sensationslüstern wie, sagen wir, die der »Bild-Zeitung«, verrät jedoch mehr über die psychosoziale Motivation der Täter. Manchmal passiert das ungewollt. Die zwei oder drei Journalisten, die Tag für Tag diese Sparte der Zeitung füllen, urteilen nie von der Höhe einer staatlichen Moral herab über die Täter. Ihr Ziel ist vor allem, die Leser zu unterhalten. Sie haben dazu gute Möglichkeiten, denn der Themenkreis Kriminalität ist verhältnismäßig tabufrei.

Den Fällen, die ich anhand von Artikeln aus dem Abendblatt darstellen werde, ist gemeinsam, daß ihre Anzahl, und das betrifft jede Deliktart, unaufhaltsam ansteigt. Es geht um Diebstahl, Betrug, Veruntreuung und Haus- bzw. Landfriedensbruch; um Kleinkriminalität.

★

Bereits das erste Menschenpaar war unschuldig, bevor es sich schuldig machte. So verhält es sich auch mit denen, die ursprünglich, nach dem offiziellen Wortgebrauch, zu den *»nützlichen Gliedern der gesunden Gesellschaft«* gehören. Tagsüber tun sie ihre Arbeit, verfügen jedoch über wenig Phantasie, womit sie ihre Freizeit totschlagen könnten. Wohin diese Phantasielosigkeit führen kann, davon handelt folgender Zeitungsbericht: »Im Oktober vergangenen Jahres ging eine Gruppe von Leuten gemeinsam aus. Die gesellige Runde erholte sich in mehreren Kneipen und Gaststätten. Der letzte ›Hafen‹ war das Restaurant ›Havanna‹ am Josefsring. Einer aus der Gruppe erwies sich als stark angetrunken und entschied sich deshalb zum Weggehen. Die anderen begleiteten ihn bis zum Taxistand, wo jedoch bereits ein anderer Mann wartete. Sie baten diesen, ihrem Kumpanen angesichts seines Zustandes den nächsten Wagen zu überlassen. Der Fremde willigte ein. Der ankommende Taxifahrer war jedoch nicht gewillt, den Betrunkenen mitzunehmen.

Der auf ein Taxi wartende Mann war inzwischen etwas weitergegangen und hatte einen zweiten Mietwagen angehalten. Während er mit dem Fahrer über das Fahrtziel sprach, trat jemand aus der lustigen Kompanie dazu und schrie ihn an: ›*Mach keine Witze! Du hast doch versprochen, uns das Taxi zu überlassen*!‹ Der Mann erwiderte, er habe sich zwar bereit erklärt, auf das erste Auto zu verzichten, jedoch nicht auf alle weiteren. Daraufhin begann man ihn zu schlagen und mit Füßen zu treten. Einer aus der Gruppe zog sogar seinen Schuh aus und schlug ihm damit auf den Kopf. Vergeblich versuchten Passanten zu beschwichtigen. Ein Mann zückte sogar eine Rasierklinge, um die Neugierigen fernzuhalten. Plötzlich ›verschwand‹ im allgemeinen Handgemenge eine Hälfte des rechten Ohrs des Mannes, der ursprünglich auf ein Taxi gewartet hatte. Der Anklageschrift zufolge hat der Täter die rechte Ohrmuschel einfach abgebissen.«

★

Eine andere Gesellschaft hatte sich ebenfalls in den Kopf gesetzt, einen endlosen Abend zu verbringen. Nach der Sperrstunde, die in den meisten Lokalen Budapests spätestens um Mitternacht erfolgt, wollte man noch zum Haus eines Kumpanen in der Nähe der Hauptstadt pilgern, um sich dort weiterhin wohlfühlen zu können. »Jemand aus der Gesellschaft ging zum Taxistand«, lesen wir in dem Zeitungsartikel, »öffnete die Wagentür und sagte zum Fahrer: ›*Na, Alter, bist du frei? Laß uns schnellstens losfahren*!‹ Nach dem Wortlaut der Anklageschrift ›*folgerte der Fahrer aus dem Auftreten des Angeklagten, daß er es mit einer angetrunkenen Person zu tun habe, weshalb er erklärte, diese nicht befördern zu wollen.*‹ Die Antwort auf diese Erklärung war eine Flut von unflätigen Schimpfwörtern. Man versuchte, den Fahrer gewaltsam am Arm aus dem Taxi zu zerren. Ein Kollege in einem anderen Taxi wurde darauf aufmerksam und mischte sich ein, jedoch zu seinem Unglück, denn jemand aus der Gesellschaft versetzte ihm einen Schlag auf den Hinterkopf... Die eintreffende Polizei konnte die nach wie vor unruhige Gesellschaft dann mit Tränengas zur Räson bringen.«

Diese *Wirtshaustragödien* ereilen den Staatsbürger in der »angenehmen« Sphäre seines Lebens – wenn er das stolze Gefühl hat, mit seinem durch harte Arbeit verdienten Geld tun zu können, was ihm gefällt. Die vom Alkohol angeheizte Aggressivität entlädt sich des öfteren gegenüber Taxifahrern. Die angebotene Dienstleistung vermittelt dem kleinen Mann die Illusion, in einem Herrschaftsverhältnis der Stärkere zu sein, nachdem er tagsüber in der Produktion eher das Objekt in einem Herrschaftsverhältnis war.

★

Man behauptet, Ungarn sei eigentlich eine Konsumgesellschaft. Wenn dem so ist, dann muß man diese Definition auf manche Bevölkerungsgruppen sehr wörtlich beziehen. Ein für Ungarn typisches Bagatelldelikt ist die Tat der *Zechprellerei*. In den achtziger Jahren gerieten oft Gruppen oder Personen in Polizeigewahrsam, deren Interesse sich darauf gerichtet hatte, nach Möglichkeit unentgeltlich zu essen und zu trinken. Im Unterschied zu den Vandalen, die einem auf den Hinterkopf schlagen oder das Ohr abbeißen, üben diese Täter sozusagen nur Gewalt gegen Sachen und nicht gegen Personen aus. Auch ist diese Form der »Gewalt« relativ sanft.

»Die frohe Tischrunde«, lesen wir im »Esti Hirlap«, »hatte zu viel Zeit und zu wenig Geld. Der schlaueste unter ihnen schlug vor, sich in verschiedene Gaststätten zu setzen und nach dem Essen irgendeinen Trick zu erfinden, um nicht bezahlen zu müssen. Sie waren nicht besonders einfallsreich, denn sie erzählten dem Kellner, einer von ihnen sei weggegangen, um zu Hause Geld zu holen, und sei nicht zurückgekommen. Dann zeigten sie ihre Ausweise und entfernten sich elegant.« Ich teile nicht die Kritik des Berichterstatters am mangelnden Einfallsreichtum der Gruppe. Sicherlich mobilisierten sie all ihre Vorstellungskraft für das Ziel, die Mittel waren eher zweitrangig. Auch die offensichtlich unvermeidbare Strafe schien auf sie keinen besonderen Eindruck zu machen. Vielleicht war für sie sogar das Gefängnis bloß ein Ort, wo sie ihre niedere Leidenschaft auf einem etwas tieferen Niveau, jedoch ebenso kostenlos, befriedigen konnten.

Daß das Gefängnis auf solche Leute seine abschreckende Wirkung zunehmend verliert, beweist auch der Fall von *László Mocsolán*, der im Delikt Zechprellerei ein mehrfacher Rückfalltäter war. Gleich nach der Entlassung aus dem Haftvollzug begann er, wie wir aus dem Abendblatt wissen, »wieder zu essen und zu trinken. Allem Anschein nach ist das eine wahrhafte Sucht bei ihm. Es ist ihm nicht einmal peinlich, wenn der Ober auf seinem Notizblock den Verzehr addiert. Mocsolán hört die Endsumme, nickt traurig und sagt: Leider bin ich außerstande, die Rechnung zu begleichen. Und er schlägt vor, die Polizei zu holen.« Mocsolán, schreibt der Journalist, mag die nobleren Restaurants. Da sind nämlich die Kellner feiner, höflicher und wenden nicht gleich Gewalt an.

Über diesen melancholischen Täter lesen wir, daß er vor seinem Sündenfall sechs Jahre lang im Bergbau arbeitete und dort als ausgezeichnete Arbeitskraft galt. »Wodurch kam die Entgleisung zustande?« fragte der Berichterstatter mitleidsvoll. Ich kenne die Rätsel dieser Seele nicht, habe jedoch manches über die Arbeitsbedingungen in der ungarischen Kohleindustrie gehört. Deshalb kann ich nachvollziehen, daß Mocsolán seine erhöhte Bergmannsration ohne die lebensgefährliche, Körper und Seele zermürbende Arbeit zu sich nehmen wollte.

Das Hauptmotiv der Zechpreller ist jedoch zweifellos die Tatsache, daß sie kein Geld haben. Deshalb bewegen sie sich durch den Dschungel der Gastronomie, zwar nicht in einem wilden Amoklauf wie diejenigen, die den Lohntag feiern, sondern mit dem Jagdinstinkt schwacher Raubtiere.

Der unmittelbare Konsum wird sogar für Täter zum Selbstzweck, die ursprünglich mit dem Ziel der Vorratsbildung ein Auge auf Eß- und Trinkbares geworfen hatten. So erging es zum Beispiel fünf Hilfsarbeitern, die sich zu einem gemeinsamen Abenteuer zusammenfanden. »Alle fünf hatten trotz ihres jugendlichen Alters schon in mehreren Betrieben gearbeitet. Diesmal trafen sie in der Brauerei von Köbánya aufeinander. Obwohl sie in verschiedenen Dingen unterschiedlicher Meinung waren, konnten sie sich doch schnell darüber einigen, daß es gut wäre, irgendwie kostenlos an Bier zu gelangen. An einem Aprilabend kletterten sie über den Zaun des Betriebes und kamen auf umständlichen Wegen zur Verpackungsabteilung. Dort füllten sie für den Eigenbedarf hundertvierzig Flaschen Bier ab. Einer zog sogar seine Hose aus, um die wertvolle Flüssigkeit darin verstecken zu können. Neunundfünfzig Flaschen leerten sie gleich an Ort und Stelle. Die anderen wollten sie mitnehmen, wenn auch unsicher und schwankenden Schrittes. Ein Kollege ertappte sie am Zaun, auf frischer Tat sozusagen. Sie protestierten nicht und gestanden alles.«

★

Was für Verbrecher sind das, diese Hosenauszieher, die keine Geduld haben, ihre Beute zunächst sicherzustellen? Eine solch unmittelbare, kindliche Art der Bedürfnisbefriedigung zeigt, daß ihr eigentliches Motiv die Armut ist. Und Armut bedeutet nicht nur und nicht vor allem Geldmangel.

Die künstlich nivellierten materiellen Bedingungen der fünfziger Jahre ließen die Armut nicht recht in Erscheinung treten. Reichtum und Luxus verbargen sich hinter den Jalousien der Villen, und es ziemte sich nicht, darüber zu sprechen. In den sechziger Jahren aber, als die Attribute des Wohlstands langsam die Schaufenster eroberten, wurde besonders in den Großstädten auch die Armut offensichtlicher, wenn auch das Wort bis in jüngere Tage nicht ausgesprochen werden sollte. In den letzten Jahren scheint sich die soziale Schere endgültig geöffnet zu haben. Die Stabilität unserer Gesellschaft wird zunehmend zu einer bislang friedlichen Koexistenz zwischen Überfluß und Not. Die marginalen Gruppen – Rentner, wohnungslose Arbeiter aus der Provinz und eine halbe Million Roma – drücken dem sich westlich gebärdenden Straßenbild ihren unverkennbaren Stempel auf.

★

Außer den Zechprellern und den Dieben, die für den eigenen Bedarf stehlen, gibt es noch eine höhere Täterkategorie. Diese sind am Gebrauchswert der Ware wenig interessiert, sondern haben eine Vorliebe für den *Tauschwert*. Eine Fünfergruppe hatte sich auf Schuhe spezialisiert. »Im Dezember und Januar«, schreibt das Abendblatt, »streiften sie durch die Stadt, und obwohl sie dabei ihr eigenes Schuhwerk recht strapazierten, benutzten sie kein einziges Paar der gestohlenen Schuhe für den Eigenbedarf. Als es zu ihrer Verhaftung kam, schnappte die Polizei fünf Diebe mit zerlumpten Schuhen.« Der Journalist wundert sich über den Puritanismus des Quintetts und versieht seinen Bericht mit der Überschrift: »Schuhdiebe mit kaputter Fußbekleidung«. Wahrscheinlich hatten die Armen einfach zu wenig Gelegenheit, die Ware auszuprobieren, denn innerhalb eines Monats eigneten sie sich Schuhe im Wert von hunderttausend Forint an. Also wurde ihr Gewissen von mindestens hundert Paar Schuhen belastet.

★

Wirtschaftliche Prosperität läßt nicht nur Warenhäuser, sondern auch Privatpersonen leichtsinnig werden. Der Neureiche, mit allen Attributen des Wohlstands ausgestattet, hat kein Schamgefühl mehr. Trotz wohlwollender Warnungen der Behörden stellen manche Leute ihre Schätze öffentlich zur Schau, obwohl sie damit die Sünde geradezu provozieren. Als jemand von der Polizei erwischt wurde, der Autos ausgeraubt hatte, schrieb der Chronist des Falls – und man sieht förmlich, wie er dabei den Kopf schüttelte: »Wenn man das Sündenregister des *Károly Jahn* liest, so denkt man ungewollt, warum denn bloß manche Autobesitzer Schmuck, wertvolles Fotogerät oder größere Geldsummen in ihrem Wagen lassen. Was haben ein Armband im Wert von zwölftausend Forint, eine goldene Kette mit Medaillon, ein Siegelring und auch noch Bargeld in einem Kraftwagen zu suchen? Dem Dieb kamen sie gelegen. Er nahm außerdem noch eine Arzttasche, einen Jagdausweis, Benzingutscheine, ein Tonbandgerät, einen Arztstempel und einen Ledermantel mit, also alles, was er nur finden konnte.«

Das Auto als Ausstellungsvitrine für den eigenen Wohlstand gehört zur Psychose des Reichtums. Die Psychose des Diebes kommt darin zum Ausdruck, daß er auch Gegenstände mitnimmt, die für ihn von keinem konkreten Nutzen sind – als wenn er für einen Moment der Illusion verfallen wäre, ein reicher Arzt zu sein, der einen Ledermantel hat und am Finger einen Siegelring trägt, der gebildet ist, gern Musik hört und ab und zu auf die Jagd geht.

★

Der Reichtum, das Geld fasziniert Diebe mit löcherigen Schuhen und Ärzte mit Ledermantel gleichermaßen, Schuldige wie Unschuldige. Und manchmal kann nicht einmal der zuständige Journalist seine Begeisterung über die reiche Beute verheimlichen. Hier die Beschreibung eines mißlungenen, ja fast katastrophalen Diebstahls: »Frau *Jolán Orsós* begann ihren Tag mit zwei Wodka ... Im Autobus Linie 7, Richtung Buda, fingerte sie geschickt eine Geldbörse aus einer Tasche, dann nahm sie das Geld heraus. Die Börse ließ sie fallen. Das Banknotenbündel war dick, den Wert konnte sie nicht feststellen. Sie wollte es auch nicht. Sie steckte das Geld in ihre Hosentasche und fuhr ruhig weiter. Kurz bevor sie aussteigen wollte, fiel ihr noch eine andere Geldbörse auf. Obwohl sie schon Beute bei sich trug, sehnte sie sich nach weiteren Erfolgserlebnissen. Die neue Aktion war schon beinahe gelungen, als plötzlich jemand ihre Hand festhielt. Man ließ sie auch nicht los, bis der im Autobus mitfahrende Detektiv zur Stelle war. Sie wurde durchsucht. Und jetzt wußte sie erst, welch ein Pech sie hatte. Im ersten Geldbeutel waren Westdevisen gewesen: eintausendsechshundert Dollar. Sie hatte einen in Ungarn weilenden amerikanischen Staatsbürger bestohlen. In der zweiten Börse befanden sich nur vierundachtzig Forint. Jolán war auf einer billigen Bananenschale ausgerutscht ...«

Eintausendsechshundert Dollar. Tatsächlich bemitleidenswert. Sie hätte dafür Schuhe, Ledermantel und Siegelring kaufen können, sie könnte in der Wintersaison monatelang im Hotel »Silvanus« kegeln. Oder – seien wir etwas sentimental – sie könnte dieses Geld schwarz tauschen. Dies wäre dann ihr allerletztes Delikt, und mit diesem Grundkapital könnte sie ein sündenfreies Leben beginnen. Aber die Bananenschale, auf der Jolán Orsós ausrutschte, war nicht die in Dollar kaum ausdrückbare Summe von vierundachtzig

Forint, sondern eine beklemmende, unstillbare Geldgier, die Schuldige und Unschuldige, arme Reiche und die von einem Tag zum anderen reich gewordenen Armen dieser Gesellschaft gleichermaßen quält.

★

Es gibt einen besonderen Typus des Hochstaplers, der sich als *offizielle Persönlichkeit* ausgibt. In der Literatur ist er mit Figuren wie dem Hauptmann von Köpenick und Gogols Revisor bereits zu unsterblichem Ruhm gelangt. Im ungarischen Pitaval häufen sich in den letzten Jahren Fälle derartigen Rollenwechsels: Das Lamm zieht den Wolfspelz an, oder umgekehrt; der Verbrecher spielt den Ordnungshüter. Für diese Art der Inszenierung braucht man nicht einmal Kostüme auszuleihen, denn auch Polizisten verkleiden sich manchmal, indem sie ohne Uniform auftreten. Man braucht nur etwas Phantasie – und davon auch nicht allzuviel, denn sie wird durch die Phantasien der Staatsbürger über die Geheimpolizei ergänzt.

An einem Juniabend, lesen wir in der Zeitung, floh ein Mann vor dem heimischen Familienkrach in den Tunnel der städtischen Fernheizungswerke. Dort wurde er von Polizisten um seinen Ausweis gebeten und dann nach Hause geschickt. Ein in der Nähe herumstehender Mann beobachtete diese Szene und folgte dem Heimkehrer. Er sprach ihn an, erklärte, ein Polizeidetektiv zu sein, und bat ihn ebenfalls um den Personalausweis. Er notierte sich die Daten des Mannes. Dann begleitete er ihn nach Hause. Die Tür war verschlossen, weshalb der Detektiv durch ein Fenster in die Wohnung einstieg. Die Frau hatte aus Verzweiflung über den Familienkrach ein Schlafmittel eingenommen. Der Eindringling erlaubte dem Ehemann nicht, die Wohnung zu betreten. Er sah die tief schlafende Frau und raubte die Wohnung aus.

Die Motive dieses Verwandlungskünstlers wurden vor Gericht bald deutlich. »Es konnte manchmal an irgendeiner spontanen Eingebung liegen«, sagte er, »es ist aber eine Tatsache, daß ich schon mehrmals als offizielle Person aufgetreten bin. Ich mag sowas ...«

Die Motive des Geschädigten sind nicht so eindeutig. Es ergeben sich mehrere Fragen. Warum hielt er es für natürlich, daß er zweimal um denselben Ausweis gebeten wurde? Warum forderte er den Mann, der sich als Detektiv vorstellte, nicht auf, seinen Dienstausweis zu zeigen? Warum glaubte er, daß ihm eine offizielle Person verbieten würde, seine eigene Wohnung zu betreten?

Tatsächlich leistet die menschliche Dummheit bei vielen Kriminalfällen direkte Geburtshilfe. Hinter der Dummheit dieses Ehemannes verbergen sich jedoch jahrzehntelange Reflexe. Woran erkennt man einen Polizisten? Natürlich an der Uniform. Und wenn er Zivilkleidung trägt? Dann erkennt man ihn an der Art des Bildes, der Vorstellung, die man von ihm hat. Wenn jemand entschlossen auftritt, im Befehlston redet und keinen Widerspruch duldet, dann kann er ein Polizist sein. Und wenn er keine Uniform trägt, dann ist er eben Geheimpolizist, also besonders gefährlich. Das Phantombild, das der unmündige Staatsbürger vom Geheimpolizisten hat, läßt daran keinen Zweifel aufkommen.

Natürlich schränkt diese rätselhafte Macht, wenn sie irgendwo auftritt, nicht immer nur Freiheiten ein. Manchmal äußert sie sich ebenso in einer wohlwollenden Einflußnahme. Diese Erwartungshaltung nutzte ein anderer Hochstapler. »Er machte sehr schnell und geschickt Bekanntschaften ... Nachdem er sich vorgestellt hatte, bemerkte er nebenbei: *›Ich bin ein ehemaliger Polizeioffizier, ich habe gute Kontakte!‹* Einem Handwerker versprach er Gebrauchtwagen aus dem Fuhrpark seines Betriebs. Selbstlos wie er war, verlangte er nur fünfzehntausend Forint, um *den Platz in der Schlange zu sichern*, wie er sagte. Einem Techniker, der einen Gewerbeschein haben wollte, versprach er, die ganze Angelegenheit zu übernehmen. Nur bat er ihn um sechstausend Forint als Schmiergeld für seinen Freund, einen Parlamentsabgeordneten, den die ganze Sache ein paar Telefonate kosten würde und der soviel für die Intervention brauche ... Nach zwei Monaten kam der Techniker dahinter, daß es keinen Parlamentarier solchen Namens gab ...«

Hier spielt die Dummheit natürlich auch eine wichtige Rolle. Heutzutage ist es nämlich in Ungarn nicht so schwer, offiziell einen Gewerbeschein zu bekommen. Wichtiger ist die tief verwurzelte Überzeugung, daß es in dieser Gesellschaft leichter ist, alles schwarz und auf informellem Wege zu erledigen als auf dem Rechtsweg. »Kontakte« – wer dieses Zauberwort ausspricht, der hat in manchen ungarischen Kreisen gewonnenes Spiel.

Tragikomisch können Fälle werden, in denen der vermeintliche Polizist auch noch als Frauenheld auftritt. Ein Mann namens *Péter Fekete* stellte sich einer Frau als »*Polizeihauptmann Dr. Péter Gál*« vor und zeigte sogar einen selbstgefertigten Dienstausweis. Es war ein Volltreffer. Die um zwanzig Jahre ältere Frau verliebte sich in den schneidigen Ordnungshüter, und im Laufe der Zeit entlockte er ihr Sachwerte im Wert von hunderttausend Forint. »*Ich war ihm geistig vollkommen verfallen*«, erklärte später das Opfer, »*seine magische Anziehungskraft faszinierte mich, mein nüchterner Sinn hatte mich verlassen, weil ich endlich jemanden hatte, und noch dazu keinen beliebigen*«. Das Ausgeliefertsein dieser alternden, einsamen Frau ist verständlich, aber der Ausdruck »*magische Anziehungskraft*« ist bedenklich. Wenn die Geschädigten der vorher geschilderten Fälle noch davon ausgegangen waren, daß »die da oben«, Geheimpolizisten wie Parlamentsabgeordnete, zu allem Bösen fähig sind, beziehungsweise für Geld alles erledigen können, so ist das Polizistenphantombild dieser Frau übertrieben positiv. Verwunderlich ist es nicht: Vor allem sucht sie nach Sicherheit, und wer könnte sie fachgerechter und perfekter bieten als einer,

einer, der für die Sicherheit eines ganzen Gemeinwesens zuständig ist?

»Die Idylle wurde durch einen Telefonanruf beendet«, können wir der Zeitung entnehmen. Ein anonymer Anrufer warnte die Frau davor, »einen Verbrecher in ihrer Wohnung zu beherbergen« – vielleicht handelte es sich um eine Frau, die früher auf ihn hereingefallen war. »Nun entschloß sich die Frau, selber die Rolle des Geheimpolizisten zu übernehmen. Während der Mann schlief, durchsuchte sie seine Taschen, um ihn zu identifizieren. Dabei fand sie auch den Ausweis mit dem Namen *Péter Fekete*. Vergeblich betonte der Mann, er brauche beruflich mehrere Ausweise. Die Frau vertrieb ihn gnadenlos. Dann kam noch das melodramatische Nachspiel. ›*Er kam nicht mehr*,‹ erzählte die Frau. ›*Er rief nur manchmal an, seufzte am Telefon wie ein Schwerkranker*‹. ›*Du wirst zahlen*‹, sagte ich zu ihm, und er röchelte dabei wie ein Sterbender, ›*du hast mich auch seelisch ausgebeutet, aber wenn du meinen Schmuck zurückgibst, zeige ich dich nicht an*‹.«

Es kann sein, daß dieser falsche Polizist nur aus Angst vor Strafe die Gunst der Frau zurückflehen wollte. Vielleicht ging es ihm jedoch ähnlich wie manchmal großen Schauspielern: Er wuchs derart mit seiner Rolle zusammen, daß er sie nicht mehr verlassen wollte – wer weiß. Es ist so schwer, die Seele eines echten Geheimpolizisten zu durchschauen. Wieviel schwieriger muß die Psyche eines Menschen sein, der nur vorgibt, ein heimlicher Hüter der Ordnung zu sein.

(1986)

Die Wende und das Erbe

Ungarische Miniaturen (1988)

»Alles, was ganz war, ist zerbrochen«

Endre Ady, 1877–1919

1

Eine Inschrift im Schaufenster eines Budapester Buchladens: »Doktor Schiwago ist eingetroffen!« Wenn ich nicht wüßte, daß es sich um den jahrzehntelang tabuisierten Roman von Boris Pasternak handelt, hätte ich glauben können, man schicke uns einen Wunderdoktor, der Heilung für unsere Wunden, Lösung für unsere chronischen Probleme bringt. Ja, Doktor Schiwago, wir sind deine Klienten geworden, willkommen, gesegneter Arzt, du betrügst uns wenigstens nicht, du versprichst uns zumindest etwas.

2

Broschüre, herausgegeben von der Zeitschrift »Idee«: »Was müssen wir über Arbeitslosigkeit wissen?« Einige Untertitel: »Wer ist arbeitslos?« »Was ist Arbeitslosigkeit?« »Gibt es in Ungarn Arbeitslosigkeit?« »Brauchen wir Arbeitslosigkeit?« »Wird es in unserem Lande Arbeitslosigkeit geben?« Das sind Fragen, als wären sie keine, als wären sie bloß Sprachübungen mit dem Ziel, uns an ein Wort zu gewöhnen.
Variationen zur Angst.

3

Nicht nur »Doktor Schiwago« darf erscheinen, sondern auch die »Lolita« des russisch-amerikanischen Nabokow. Es gibt zweierlei Bildbände über die Art und Weise der sexuellen Lustgewinnung. Esoterik, Horoskope und Parapsychologie sind keine Tabus mehr. Und das Bücherdumping sprengt den

Rahmen der Buchhandlungen, des staatlichen Verlagswesens. Auf den Straßen, in den Unterführungen, auf den Bahnhöfen, überall sind sie zu haben, die früher verbotenen Früchte des Geistes.

Ihr Erscheinen soll als Trost gelten, im offiziellen Jargon: eine das allgemeine Wohlbefinden fördernde Maßnahme. Neuerdings gibt es ein Buch über die Länder der Welt, die der Staatsbürger, im Besitz seines freien Passes, frei besuchen darf – vorausgesetzt, er hat das Geld dazu.

Vor dem Ostbahnhof erblicke ich plötzlich inmitten von Krimis und Starbiographien etwas in früheren Zeiten auf offener Straße Unvorstellbares: ein kunstledergebundenes schwarzes Büchlein, der geheime Bestseller des Real Existierenden Sozialismus. Sein Titel: Die Heilige Schrift.

Alles für das allgemeine Wohlbefinden.

4

»Die Stimmung ist schlechter als die Lage.« Mit diesem Slogan sucht die offizielle Presse die Stimmung zu bessern.

Ein älteres Ehepaar steht vor einem Laden für Kinderkleidung. Sie beraten, was sie für ihre Enkelin kaufen sollen. Schuhe? Nachthemd? Pullover? Sie rechnen, kalkulieren: Das Geld reicht nicht. Der Mann schüttelt ratlos den Kopf. »Was soll bloß daraus werden?« fragt er laut und zeigt dabei auf die drohenden Preisschilder.

Ja, die Stimmung ist noch schlechter als die Lage.

5

Die Krisenpublizistik hat ihre Gemeinplätze und Stilblüten. »Unser Ziel ist die Verlangsamung der Beschleunigung der Verschlechterung«, erklärt ein Politiker. Auf der Budapester Parteikonferenz fordert ein Angestellter der Fluggesellschaft Malév die möglichst rasche Verwirklichung der Reformen und wählt dazu einen Vergleich aus seiner eigenen beruflichen Erfahrung. Er sagt, die Situation sei ähnlich wie bei der Landung eines Flugzeuges, wenn der Befehl kommt: »Laufwerke ausfahren!« Wenn diese Anweisung nicht binnen einer Minute erfüllt wird, erklärt der Redner, kommt es zu einer Katastrophe.

Die Metapher ist passender, als ihr Erfinder glaubt. Was können wir als Passagiere tun, mit Sicherheitsgurten an unsere Stühle gefesselt? Wir sitzen nur da und versuchen, von den lächelnden Gesichtern der Stewardessen abzulesen, wie groß die Gefahr ist.

6

Über fast alles dürfen wir sprechen: über die Krise, die Pleite, den Pluralismus und die Reform. Mehr noch: auch über die Verantwortung für die begangenen Fehler und darüber, daß man die personellen Konsequenzen daraus ziehen muß. Jeder weiß, daß sich hinter diesem Plural der Erste Sekretär der Partei versteckt, der das Land bereits seit 32 Jahren lenkt. Seine mögliche Abdankung wird in diese vorsichtigen Phrasen verpackt. Er muß gehen. Eine abergläubische Angst hält die Offiziellen von der vollständigen Wahrheit fern, sie rükken lächelnd mit ihrer 99%-Wahrheit heraus, wie einst mit ihren zweifelhaften Wahlergebnissen.

7

Graue Gesichtshaut, zittrige Hand, im Mundwinkel bittere Falten. Er spaziert auf der frühsommerlichen Straße, seine Frau stützt ihn. Sie begleitet ihn zu den Seminaren, in denen begeisterte Studenten seinen Worten lauschen, sie begleitet ihn zur Akademie der Wissenschaften, wo man ihn, den so lange Verfemten und Verlachten, nun zuvorkommend behandelt.

Vor fünfundzwanzig Jahren hat er ein Buch geschrieben, in dem es darum geht, wie man der Gefahr der heutigen Pleite vorbeugen könnte. Jetzt, nach einem Vierteljahrhundert, darf dieses Buch erscheinen.

Diese fünfundzwanzig Jahre haben ihn zwei Herzinfarkte gekostet. Sein Triumph ist der einer Kassandra, die ihr abgestandenes Wissen wie einen Fluch mit sich trägt.

8

Unsere bleiche Perestroika, vergoldet vom Sonnenschein des Glasnost. Die Presse, der Rundfunk und das Fernsehen wetteifern in frivoler Redefreiheit um die heikelsten Themen. Rumänienflüchtlinge? Versteckte Preiserhöhungen? Neue oppositionelle Gruppen? Aber bitte, fragen Sie ruhig nach! Schließlich ist der Regierungssprecher dazu da, Rede und Antwort zu stehen!

Jede taktlose Frage oder scharfe kritische Bemerkung wird von einer narzistischen Geste ergänzt: So viel trauen wir uns schon! Dennoch gibt es Selbstbeschränkung. Zum Beispiel berichtet das Fernsehen von der Gründung eines neuen offiziellen Vereins für Umweltschutz und teilt tapfer mit, daß auch Vertreter von inoffiziellen Gruppen zu Wort kamen. Was sie gesagt haben, bleibt allerdings ein Mediengeheimnis.

Doch nicht ganz: Die Kamera weilt dreißig Sekunden auf dem bebrillten, bärtigen Gesicht eines Mannes, des bekanntesten aus dem nach wie vor illegalen »Donau-Kreis«.

Das ungarische Glasnost ist zweistufig. Seine Optik kennen wir, bald werden wir die Akustik kennenlernen.

9

Es geht das Gerücht, eine Menge neuer Polizisten sei eingestellt worden, angeblich als Arbeitsbeschaffungsmaßnahme.

Gleichzeitig wurden die Uniformen der Körperschaft reformiert. Die auffälligste Veränderung ist, daß die Tellermütze sowjetischen Designs vom Tschako abgelöst wurde. Diese Neuentwicklung erweckt angenehme K.u.K.-Assoziationen. Der Herr Wachtmeister grüßt aus der heilen Welt, ein bürgernaher, gemütlicher Ordnungshüter.

Nur der Gummiknüppel, die Spraydose mit Tränengas und das Walkie-Talkie widersprechen dem ermutigenden Anblick.

Mein Alptraum: eine Heilsarmee, die mit Atomwaffen ausgerüstet ist.

10

Sechs Studenten stecken die Köpfe zusammen und beschließen, eine unabhängige Jugendorganisation zu gründen. Sie mieten das Café »Mon Chérie« in Budapest und halten dort eine Pressekonferenz ab. Man sagt, sie hätten bereits tausend Mitglieder.

Das ist unerhört. Diese Zwanzigjährigen greifen nach etwas Heiligem: nach der staatlich gehüteten Einheit der ungarischen Jugend.

Einen der Gründer zitiert man daraufhin zum Staatsanwalt. Dieser droht, ihnen wegen Verschwörung den Prozeß zu machen, falls sie die Organisation nicht sofort auflösen. Der vorgeladene junge Mann, ein Jurist, bricht in schallendes Gelächter aus.

In diesem Lachen liegt Ungarns Hoffnung.

Der alte Mann von Budapest
Ein Nachruf auf János Kádár (1987)

Der alte Mann auf dem Budapester Rosenhügel scheint in letzter Zeit aus der Mode gekommen zu sein. Es wird gemunkelt, er habe das Staatsruder nicht mehr fest in der Hand. Es wird von Nachfolgekämpfen berichtet, und das nicht nur in der sensationsgeilen westlichen Presse, sondern sogar im Kreise der Genossen. Schließlich sei er fünfundsiebzig. Er solle rechtzeitig gehen. Vor jedem Plenum des Zentralkomitees geht das Gerücht um, nun danke der Generalsekretär aber tatsächlich ab.

Es ist selbstverständlich: Die Jugend, die im politischen Bereich mit fünfzig beginnt und mit sechzig ihre Blütezeit erlebt, sehnt sich nach ein bißchen Macht. Auch andere wollen Generalsekretär werden und nicht immer auf das Wunder einer natürlichen Rotation warten. Ja, das begreife ich, und dennoch gebe ich in Privatgesprächen mit mir selbst ganz inoffiziell zu, daß ich mich über eine solche Abdankung nicht richtig freuen würde. Bei Gott, ich bin ambivalent.

Als Kádár zur Macht kam, war ich dreizehn. Nun bin ich schon vierundvierzig Jahre alt, etwa die Hälfte meiner Zeit ist vorbei. Was vorher war, die erste Liebe, Matura, Hochschule, Arbeit, Ehe, Kind usw. – all dies fällt in die Ära Kádár. Und das war kein bloßes Zusammenfallen, denn die bestimmenden Ereignisse meines Lebens hängen mit der Politik dieser Ära engstens zusammen. Im gewissen Sinne kann ich behaupten, daß ich alles der Politik dieses Mannes zu verdanken habe – sowohl meine schnelle Karriere in der Literatur als auch mein Verschwinden aus der Literatur. Die Möglichkeit meines Studiums in Moskau und die Unmöglichkeit, meine Arbeitsstelle länger als ein Jahr zu behalten. Meine Verurteilung als Maoist, aber auch die Bewährung, auf die die Haftstrafe ausgesetzt wurde. Meine Publikationsverbote und dann, Jahre später, die erneute Zulassung. Meine Reiseverbote und meine Reisefreiheiten. Ich könnte die Auflistung noch fortsetzen, doch spreche ich lieber die Vermutung aus, daß es vielen meiner Generation so ähnlich ging.

Natürlich lernte ich ihn nie persönlich kennen. Jedoch erschien mir alles, was er sagte oder tat, mit der Zeit immer verständlicher. Kein Wunder, denn der Rahmen, in den seine Politik das Land einpaßte, war derselbe, in dem er sich selbst bewegte. Er hat es verstanden, eine goldene Mitte zwischen dem Unerträglichen und dem Angenehmen zu finden, wenngleich die Echtheit dieses Goldes wie auch die der ungarischen Zahlungsmittel eher fragwürdig war. Nach der Erschütterung von 1956 bildete sich im Lande allmählich eine Stabilität aus, die auf einer gegenseitigen Abhängigkeit von Gesellschaft und Staat beruhte. Es wurden Freiheiten fürs Denken und Unternehmen gewährt, aber immer nur so weit, daß Unternehmer dabei nicht allzuviel denken und die Denker möglichst nichts unternehmen. Dazu gab es natürlich die Freiheit, nichts zu denken und nichts zu unternehmen. Das Ganze trug nach wie vor den stolzen Namen Sozialismus oder – im Anfang nur im Flüsterton – den des »ungarischen Modells«. Mit dem, was dieses System an Freiräumen, Konsum und Lebensqualität anbot, unterschied sich Ungarn günstig von seinen sozialistischen Nachbarn. Das Angebot schien historisch einmalig zu sein, und jede Alternative dazu wurde als drohende Apokalypse empfunden. Denn, so lautete die inoffizielle Hauptdoktrin der Kádár-Ära, »wir sind ein kleines Land«. Um uns davon zu überzeugen, brauchten wir nur die Autokarte Europas aufzuschlagen, die wir zunächst einmal in drei Jahren, später jedoch häufiger zu unseren Weltreisen benutzen durften.

Ich ertappe mich nun dabei, über alle diese Gegebenheiten im Perfekt zu reden. Dies hängt einerseits mit der akuten

Bankrottsituation des Landes zusammen, die sämtliche Errungenschaften der Ära Kádár existentiell bedroht. Andererseits bin ich fast sicher, daß diese Ära vorbei ist, obwohl ihre Protagonisten noch unter uns weilen und ihre beschwichtigend-furchtsame Ideologie nach wie vor wirksam ist. Mehr noch: Es zeigen sich Elemente der zunehmenden Flexibilität des Systems, was Duldung von kritischen Stimmen oder gar Selbstkritik anbelangt. Heute muß man, anders als vor zehn Jahren, kein Dissident sein oder werden, um grundsätzliche und öffentliche Kritik an den Mißständen der Gesellschaft zu üben.

Nur, und dies empfinde ich als das eigentlich Fatale an der Ära Kádár, entbehrte diese jahrzehntelange Politik der menschlichen Erleichterungen, die Ungarn unter seinen Nachbarn so vorteilhaft auszeichnete, jeder ökonomischen und sozialen Grundlage. Die internationale Rohstoffkrise, die gewaltige Westverschuldung – acht Milliarden Dollar, pro Kopf höher als in Polen – und die eigene Unwirtschaftlichkeit brachten das Land an den Rand der Zahlungsunfähigkeit. In sozialer Beziehung bedeutet das, daß Millionen am Rand der Armut und jenseits dieses Randes leben und daß man mit etwas rechnen muß, was bisher als unvereinbar mit dem Sozialismus galt: mit der Arbeitslosigkeit. Dagegen hilft keine Liberalisierung der Reisepaßpolitik und keine sich ausweitende Offenheit. Von Glasnost kann man nicht satt werden. Kurz: In Ungarn drohen polnische Zustände, von denen die Rumänen wiederum nur träumen können.

Die Verantwortlichen für diese Entwicklung sind zahlreich: der Apparat, dessen Zusammensetzung sich in den letzten dreißig Jahren kaum verändert hat und der Reformen zuerst duldete, dann blockierte und nun wieder duldet; der Internationale Währungsfonds, der mit seiner Kreditpolitik schon der polnischen Krise Pate stand; die Sowjetunion von Stalin bis Tschernenko, die jede Abweichung ihrer Verbündeten vom Moskauer Modell argwöhnisch verfolgte und manchmal mit Panzern unterdrückte. Ganz freizusprechen ist auch die ungarische Gesellschaft nicht mit ihrer zweifelhaft-gemütlichen Mentalität. Und selbstverständlich ist auch Kádár für die verfehlte Politik mitverantwortlich, insbesondere für das Zögern in den letzten Jahren, notwendig gewordene radikale Entscheidungen auf ökonomischem, politischem und sozialem Gebiet zu treffen.

Verantwortung bleibt jedoch ein leeres Wort, weil es fast immer auf die Vergangenheit bezogen wird. Wer aber bürgt für die Zukunft? Kádár gewiß nicht. Seine Ära schleppt sich nun von einem grauen Alltag zum nächsten und ist bereits Geschichte. Historiker sind dazu berufen, seine Leistungen zu würdigen, seine Fehlleistungen zu erklären. Sicherlich fehlten ihm nicht staatsmännische Qualitäten. Man darf ihn natürlich nicht mit den berühmtesten Gestalten der kommunistischen Bewegung vergleichen, der er sich einst als junger Arbeiter angeschlossen hatte. Der Weltkommunismus wies ohnehin eine fast unwahrscheinlich anmutende typologische Palette von Persönlichkeiten auf; um nur zwei Extreme beim Namen zu nennen: Rosa Luxemburg und Lawrentij Berija. Gerechter wäre es, Kádár nach einem anderen Wertesystem zu messen, in dem Ceauşescu, Schiwkow, Ulbricht und Husák ihren Platz einnehmen. Da würde Kádár zweifellos günstig dastehen – wenn es nur nicht einen Alexander Dubček gegeben hätte ...

Trotzdem macht mich der lange Abschied von der Ära Kádár nicht glücklich, und ich erwarte ohne viel Hoffnungen die Nach-Kádár-Ära. Ich habe Angst vor seinen Nachfolgern, vor den liberalen ebenso wie vor den weniger liberalen. Sie werden bald nach seinem Abgang die Fehler entdecken, die er ja tatsächlich begangen hat. Obwohl – ich riskiere dieses vage Urteil trotz aller Vorbehalte – in mancher Hinsicht war er besser als sein System.

Was sagt der alte Mann auf dem Rosenhügel zu all dem? So gut wie nichts. Er reist nach Stockholm, besucht Budapester

Großbetriebe und gibt Fernsehinterviews. Anders als jene, die ein beredtes Schweigen bevorzugen, hält er schweigsam Reden. Eine Sphinx spricht mit uns. Er muß sich in der Wüste seiner Macht und Machtlosigkeit ziemlich allein fühlen. Armer Kádár? Armes Ungarn.

Der zweite Tod des János Kádár

Zweiunddreißig Jahre lang stand János Kádár an der Spitze der Ungarischen Sozialistischen Arbeiterpartei. Öffentliche Kritik hatte er allerdings erst einige Tage vor seiner Abdankung im Mai 1988 zu ertragen. Sein künftiger Thronfolger, der damalige Regierungschef Károly Grósz, äußerte sich im Sender BBC dahingehend, zwar habe Kádár große Verdienste um den Staat erworben, doch sei er nun nicht mehr imstande, die Geschäfte weiterzuführen. Denn, so Grósz wörtlich: »Die Biologie hat das Ihrige getan.« Diese nicht sonderlich feine Anspielung auf die angegriffene Gesundheit und das vorgerückte Alter des Generalsekretärs war der Auftakt für eine lange Reihe von Publikationen, die alles andere als schmeichelhaft waren. In den vierzehn Monaten, die Kádárs politischen Abgang von seinem physischen Tod trennten, sollte es dem Entmachteten ergehen wie einem Scheintoten, der plötzlich mit der ehrlichen Meinung seiner Mitmenschen konfrontiert wird.

Zwei Augenzeugen berichteten über den dramatischen Todeskampf des Siebenundsiebzigjährigen, den sie aus unmittelbarer Nähe miterlebt hatten. Dem Journalisten András Kanyó gewährte Kádár ein langes Interview, das noch zu seinen Lebzeiten in der Wochenschrift »Magyarország« veröffentlicht wurde. Da der alte Mann sich als wenig gesprächig erwies, füllte der Interviewer sein dünnes Büchlein »Der letzte Wille« mit zahlreichen Kommentaren sowie bisher geheimgehaltenen Dokumenten, die jedoch nur dazu geeignet waren, die Wortkargheit Kádárs zu veranschaulichen. Ein anderer Autor, Emil Kimmel, einer der letzten offiziellen Wortführer der ehemaligen Staatspartei, beschrieb seine Begegnungen mit dem Todkranken. Sein Buch »Endspiel im Weißen Haus« enthält zusätzlich wichtige Informationen über eine andere Art der Agonie, nämlich über den Todeskampf von Kádárs Partei, der USAP.

»Weißes Haus« hieß der Sitz des Zentralkomitees, den János Kádár nicht gleich nach seiner Abdankung als Generalsekretär verlassen mußte. Aufgrund eines Kompromisses wurde er zum Ehrenvorsitzenden der Partei gewählt. Er durfte sogar sein Arbeitszimmer behalten. Den Inhalt seines Safes jedoch übergab er seinem Nachfolger Károly Grósz. An eine Fortsetzung seiner regelmäßigen Arbeit war aber kaum zu denken. Was bald nach dem Maiplenum geschah, schilderte János Kádár dem Journalisten Kanyó wie folgt:

»Der Daumen und der Zeigefinger meiner rechten Hand waren plötzlich gelähmt. Sie sind operiert worden, aber eine Besserung erfolgt nur langsam. Ich kann weder zufassen noch schreiben, und dies behindert meine Arbeit. Außerdem habe ich zahlreiche Krankheiten, die teilweise mit meinem Alter zusammenhängen, die ich teilweise aber im Laufe meines nicht ganz ruhigen Lebens, in der Illegalität und später im Gefängnis, erworben habe. Jetzt, wo wir miteinander sprechen, hören Sie, daß ich schwer atme ... Ich muß viele Medikamente einnehmen, deren Nebenwirkungen auch nicht angenehm sind. Sie verhindern eine konzentrierte Arbeit. Aber ich will mich nicht bedauern lassen, das ist nicht notwendig.«

In den Monaten der Krankheit, als Kádár von der Öffentlichkeit fast vollständig isoliert war, veränderte sich das politische Bild des Landes radikal. Oppositionsparteien entstanden, Demonstrationen fanden statt, die früher unvorstellbar gewesen wären, die Medienzensur wurde gelockert. Dies führte dazu, daß auch Kádárs Name nicht mehr tabu war. So behauptete Vladimir Farkas, ein ehemaliger Offizier des Staatssicherheitsdienstes, János Kádár sei 1949 an der Vorbereitung des Schauprozesses gegen den damaligen Innenminister László Rajk beteiligt gewesen. Im Januar 1989 zeigte man im Fernsehen zum ersten Mal die berüchtigte Friedhofsparzelle 301, wo die Führer des Oktoberaufstands von 1956, unter ihnen der ehemalige Regierungschef Imre Nagy, nach ihrer Hinrichtung verscharrt worden waren. Im Februar 1989 fragte eine Literaturzeitschrift direkt nach Kádárs Verantwortung für diese Angelegenheit. Dies war der Anlaß, der den ehemaligen Parteichef dazu genötigt hatte, sich in Form des Interviews mit Kanyó zu seiner Vergangenheit öffentlich zu äußern.

Alles, was Kádár inhaltlich auf die ihn betreffenden Fragen der Mitverantwortung sagte, muß jedem Historiker äußerst lückenhaft erscheinen. Dies hängt nicht nur mit seiner Wortkargheit zusammen. Auch der Journalist hat sich deutlich davor gescheut, allzu heikle Themen aufzuwühlen. So konnte unter anderem die allgemein verbreitete Annahme, Kádár habe Rajk kurz nach dessen Verhaftung im Mai 1949 von der Notwendigkeit einer Aussage zugunsten der Partei überzeugen wollen, nicht geklärt werden. Zu seiner Teilhabe an der Hinrichtung von Imre Nagy und dessen Kampfgefährten äußerte sich Kádár ebensowenig aufschlußreich: »Die Tragödie von Imre Nagy ist auch meine persönliche Tragödie.« Selbst nach drei Jahrzehnten warf er dem Ermordeten vor, mehrmalige Verhandlungsangebote von seiner Seite ausgeschlagen zu haben. Einen sowjetischen Druck auf die Prozeßführung von 1958 leugnete Kádár ebenso strikt wie die Behauptung, es habe einen gemeinsamen Beschluß des Politbüros zur Hinrichtung gegeben. Dem Journalisten erklärte er: »Das Gericht hat sein Urteil nicht aufgrund irgendeiner Anweisung gefällt.« Dies ist eine Behauptung, die angesichts der langjährigen politischen Praxis der Ostblockländer völlig unhaltbar erscheinen muß.

Etwas detaillierter waren Kádárs Informationen über die Besetzung der Tschechoslowakei im August 1968. Der Parteichef hatte sich an dieser Militäraktion nur höchst unwillig beteiligt, was auch anhand von inzwischen veröffentlichten Dokumenten aus dem Zentralkomitee belegt werden kann. Trotzdem hatte er damals eingelenkt, weil er sich, so seine nachträgliche Begründung, von der Hoffnung habe leiten lassen, Ungarns Beteiligung an der Invasion könne die sowjetische Unterstützung für die damalige ökonomische Reform garantieren. Breschnew hat seinen ungarischen Genossen mit folgenden Worten um die Teilnahme an der Aktion ersucht: »Ich bitte Dich, János, schickt nur eine winzige Einheit, und ihr bekommt alles, was ihr braucht!«

Was die ungarische Parteiführung tatsächlich bekam, war das Gegenteil von dem, was Kádár erhofft hatte. Moskau zwang die Ungarn, die begonnene Wirtschaftsreform wieder abzuwürgen, nachdem zu deren Realisierung bereits Milliardenkredite aus dem Westen aufgenommen worden waren. So kam es in Ungarn nicht zu einer Entfaltung der Produktion, sondern nur zu einem erhöhten Konsum. Dadurch wurde bereits in den frühen siebziger Jahren eine Zeitbombe gezündet, die später zum Sturz des Regimes führen sollte. Kádárs Fazit: »Unsere Wirtschaft beruhte wesentlich auf Rohstoffen aus der Sowjetunion (...). Und wir brauchten immer mehr Rohstoffe, immer mehr Energie. In Kenntnis von alledem können wir kaum behaupten, daß wir in jeder Hinsicht freie Hand gehabt hätten. Trotzdem haben wir getan, was wir tun konnten.«

»Was wir tun konnten«: Das war die vielbewunderte ungarische Reisefreiheit, die für Ostblockverhältnisse außergewöhnlich gute Versorgungslage sowie erhebliche Freiräume für die Intelligenz. Diese Errungenschaften konnte der entmachtete Alte unter der Rubrik »Haben« für sich verbuchen. Was aber das »Soll« betrifft, so wollte er nicht richtig wahrhaben, daß höchst wichtige Fragen der sozialen, politischen und historischen Existenz unter den Teppich gekehrt worden waren.

Im Verlauf seiner letzten Gespräche wird bei Kádár eine zunehmende geistige Ermattung spürbar. Er gesteht zu, sich an manche Namen und Gesichter nicht mehr erinnern zu können, und bittet ständig um die Kontrolle seiner Angaben.

Nervös, eine Zigarette nach der anderen rauchend, das Tonbandgerät mißtrauisch beäugend, stolpert er von Wort zu Wort. Seine Äußerungen, die schon bald zu seinem politischen Testament werden sollen, verlieren zunehmend an Zusammenhang.

Ich denke, die erhöhte Vergeßlichkeit des greisen János Kádár war nicht nur das böse Spiel seiner Nerven- und Hirnzellen. Sie war vielmehr die Abwehr gegenüber einer Außenwelt, die ihm mit jedem Tag weniger als seine eigene erschien. Vor seinen Augen verwandelte sich alles, was er zweiunddreißig Jahre lang mit aufgebaut hatte, in einen Trümmerhaufen, und an dem Zerstörungswerk waren seine ehemals engsten Mitarbeiter – Grósz, Pozsgay und Nyers – beteiligt.

Als Kádár einen letzten verzweifelten Versuch unternahm, in der Partei zumindest seine physische Präsenz zu beweisen, führte dies zu einem tragikomischen Eklat. Am 12. April 1989 erschien er unangemeldet zu einer Plenarsitzung des Zentralkomitees. Grósz wurde im letzten Augenblick von der Ankunft Kádárs benachrichtigt, und er mahnte die Anwesenden mit stockender Stimme: »Ich bitte Sie um Verständnis für die Situation. Sie werden einc große Persönlichkeit und einen schwerkranken Mann antreffen.« Kádárs letzter Auftritt wirkte auf die Zuhörer im Weißen Haus wie eine surrealistische Rede:

»Ich bitte um Nachsicht, weil ich mich als erster zu Wort melde, und ich werde auch länger reden als gewöhnlich. Sie werden es ertragen (...). Und ich habe eine Bitte. Noch. Mein Problem ist, daß ich vergeßlich bin, manchmal weiß ich, was ich will, aber ich nehme ständig ab. Sie werden etwas Seltsames von mir hören. Was ist meine Verantwortung? Das, womit ich nicht nützlich war (...). Ich habe mein Leben lang frei gesprochen, und wenn ich wichtige Briefe schrieb, dafür gibt es Zeugen, dann schrieb ich sie selbst. Ich bin zwar ein primitiver Mensch, denn ich habe nur vier Klassen Grundschule und vier Klassen Mittelschule gemacht (...) aber die

Schulen waren damals besser, das Kind konnte schreiben und lesen lernen, nicht immer die ewigen Reformen, jedes Jahr ein neues System, und so weiter (...). Und mir ist es egal, was Sie mir sagen, meinetwegen kann mich jeder erschießen, denn ich war mir immer dieser Verantwortung bewußt, daß ich niemanden namentlich nennen werde (...) und ich bitte um viel Wasser, denn ich bin nervös.«

Sicher sind dies keine Worte, die eine politische Wertung erlauben. Sie zeugen nur davon, daß dieser Mann, vielleicht als einziger unter den ehemaligen Ostblockführern, ein inneres Drama erlebt hat. Wenn wir seine verwirrten Äußerungen mit denen eines Erich Honecker oder eines Todor Schiwkow vergleichen, wird doch erkennbar, daß dieser János Kádár ein anderes persönliches Format hatte.

Emil Kimmel, der Kádárs letzte öffentliche Rede mitgeschnitten hat, erzählt, der Ex-Parteichef habe siebzig Minuten lang geredet und den Zeitplan für die Sitzung völlig durcheinandergebracht. Die Anwesenden empfanden diesen Monolog als etwas Unheilverkündendes, als ein schlechtes Omen für die Partei. Um das Zentralkomitee vor ähnlichen Peinlichkeiten zu bewahren, beschloß das Politbüro wenig später, Kádár als Parteivorsitzenden abzulösen. Die Partei sprach am 8. Mai 1989 dem Vorsitzenden ihren Dank aus, eine Geste, die Kádár am nächsten Tag mit einem Antwortbrief quittierte. Ob er diesen Brief in einem klaren Moment selber verfaßt hat oder ob er mit Hilfe seiner Mitarbeiter zustandekam, sei dahingestellt.

Am Tag seiner endgültigen Entlassung aus der Politik, so berichtet András Kanyó, »packte er seine Sachen zusammen. Er wollte sich aus der Villa entfernen (...), die seit 1957 sein Zuhause gewesen war (...). Er wiederholte ständig: Jetzt, wo er kein Amt in der Partei mehr bekleide, stehe ihm diese Villa nicht mehr zu. Seine Frau und seine Mitarbeiter konnten ihn kaum zum Bleiben bewegen.«

Damals wußte bereits jeder, daß am 16. Juni in Budapest

Imre Nagy und seine Kampfgefährten feierlich beerdigt werden sollten. Kádárs engste Umgebung machte sich Sorgen, wie der alte Mann diesen Tag überstehen würde. Einige hätten am liebsten gesehen, wenn er für einige Zeit ins Ausland gefahren wäre. Gorbatschow, Castro, Jaruzelski und Honekker hatten ihn unabhängig voneinander eingeladen. Von einem Verlassen des Landes wollte Kádár jedoch nichts wissen. So blieb ihm dieser Schicksalsschlag nicht erspart. Am Tag der Beisetzung saß Kádár in seiner Wohnung am Rosenhügel und fragte die Anwesenden mehrmals, ohne seinen ehemaligen Genossen Nagy beim Namen zu nennen: »Wird jener Mann heute beerdigt?« Drei Wochen später war János Kádár tot. Von der Zwiespältigkeit der ungarischen Gesellschaft zeugt die Tatsache, daß Zehntausende an seiner im Weißen Haus aufgestellten Bahre vorbeidefilierten. Sicherlich sahen sie in János Kádár etwas mehr als nur den verbrecherischen Unterdrücker des Volksaufstands von 1956.

Allerdings wurde die politische Szene an jenem Tag von einem anderen Ereignis beherrscht. Präsident Bush war zu Besuch in Budapest und hielt eine Rede in der Aula der ökonomischen Hochschule »Karl Marx«. Die Büste des großen Namensgebers dieser Institution hatte man taktvoll bedeckt. Man erwartete, daß der hohe Gast die Summe nennen würde, mit der die amerikanische Regierung der künftigen ungarischen Marktwirtschaft unter die Arme greifen wollte. Als die Ziffer »fünfundzwanzig Millionen Dollar« aus berufenem Munde ertönte, war der enttäuschte Stoßseufzer des Publikums unüberhörbar.

(1991)

Schneeglöckchen zweiter Wahl. Zigeuner in Budapest (1989)

In dem großen fensterlosen Raum steht ein Sofa, auf dem ein junger Mann schläft. Das Zimmer gehört zu einer Anderthalbzimmerwohnung im sechsten Bezirk von Budapest. In dem anderen Zimmer, dessen Fenster auf die sonnige Straße hinausgehen, befinden sich insgesamt dreizehn Personen – Frauen und Kinder. Sie sitzen auf ein paar Stühlen, einem Klappbett und auf dem Fußboden. Alles, was noch an Platz übrigbleibt, ist mit Blumen bedeckt, die die Räumlichkeiten der kleinen Wohnung mit ihrem Duft erfüllen. Die Erwachsenen binden rote, weiße und gelbe Blumen zu Sträußen und packen sie in Zellophanpapier.

Es ist elf Uhr am Vormittag. Die Familie Lakatos hat bereits sieben Arbeitsstunden hinter sich. Schon um vier Uhr morgens waren die Erwachsenen auf dem Blumengroßmarkt am Stadtrand und haben dort Blumen von vermindertem Wert gekauft, das heißt solche, die von den Geschäften aus Qualitätsgründen abgelehnt wurden. Um sieben Uhr haben die Frauen begonnen, Treppenhäuser zu säubern, eine Gelegenheitsarbeit, die zunehmend von Zigeunerfrauen ausgeübt wird, da es in Budapest an Hauswarten mangelt. Im März, wenn die Blumensaison beginnt, gehen die Kinder dieser Familie nicht mehr zur Schule. Sie ziehen auf die Märkte, in die Metrostationen und Fußgängerzonen, um die preiswerte Ware loszuwerden. Der Verkauf dieser Blumen ist selbstverständlich illegal. Häufig wird die Ware von den Ordnungshütern beschlagnahmt und ein Verfahren wegen verbotenen Handels eingeleitet. Das Delikt wird mit einer Geldstrafe geahndet, so daß die Familie ständig verschuldet ist. Das Familienoberhaupt ist ohnehin wegen »Rowdytum« im Gefängnis. Der Mann war in eine Schlägerei verwickelt. Den schlafenden Jungen auf dem Sofa erwartet kein besseres Schicksal. Ihm droht ein Gerichtsverfahren wegen versuchter Vergewaltigung. Er ist fünfzehn Jahre alt, hat erst fünf Schulklassen absolviert und kann kaum lesen. Die Kosten für den Rechtsanwalt werden mindestens dreißigtausend Forint betragen. Frau Lakatos hat ein Monatseinkommen von achttausend Forint. Es kommt vor, daß sie innerhalb eines Monats sechstausend Forint Strafe wegen des Schwarzhandels zahlen muß. Doch bei diesem Geschäft ist der Verlust bereits einkalkuliert. Wenn alle dreizehn Familienmitglieder in einer Fußgängerunterführung ihre Blumensträuße anbieten, können die Polizisten höchstens drei auf frischer Tat ertappen, und die anderen laufen weg und warten, bis die Luft wieder rein ist.

Die Sozialarbeiterin Ágnes Diósi ist Angestellte eines Familienschutzdienstes, den der Bezirksrat eingerichtet hat. Sie besucht ihre Klientel im sechsten Bezirk. Der Etat, über den sie verfügt, ist mehr als bescheiden. Wenn zum Beispiel die Gefahr besteht, daß die Elektrizitätswerke aufgrund nicht bezahlter Rechnungen dic Stromlieferung einstellen, kann die betroffene Familie mit einem kleinen Beitrag unterstützt werden. Auch kann Ágnes Diósi eine geringe Menge gebrauchter Kleider und Schuhe verteilen, aber im Grunde haben ihre Besuche eine eher therapeutische Funktion. »Warum sind die Kinder nicht in der Schule?« fragt Frau Diósi pflichtgemäß. Doch natürlich weiß sie um die Ursachen. Seit Jahren kämpft sie mit den Behörden, um zu bewirken, daß zumindest einige Zigeunerfamilien eine Handelslizenz erhalten, damit sie ihren Blumenverkauf – ein traditioneller Zigeunerberuf – legal ausüben können. Doch die Behörden lehnen ab mit der Begründung, daß die meisten der Betroffenen nicht die Hauptschule besucht hätten. So sind die Erwachsenen zu illegalen Geschäften verdammt, und da sie ihre Kinder mitnehmen, werden auch diese aller Voraussicht nach die Schule ohne Schulabschluß verlassen müssen.

Die Familie Lakatos gehört ebenso wie die Familie Balog oder Kolompár zu einer nicht genau quantifizierbaren Anzahl von Zigeunern, die in den letzten Jahren aus der Provinz, vor allem aus Nordostungarn, in die Hauptstadt gekommen sind. Sie suchen nach Arbeit, und wenn sie Glück hatten, sind sie in Notwohnungen untergekommen. Doch viele von ihnen, manchmal zehn- oder zwölfköpfige Familien, die drei Generationen vereinen, hausen in Waschküchen oder leerstehenden Läden. Die ungelernten Neuankömmlinge haben wenig Chancen in der übervölkerten ungarischen Metropole. Das neue Arbeitslosenheer, das im Sozialismus theoretisch gar nicht existiert, ist in Budapest vornehmlich schwarzhaarig und dunkelhäutig. Manche Bezirke, wie zum Beispiel die alte Josephstadt, tragen auch optisch die Spuren dieser neuen Völkerwanderung. Die Roma aus den Komitaten Borsód und Szabolcs lungern auf den engen Straßen zwischen den baufälligen Häusern herum und verleihen den Wohnquartieren den Charakter eines Slums.

Dabei gibt es in Ungarn in manchen Betrieben einen spürbaren Mangel an Arbeitskräften. Auf vielen Fabriktoren ist zu lesen: »Hilfsarbeiter gesucht.« Wenn der siebenundzwanzigjährige Tóni Balog ein solches Schild sieht, versucht er jedesmal, den freien Arbeitsplatz zu bekommen. Doch regelmäßig wird er enttäuscht. Man teilt ihm zum Beispiel bedauernd mit, daß die Stelle inzwischen besetzt sei. Oder man sagt einfach: »Solche wie dich haben wir mehr als genug.«

Zusätzlich zu seiner Abstammung hat Tóni ein weiteres Handicap: Unlängst ist er aus dem Gefängnis entlassen worden, wo er wegen einer Messerstecherei drei Jahre abgesessen hat. Eine Entlassungsurkunde ist kein gutes Empfehlungsschreiben, und noch weniger mit dieser Hautfarbe. Auf mich, einen ängstlichen Bürger, wirkt Tóni auf der Straße eher rabiat, und ich wäre immer bestrebt, ihm aus dem Weg zu gehen. Doch hier, in seiner Wohnung, umgeben von seinen drei Kindern, verraten seine Bewegungen nur Sanftheit und Ratlosigkeit. Die Familie muß ernährt werden. Tónis Frau ist lungenkrank. Diese Krankheit nannte man vor dem Krieg morbus hungaricus, die ungarische Krankheit, und es galt als eine der festen Errungenschaften des neuen Systems, daß sie angeblich endgültig besiegt worden war.

Tónis Laufbahn ist typisch für viele ungarische Zigeuner. Als er mit vierzehn Jahren immer noch in der vierten Klasse war, dachte der Schulleiter, der Junge habe nun genug gelernt und solle lieber arbeiten. Er beschäftigte ihn als Heizer, und das schlecht bezahlte Kind entdeckte schon bald einen Weg, wie es seiner Alltagshölle entkommen konnte. Es begann zu sniffen, wobei er den Klebstoff mit Medikamenten anreicherte. Wenig später folgte der erste Diebstahl, die erste Bekanntschaft mit der Polizei, Untersuchungshaft und wieder Drogen. Inzwischen ist Tóni vom Sniffen abgekommen. Medikamente muß er allerdings weiterhin nehmen, weil er unter chronischen Kopfschmerzen leidet.

Er zeigt mir die Liebesgedichte, die er im Gefängnis an seine Frau geschrieben hat: »Ich weiß nicht warum, doch kann ich nicht schlafen, wenn ich an dich denke«, lauten die ersten Zeilen, und sie sind von einer farbigen Blumengirlande umrahmt. Tóni malt aber nicht nur Blumen, sondern am liebsten Wohnungseinrichtungen, wie er sie sich wünscht: ein großes, helles Zimmer, zwischen den Fenstern ein Farbfernseher, ein Plattenspieler und ein Cassettenrecorder. »Was ich male«, erklärt er, »das will ich, und was ich will, das kriege ich auch.«

»Von anständiger Arbeit wollen sie natürlich nichts wissen«, sagt verächtlich eine Dame im Nerzmantel, die am Rand des Lehelmarkts steht, wo Dutzende Zigeuner billige Distelblüten anbieten. Dabei habe ich in diesen Tagen nur Zigeuner getroffen, die den dringenden Wunsch haben, irgendeinen festen Job zu finden.

Die alten traditionellen Berufe der Zigeuner – Korbflechten, Kesselflicken oder Pilzesammeln – gehören fast völlig der Vergangenheit an. Selbst das Musizieren, das in Ungarn immer unmittelbar mit den Zigeunern assoziiert worden ist, hat in den letzten Jahren stark nachgelassen. Die privilegierte Gruppe der Musiker macht kaum ein Prozent der Zigeunerbevölkerung aus.

Die Faulheit, die den Zigeunern nachgesagt wird, ist eine Legende. Dennoch sind sie in der Regel keine idealen Arbeitskräfte für die Industrie. Ihre physische Verfassung läßt allzuviel zu wünschen übrig. Die schlechte und einseitige Ernährung in vielen Familien führt dazu, daß die Lebenserwartung niedriger ist als die der übrigen Bevölkerung. Herz- und Gefäßkrankheiten, Tuberkulose und Nierenfunktionsstörungen sind typische Krankheitsbilder. Viele Zigeuner sind bereits mit dreißig aus medizinischen Gründen arbeitsunfähig und müssen von einer winzigen Rente leben.

Die hygienischen Bedingungen in manchen Siedlungen und Notwohnungen lassen gelegentlich sogar Vater Staat aufhorchen. Da erscheint am Rand der Hauptstadt plötzlich die Polizei mit der Seuchenbekämpfung des Gesundheitsamtes. Eine ganze Siedlung wird umzingelt, und man unterwirft die Bewohner einem Zwangsbad mit gleichzeitiger Entlausung. Ältere Zigeuner erinnern sich dabei an eine andere Sauberkeitsliebe, die seinerzeit in ihrem Volk vierzigtausend registrierte Opfer gefordert hat.

Insgesamt kümmert sich der Staat nicht viel um diesen Teil der ungarischen Bevölkerung. Und das ist manchmal gut so. Denn es kommt vor, daß einzelnen Familien, wie zum Beispiel den Oláhs in Ujpest, aufgrund eines Gerichtsurteils wegen »Gefährdung Minderjähriger«, die Kinder weggenommen werden. Mit diesem Delikt ist nicht mehr und nicht weniger gemeint als die äußeren Lebensbedingungen der Familie Oláh.

Zu Recht merkt die Sozialarbeiterin Diósi an, daß karitative Maßnahmen wie zum Beispiel die Einweisung in staatliche

Kinderheime zerstörerisch wirken. Der Weg aus solchen Heimen führt allzuoft nicht zurück in die Familie, sondern in das Verbrechen und die Prostitution. Die von Alkohol und Armut zerrütteten Familien bieten Kindern und Jugendlichen immer noch bessere Integrationsmöglichkeiten als die zu diesem Zweck eigens geschaffenen Institutionen.

Eine tatsächliche Gefährdung von Minderjährigen stellt der offiziell geduldete Strich auf dem Rákóczi-Platz dar. Zigeuner sind hier reichlich vertreten, sowohl unter den Prostituierten als auch unter den Zuhältern. Der schicke dunkelhäutige junge Mann mit der Lederjacke beobachtet wachsam die Straßenecke, sein Peugeot parkt in der Nebenstraße. Vor den hin und wieder auftauchenden Polizisten hat er keine Angst, sie mischen sich nur selten ein. Das Geschäft blüht vor allem in den Sommermonaten, wenn in den Lokalen der Josephstadt massenhaft Westtouristen erscheinen, um für harte Währung Liebe zu kaufen. Zigeunermädchen sind hier begehrt, und die Altersgrenze rückt immer weiter nach unten.

Zur Zeit des Kádár-Regimes gab es in jedem Polizeipräsidium eine »Abteilung C« (C für cigány), die sich mit diesem Teil der kriminellen oder zu kriminalisierenden Bevölkerung befaßte. Als definitorischer Ausgangspunkt diente die sogenannte »Zigeunerlebensweise«, das heißt extreme Armut, Arbeitslosigkeit, Kinderreichtum, illegal bewohnte Räumlichkeiten und so weiter. Unter den so Definierten wurden zahlreiche Spitzel geworben, und zwar mit Hilfe direkter Bedrohung und Erpressung. Alle nur erdenklichen Informationen wurden gesammelt, selbst solche über intimste Familienzusammenhänge.

In der Öffentlichkeit wird heute noch das Bild vermittelt, Kriminalität in Ungarn sei hauptsächlich dieser Minderheit zuzuschreiben. Die Zigeunerin und Zigeunerforscherin Ágnes Daróczi ist hingegen der Auffassung, daß höchstens zehn Prozent der ungarischen Roma strafbare Delikte begehen – unter den gegebenen sozialen Voraussetzungen ein wahres Wunder. »In den Polizeiberichten«, sagt sie, »wird keine andere Minderheit namentlich erwähnt, es gibt keine spezielle deutsche, südslawische, rumänische, jüdische oder slowakische Kriminalität, die Zeitungen schreiben auch nie, daß ein Räuber von einer ungarischen Mutter geboren wurde ... Hingegen wird bei Olympiachampions, Bezirkssekretären oder Klaviervirtuosen nie die Zigeunerabstammung erwähnt. Die Massenmedien bestätigen das vorurteilsvolle Zigeunerbild: sie betrachten uns als Lumpen.«

Eine Meinungsumfrage hat ergeben, daß 74 Prozent der Befragten nur ungern in einem Autobus neben einem Zigeuner sitzen würden, 83 Prozent Schwierigkeiten hätten, einen Zigeuner oder eine Zigeunerin als Ehepartner zu akzeptieren und 72 Prozent etwas dagegen hätten, wenn sie einen Zigeuner als Arbeitskollegen hinnehmen müßten.

Ich sitze im Autobus Nr. 12. An der Margarethenbrücke quetscht sich eine Zigeunerin mit drei Kindern in den überfüllten Bus, und der Fahrer sagt durchs Mikrophon: »Liebe Fahrgäste, bitte achten Sie auf Ihre Wertsachen.« Mit subtilen Äußerungen dieser Art ist es nicht getan. Immer häufiger sehe ich an Budapester Hauswänden, in Telefonzellen die Forderung: »Zigeunerfreie Zone!« Die Skinheads, eine unlängst aufgrund offener Nazipropaganda angeklagte und verurteilte Gruppe, betrachten die Roma als ihre hauptsächliche Zielscheibe. Gelegentlich greifen sie einzelne Zigeuner auf offener Straße tätlich an. Man kann zwar sagen, die Skinheads seien eine extremistische Randgruppe; allerdings gibt es in der ungarischen Gesellschaft wenig Bereitschaft, die bedrohte Minderheit der Zigeuner vor diesen Extremisten zu schützen.

Die Sozialarbeiterin Erzsébet Tamás, seit vierzig Jahren um die Integration von Zigeunern bemüht, arbeitet an einem kühnen Projekt in dem hauptstadtnahen Dorf Kerepestarcsa. Eine Gruppe von Sechzehn- bis Zwanzigjährigen soll den bisher versäumten Hauptschulabschluß nachholen. Die künftigen Schüler sind allesamt berufstätig. Frau Tamás strebt an, daß sie zum Zwecke der schulischen Weiterbildung beurlaubt und vom Staat in irgendeiner Form finanziell unterstützt werden. Standort des Projekts ist der Zigeunerklub von Kerepestarcsa.

Ein kanadischer Professor fragt die Jugendlichen nach den Gründen für ihren Bildungswunsch. Ein Achtzehnjähriger möchte nicht sein ganzes Leben lang als Hilfsarbeiter auf dem Bau tätig sein, sondern irgendwann einmal Vorarbeiter werden. Ein fünfzehnjähriges Mädchen will heiraten und verspricht sich eine bessere Partie, wenn sie über ein Minimum an Schulbildung verfügt. Der kanadische Gast versucht die Anwesenden aufzuklären: »Euer Problem ist«, verkündet er, »daß ihr keine Macht habt. Ihr müßt eure Kultur entwickeln, ihr müßt euch einmischen, ihr müßt lernen zu kämpfen und euren Standort in der Gesellschaft zu behaupten.« Das Publikum hört gebannt zu, als handle es sich um ein wunderschönes Märchen.

Nach offiziellen Angaben gelingt es nur fünfzig Prozent aller ungarischen Zigeunerkinder, die Hauptschule zu absolvieren, und nur acht Prozent von ihnen gelangen bis zur Mittelschule. Dann, so die Sozialwissenschaftlerin Zsuzsa Mester, »verschwinden die Zigeuner«. Jemand, der es geschafft hat, auf ein Gymnasium zu kommen, tut alles, um seine Abstammung zu verbergen. Ein neues politisches Zigeunerbewußtsein entsteht, wenn überhaupt, nur dann, wenn jemand seine Position in der Gesellschaft bereits gesichert hat.

Unter den etwa sechzigtausend Flüchtlingen, die zwischen 1985 und 1989 aus Ceauşescus Rumänien nach Ungarn gekommen sind, gibt es auch viele Zigeuner. Eine von ihnen ist die zwanzigjährige Katalin Bognár. Kurz nach ihrem Abitur, im Sommer 1987, ist sie mit ihren Eltern als Touristin nach Ungarn gefahren. Ihr Onkel, der in Pest wohnt, hat die Familie vorläufig aufgenommen. Er selbst hat zwar nur eine winzige Wohnung, aber das »romani cris«, das ungeschriebene Gesetz der Zigeuner, gebietet ihm, seine Sippe in jeder Lebenslage zu unterstützen.

In der Kleinstadt, aus der Katalin Bognár stammt, hat ursprünglich die ganze Familie gelebt – mehr als hundert Personen gehören dazu. Und alle diese Menschen sind inzwischen nach Ungarn gekommen. Der sehr bescheidene Wohlstand des Nachbarlandes wirkte faszinierend auf sie.

Katalin hatte sich sofort um einen Job in einem Hotel bemüht. Wie viele Rumänen spricht sie gut französisch, weshalb sie geglaubt hatte, zumindest Kellnerin oder Putzfrau werden zu können. Doch man sah sie nur an und lehnte sie sofort ab. Die Erfahrung, was es bedeutet, als Ungarin in Rumänien zu leben, hat sie bereits gemacht. Ich frage sie, wie es ist, als Zigeunerin in Ungarn zu leben. Sie sieht mich traurig an und sagt: »Das ist so, als würde man versuchen, einen Fluß mit einem Stück Papier in der Hand schwimmend zu überqueren und dabei aufpassen, daß das Papier nicht naß wird.«

In einem Budapester Studentenklub fand im März 1989 eine Pressekonferenz statt. Es ging um einen Skandal, der noch vor einem Jahr keiner gewesen wäre: Die Stadtverwaltung von Miskolc hat beschlossen, alle Zigeuner, die ihre Wohnungsmiete im Stadtzentrum nicht mehr zahlen konnten, in die Außenbezirke zu verbannen. Die dort noch zu bauenden Wohnungen wurden selbst von den Behörden mit dem Etikett »niedrige Komfortstufe« versehen. Damit war gemeint, daß in den Wohnungen keine Toiletten und kein fließendes Wasser vorgesehen war und daß pro Familie etwa dreißig Quadratmeter Wohnfläche zur Verfügung standen. Gegen diesen skandalösen Beschluß gründete man ein »Provisorisches Komitee gegen Ghettoisierung«, in dem sich Zigeuner und Ungarn zusammenschlossen. Die Stadt Miskolc hat nicht mit diesem Protest gerechnet, und die Ratsherren reagierten mit Verbitterung: »Wenn Budapest sich in unsere Angelegenheiten einmischt, dann sollen sie doch die

Hälfte unserer Zigeuner übernehmen.« Aber die Reaktion in der Öffentlichkeit war so stark, daß das Projekt zurückgezogen werden mußte. Diesem Erfolg galt die Pressekonferenz.

Vor etwa zehn Jahren, als in Ungarn selbst das Wort »Armut« tabuisiert war, hatten die Zigeuner Solidarität fast nur seitens politischer Randgruppen oder idealistischer Intellektueller erfahren. Mitglieder der demokratischen Opposition gründeten einen »Fonds zur Unterstützung der Armen«, und auch in Kirchenkreisen wurde manchmal für diese Minderheit Partei ergriffen. Inzwischen haben die Zigeuner in Ungarn ihrerseits Organisationen gegründet. Die wichtigste von ihnen ist der Verein »Phralipe« (= Brüderlichkeit), der in seiner Grundsatzerklärung darauf hinweist, daß ohne Einbeziehung der halben Million Zigeuner, die mehr als sieben Prozent der ungarischen Bevölkerung ausmachen, die Lösung der sozialen Probleme des Landes unvorstellbar ist. Inzwischen sitzen im frei gewählten ungarischen Parlament zwei Abgeordnete von der Roma-Minderheit. Beide sind Mitglieder der Fraktion der Freien Demokraten.

Auf dem Heimweg von jener Pressekonferenz wurde ich in der Unterführung an der Metrostation »Astoria« Zeuge eines Handgemenges. Eine Schar von Polizisten versuchte, die Zigeunerinnen, die dort Blumen verkauften, zu vertreiben. Doch die Frauen, es waren etwa zwanzig, liefen nicht weg wie gewöhnlich. Sie griffen die Polizisten an, schienen nicht bereit zu sein, das Feld kampflos zu räumen, und die Ordnungshüter waren ein wenig verunsichert. Sicherlich wußte keine dieser Blumenverkäuferinnen, daß nur hundert Meter entfernt eine Pressekonferenz stattgefunden hatte, die eine ihrer Angelegenheiten zum Thema hatte.

Eine hochgewachsene Frau mit buntem Kopftuch, deren Personalausweis sich bereits in der Hand eines Polizisten befand, zeigte besondere Entschlossenheit. Ein kleinwüchsiger Polizist versuchte vergeblich, ihren Schneeglöckchenstrauß zweiter Wahl zu ergattern, den sie mit der rechten Hand über ihren Kopf hielt.

Freiheit und Kultur

Im Frühjahr 1989 hatte ich persönlich ein historisches Ereignis zu verzeichnen: Zum ersten Mal in meinem Leben mußte ich ein Steuerformular ausfüllen. Die großen hellgrünen Blätter mit den computergedruckten Buchstaben und den kleinen Quadraten flößten mir spontan Angst ein. Nein, dachte ich, diese Aufgabe überfordert meine intellektuellen Fähigkeiten. Ich wandte mich an eine befreundete Rechtsanwältin, die mir half, Auslands- und Inlandseinkommen sorgfältig auseinanderzuhalten, Prozente zu berechnen, zu addieren, zu multiplizieren und schließlich den dicken Bogen in einen Briefumschlag zu stecken. Als ich zur Post ging, um die wichtige Sendung aufzugeben, kam mir in den Sinn, möglicherweise sei ich erst jetzt erwachsen geworden. Mit dem großen Abenteuer Jugend war es nun endgültig vorbei, und der Ernst des Lebens warf seine Schatten voraus.

Natürlich hatte ich im Rahmen meiner schriftstellerischen Arbeit immer wieder mit Geld zu tun gehabt. Wegen der politischen Einschränkung meiner Publikationsmöglichkeiten handelte es sich dabei fast immer um Übersetzerhonorare für sowjetische oder DDR-Sachbücher. Nach meiner ersten Westveröffentlichung 1979 lernte ich auch andere Rechnungen kennen, und sicherlich beeinflußten sie die Höhe meiner Steuerverpflichtungen. Da ich aber nicht zu den Großverdienern gehörte, erledigte eine mir unbekannte Behörde automatisch meine Steuerangelegenheiten. Arbeitsaufträge, wenn auch ungeliebte und anstrengende, habe ich in Ungarn jederzeit erhalten können. So hatte ich zwar in all den Jahren meiner Dissidententätigkeit die mal offene, mal verdeckte Angst, festgenommen zu werden, aber Angst vor dem Hungertod brauchte ich nie zu haben. Das war, glaube ich, jene

Gemeinsamkeit, die mich mit der Mehrzahl der freischaffenden Intellektuellen verband.

Nun scheint uns der böse Vater Staat gänzlich verlassen zu haben, und sein Nachfolger, der gute demokratische Stiefvater, erklärte gleich am Tag seines Einzugs in unser bescheidenes Haus, wir könnten nun kommen und gehen, wie wir wollten. Alles, was für uns an diesem neuentstandenen Lebensgefühl berauschend und traumhaft war, genießen wir inzwischen bereits als das Allernatürlichste. Nur mit dem beklemmenden, mit dem entwürdigenden Teil unserer Gefühle kommen wir vorerst noch nicht zurecht, weshalb wir ihn etwas vereinfachend als »postmodern« bezeichnen.

Die für alle realsozialistischen Länder vorbildhafte sowjetische Kulturpolitik basierte auf einem nicht allzuoft zitierten Satz von Karl Marx aus dem Jahre 1851: »Poeten sind mehr oder weniger, selbst die besten, Kurtisanen, und man muß ihnen schmeicheln, um sie zum Singen zu bringen.« Dieses Schmeicheln brachte nach der Machtübernahme der kommunistischen Parteien den systemkonformen Künstlern zahlreiche Privilegien ein. Was aber noch wichtiger war: Der ganze Kulturbetrieb wurde aus einer zentralen Quelle finanziert und gehörte damit zu den vornehmsten Prestigeobjekten des Staates. Der Planungsfanatismus der frühen fünfziger Jahre ging in Ungarn so weit, daß sogar ein »Fünfjahrplan unserer Literatur« erwogen wurde. In besonders kostspieligen Bereichen wie der Bildhauerei oder der Filmproduktion fungierte der Staat als einzig möglicher Auftraggeber, wodurch sein ideologischer Einfluß fast automatisch gesichert war. Die andere Seite dieses gewaltigen Zentralisierungsprozesses hieß »Kulturrevolution« und bedeutete einen billigen, beinahe kostenlosen Zugang der Konsumenten zu Kunstwerken, darunter auch zu einer vorsichtig aussortierten bürgerlichen Klassik. Wenn heute noch etwas als »Errungenschaft des Sozialismus« gepriesen werden kann, so war es diese spezifische

Massenkultur der Stalinzeit und ihre Varianten in den Volksdemokratien.

Das enorme Kulturbedürfnis der Ostblockgesellschaften war jedoch nur teilweise auf den hohen offiziellen Stellenwert des künstlerischen Schaffens zurückzuführen. Angesichts der Tatsache, daß diese Länder über keinerlei Öffentlichkeit verfügten und vom Ausland isoliert waren, diente Kultur zugleich als indirekte Informationsquelle und seelischer Zufluchtsort. Niemand durfte nach dem wahren Hintergrund der stalinistischen Schauprozesse fragen, doch jeder besaß die Möglichkeit, eine Theaterkarte für »Richard III.« zu erwerben. So war es kein Wunder, daß ausgerechnet bei der Aufführung dieses Theaterstücks im Herbst 1956 die Ovationen des Publikums in eine politische Demonstration mündeten.

Einige Verlage in Ungarn begannen bereits nach 1956, Geschäfte im kapitalistischen Sinne zu machen. Der parteieigene Kossuth-Verlag half sich damals auf eine recht unorthodoxe Weise aus den roten Zahlen. Er veröffentlichte zunächst die Romanserie »Tarzan« und dann das erste ungarische Nachkriegsbuch zur sexuellen Aufklärung. Diese beiden Neuerscheinungen kompensierten durch ihren Massenerfolg all die Verluste, welche die Werke der Klassiker und die tagespolitischen Parteibroschüren eingebracht hatten. Gleichzeitig machte ein anderer Staatsverlag Françoise Sagans »Bon Jour Tristesse« zum Bestseller. Solche rein pragmatischen Entscheidungen blieben jedoch noch für lange Zeit Ausnahmen. Der Grundsatz, daß die Kultur im Sozialismus nicht Ware werden darf, hielt sich bis in die frühen achtziger Jahre.

Der Kádársche Liberalismus lockerte allmählich das Tabusystem in der Kultur, ohne auf die bürokratische Einmischung ganz zu verzichten. Eine formale Zensur existierte nicht, aber der ausgedehnte Apparat sorgte für eine weitaus effektivere Kontrolle. Um in der Bildenden Kunst, beim Theater oder beim Film tätig werden zu dürfen, mußte man erst die entsprechenden Hochschulen absolviert haben. Trotz aller Freiräume, die der einzelne Künstler genoß, blieb das Monopol der aus den fünfziger Jahren stammenden Institutionen ungebrochen. Was sich jedoch in der späten Kádár-Zeit radikal änderte, war die staatliche Subventionierung der Kunst. Infolge der ökonomischen Misere fühlte sich der Staat immer weniger imstande, Künstler zu fördern, selbst wenn sie ihm äußerst genehm waren. So ist für einen großen Teil der kreativen Intelligenz die unangenehme Seite der heutigen Freiheit keine absolute Neuigkeit.

Zwei Zauberworte scheinen neuerdings das literarische Bewußtsein zu beherrschen: »GmbH« und »Sponsoren«. Der Verleger denkt in Bankkrediten, Netto- und Bruttogewinnen, Druck- und Vertriebsmöglichkeiten. Der Lyriker rechnet vor dem Augenblick der Inspiration erst nach, ob er mit seinem Stipendium, das zum Beispiel aus der Stiftung des ungaroamerikanischen Geschäftmannes György Soros stammt, noch ein paar Monate über die Runden kommen kann. Andere Sorgen braucht er nicht zu haben, denn Zensur findet in der Republik Ungarn nicht mehr statt.

Falls sich jemand von diesem erfreulichen Sachverhalt überzeugen will, so muß er nur einen kurzen Spaziergang durch die Buchhandlungen machen. Er trifft auf Bücher, deren Präsenz dort vor einigen Jahren noch völlig unvorstellbar gewesen wäre. Sämtliche Werke des Romanciers György Konrád oder des Dichters György Petri sind ebenso im Angebot wie die Stücke von Vaclav Havel, Solschenizyns »Archipel Gulag«, Orwells »1984« oder Stefan Heyms »Fünf Tage im Juni«. Viele von diesen ehemals verbotenen Früchten sind inzwischen sogar zu Ladenhütern avanciert.

Organisatorisch gesehen bedeutet diese neue Freiheit eine extreme Dezentralisierung. Zwischen 1988 und 1991 gab es im Lande über 400 Verlagsgründungen. Zur Schaffung eines solchen Unternehmens, das im Normalfall ein paar hauptberufliche Mitarbeiter beschäftigt, braucht man heutzutage kein Genehmigungsverfahren, sondern nur eine schriftliche Anmeldung. So findet sich in den Zeitungskiosken eine größere Anzahl von neuen Journalen, und jedes von ihnen hat ein eigenes Gesicht.

»Ujhold« (= Neumond) ist die Neuauflage einer 1948 wegen »bürgerlicher Dekadenz« verbotenen Literaturzeitschaft, »Beszélö« (= Der Sprecher) heißt die Neuausgabe des legendär gewordenen Samisdatjournals der Menschenrechtsopposition. Die Jungen Demokraten geben die polemisch-witzige Wochenschrift »Magyar Narancs« (=Ungarische Orange) heraus, »Kapu« (= Das Tor) erscheint als eine Art literarisch-politisches Boulevardblatt und ist auf Enthüllungspublizistik spezialisiert. Dagegen versteht sich die Zeitschrift »2000« als Hort der feineren Essayistik, Tagespolitik wird dort nur in der Rubrik »Unter der Gürtellinie« veröffentlicht. Die Redaktion dieses Journals hat eine alte Tradition wiederbelebt: Sie hält ihre Sitzungen nicht in Büroräumlichkeiten, sondern im Café Hungaria ab, und die Beteiligten erhalten für ihren Kaffee einen Rabatt. Diesem guten Beispiel folgte auch die jüdische Kulturzeitschrift »Mult és Jövö« (= Vergangenheit und Zukunft), ebenfalls eine Wiedergeburt des gleichnamigen Journals aus der Zwischenkriegszeit, deren Mitarbeiter im Café Lukács die jeweils neueste Ausgabe vorbereiten. Erwähnenswert ist auch die Zeitschrift »Holmi« (= Das Ding). Sie repräsentiert die westlich orientierte Strömung der »Urbanisten«. Ihr Gegenpart ist das Journal »Hitel« (= Glaubwürdigkeit), ein Organ der populistisch-nationalen Strömung, das der Regierungspartei Demokratisches Forum nahesteht. Die Auflagen der hier aufgeführten literarischen Zeitschriften schwanken zwischen zwei- und zwanzigtausend.

Die Euphorie der publizistischen Gründerzeit scheint ihrem Ende immer näher zu kommen. Hauptgründe dafür sind die schonungslose Marktkonkurrenz und die Veränderung der Leserinteressen. Die Produktionszeiten für Bücher und Presse haben sich erheblich verkürzt. In den schwerfälligen staatlichen Verlagen dauerte das Erscheinen eines Buches vom Einreichen des Manuskriptes bis zur Auslieferung mindestens zwei Jahre, vorausgesetzt, daß die Parteizentrale keinen Einspruch gegen den Autor oder das Werk erhob. Jetzt hingegen beträgt die durchschnittliche Produktionszeit eines Buches etwa ein halbes Jahr. Das Tempo wird freilich von den kapitalstarken Firmen diktiert. In den Fußgängerunterführungen oder auf den Straßen der Hauptstadt tauchen beispielsweise die Memoiren des ehemaligen Securitate-Chefs Pačepa auf. Sie wurden viel schneller zum Bestseller als die literarische Betriebsreportage »Stücklohn« von Miklós Haraszti, die nach vierzehn Jahren Verbot bei dem Verlag »Téka« publiziert werden konnte. Aber sogar die politische Welle hat sich schon bald als vorübergehend erwiesen: Dianetik, Esoterik, Astrologie und jede Menge Sexliteratur folgten ihr.

Belletristik wird von den finanzstarken Verlagen insgesamt wenig gedruckt. Die meisten kleinen Buch- und Zeitschriftenverlage, die solches drucken wollen, stehen ständig am Rande der Pleite. Ein ehemaliger Samisdat-Verleger sagte mir, ein Jahr freier Marktwirtschaft habe seiner Firma mehr Schaden zugefügt als alle früheren Verfolgungen durch die Staatssicherheit zusammen. Man könnte à la Brecht fragen: Was ist eine Hausdurchsuchung gegen einen Steuerbogen? Auch die früheren Mammutunternehmen des Staates sind bankrott. Der KP-eigene Kossuth-Verlag versuchte, das Kunststück von 1957 zu wiederholen: Im Frühjahr 1989 brachte er eine Reprintausgabe der Zeitungen des Oktoberaufstands auf den Markt. Ein in vergleichbarer Weise schamloses Unterfangen wäre die Veröffentlichung von Porno-Videos durch einen katholischen Verlag.

Der Auflösungsprozeß der großen Verlage vollzieht sich in

geradezu merkantilistischen Formen: Innerhalb der Institutionen werden GmbH's gegründet, die jeweils auf Krimis, auf Science Fiction, auf erotische Literatur oder auf Astrologie spezialisiert sind. Kürzlich sollte sogar eine GmbH für Lyrik entstehen. Die Höhe des Startkapitals war allerdings nicht in Erfahrung zu bringen.

Der einzelne Autor kann sich in dieser Situation und Atmosphäre gleichzeitig wohl und unwohl fühlen. Niemand hindert ihn, seine Wahrheiten lautstark zu verkünden. Der literarische Hydepark ist durchgehend geöffnet. Wenn der Autor wenig kampflustig ist, kann er sich der »reinen Poesie« widmen, ohne wie früher deshalb als »unpolitisch« gebrandmarkt zu werden. Seine Honorare sind jedoch meistens miserabel. Für ein Buch, an dem er zwei Jahre lang gearbeitet hat, erhält er etwa achtzigtausend Forint (knapp zweitausend Mark). Die sozialen Institutionen zur Unterstützung der Künstler schaffen es nicht mehr, das Existenzminimum zu sichern. Maßnahmen der staatlichen Fürsorge, wie Steuervergünstigungen für die schöpferische Arbeit, gehören ohnehin der oft und zu Recht beschimpften Vergangenheit an.

Proteste gegen diese Situation gab es bisher eher sporadisch und vereinzelt. Als im April 1990 der staatliche Buchvertrieb die Übernahme eines Gedichtbandes strikt verweigerte mit dem Argument, es handle sich dabei um unverkäufliche Ware, veranstalteten zahlreiche Autoren eine demonstrative öffentliche Verkaufsaktion. An dieser war unter anderem ein Schriftsteller namens Arpád Göncz, der spätere Präsident der Republik, beteiligt. Im Juli desselben Jahres kam es zu einer friedlichen Besetzung der Budapester Autorenbuchhandlung. Einen Monat später verbrannten zwei Autoren ihre unverkäuflich gewordenen Bücher auf offener Straße. Diese Protestform löste in der Öffentlichkeit sehr zwiespältige Reaktionen aus.

Wie erdrückend die finanziellen Sorgen der Literaten auch sind, so stellen sie doch keineswegs das einzige, vielleicht nicht einmal das hauptsächliche Problem der Schreibkundigen dar. In den letzten Jahren zeichnet sich ein recht dramatischer Rollenwandel ab, der die Substanz der ganzen Kunstgattung betrifft.

In der späten Kádár-Zeit war die Zensur zunehmend gelockert beziehungsweise durch die Selbstzensur der Autoren ersetzt worden. Der Pluralismus, in der Politik ein absolutes Tabu, fand allmählich Eingang in die Literatur. Es gibt kaum ein Problem der heutigen ungarischen Gesellschaft, das nicht irgendwann früher einmal literarisch aufgenommen worden wäre, und sei es nur in Anspielungen oder Metaphern. Das rapide Sinken der Geburtenzahlen, die Lage der ungarischen Minderheiten in den Nachbarländern, die Einschränkung der persönlichen Freiheit durch den Staat, die Korruption der Provinzpaschas – dies alles waren Themen von Gedichten und Romanen. Noch Ende der sechziger Jahre mußte jeder Sozialwissenschaftler das Wort »Armut« durch Ausdrücke wie »Benachteiligung« abschwächen, ein Autor hingegen durfte die Zustände so schildern, wie sie waren.

In dem relativ liberalen Umgang mit den Literaten steckte sicherlich eine Portion Verachtung der Beamten gegenüber diesen Schreiberlingen, deren einzige Einkommensquelle damals der staatlich verwaltete Literaturbetrieb war. Ein anderes Motiv für die Zugeständnisse gegenüber den Schriftstellern mag der Wunsch gewesen sein, das Image des Systems in den Augen des Westens aufzubessern. Das Ergebnis war eindeutig: Die Literatur erwarb sich eine fast uneingeschränkte moralische Glaubwürdigkeit, während die offizielle Politik zunehmend an Ansehen verlor. Wenn die Zensurbehörden die literarischen Freiheiten zu beschneiden versuchten, so endete dies immer mit ihrem eigenen moralischen Fiasko. Gelegentliche Anstrengungen der Kádárschen Kulturpolitik, eine Zeitschrift oder eine Theatervorstellung zu verbieten, nahmen sich angesichts der allgemeinen Krise in den letzten Jahren geradezu lächerlich aus.

Natürlich ist das poststalinistische System nicht von den Schriftstellern gestürzt worden, wenn auch zahlreiche Autoren an der Oppositionsbewegung beteiligt waren. Das »Gewissen der Nation« hatte höchstens stimulierende Wirkung. Die osteuropäischen Strukturen sind nicht an der Stärke ihrer Gegner, sondern an ihrer inneren Schwäche zerbrochen. Die Parteiführer, die sich darum sorgten, ob man die Darstellung eines Streiks oder einer Demonstration in einem Roman oder Film zulassen durfte, sind jetzt direkt mit dem Phänomen des Streiks und der Demonstration konfrontiert.

An die Stelle der früheren diffusen Literatenopposition sind in Ungarn mehr als ein Dutzend Parteien getreten. Die meisten politisch engagierten Schriftsteller scharen sich vor allem um das derzeit regierende Demokratische Forum oder um den Bund der Freien Demokraten. Präsident der Republik Ungarn ist der Schriftsteller und Übersetzer Arpád Göncz, und György Konrád, inzwischen Vorsitzender des Internationalen PEN-CLUBS, spielt ebenfalls eine wichtige Rolle in der ungarischen Politik. Dennoch muß man insgesamt von einem politischen Gewichtsverlust der Literaten sprechen.

Zweifelsohne bedeutet die neue Freiheit – für die einzelnen Autoren wie für die ganze literarische Szene – eine Herausforderung. Eine wohlfinanzierte Massenkultur bedroht das, was in Osteuropa jeder Unterdrückung zum Trotz Kontinuität wahren konnte: den handwerklichen Charakter des literarischen Schaffens, seinen vorindustriellen Charme. Dennoch haben die Schreibenden keinen Grund, den Zeiten der massiven staatlichen Fürsorge nachzuweinen. Atmen ist ebenso wichtig wie essen, und bis jetzt hat sich die zensurfreie ungarische Kunst hauptsächlich von Luft genährt. Es bleibt zu hoffen, daß die GmbH Lyrik, nachdem sie die Jahre der

Bevormundung überstanden hat, sich jetzt auch gegenüber der sozialen Misere behaupten kann.

(1990)

Ungarns Kommunisten nach der Niederlage

Im Frühjahr 1990 bat mich eine deutsche Journalistin, ihr ein Gespräch mit dem Vorsitzenden der Ungarischen Sozialistischen Arbeiterpartei zu vermitteln. Da ich den Betreffenden persönlich nicht kenne, kaufte ich die Parteizeitung und fand darin die Telefonnummer des Zentralkomitees. Als ich anrief, meldete sich eine Frauenstimme, die mir höflich mitteilte, der Genosse Vorsitzende komme bald zurück, er sei nur kurz in den nächsten Laden gegangen, um etwas Eßbares zu kaufen. Ich traute meinen Ohren kaum. Einen ähnlichen Satz hätte ich ganz sicher in früheren Zeiten niemals über einen ungarischen Parteichef hören können. Die Historie steckt im Detail.

Die Ungarische Sozialistische Arbeiterpartei ist ebenso wie ihre Vorläuferin, die im November 1918 gegründete Kommunistische Partei Ungarns, aus einer Spaltung hervorgegangen. Waren es damals die radikalen Linkssozialisten, die sich von den Sozialdemokraten distanziert hatten, so ist es heute die Minderheit der ehemaligen Staatspartei, die den Reformkommunisten um Imre Pozsgay Verrat und Renegatentum vorwirft. Auf dem letzten gemeinsamen Parteitag verfügte die Pozsgay-Gruppe nicht nur über die Mehrheit der Delegierten, sondern auch über das damals noch intakte Vermögen und die Infrastruktur der Partei. Sie gründete die Ungarische Sozialistische Partei, die sich später mehr und mehr sozialdemokratischen Prinzipien verschrieb. Das hauptsächliche Bestreben der Partei besteht zusehends darin, ihre Abspaltung von der orthodoxen Strömung in der Öffentlichkeit glaubhaft zu machen. Annähernd sechs Prozent der Wählerstimmen sicherten den Sozialisten nach den Wahlen von 1990 eine bescheidene Präsenz im Parlament und in den Gemeinden. Die ihnen nahestehende Tageszeitung »Népszabadság«, Teileigentum der Firma Bertelsmann, zählt zweifellos zu den erfolgreichsten Blättern des Landes. Dennoch ist die Situation der Partei keineswegs rosig. Es ist keine leichte Sache, sich »sozialistisch« zu nennen in einem politischen Klima, in dem manchen Bürgern selbst Worte wie »Sozialpsychologie« bereits suspekt erscheinen. So sind der USP die inneren Machtkämpfe nicht erspart geblieben, wovon auch der Parteiaustritt des früher sehr erfolgreichen Rhetorikers Pozsgay zeugt.

Warum die Reformisten aus dem Namen »Ungarische Sozialistische Arbeiterpartei« ausgerechnet die »Arbeiter« entfernt haben, kann man sich heute kaum noch erklären. Tatsache ist, daß sich ihre orthodoxen Gegenspieler der Öffentlichkeit immer häufiger als »Arbeiterpartei« präsentieren. Bei den März-Aprilwahlen 1990 war es ihnen dennoch nicht gelungen, die Sperrklausel von vier Prozent zu überwinden. So sind sie seit einiger Zeit die größte unter den kleinen außerparlamentarischen Parteien. Ihre Wochenzeitung »Szabadság«, die einzige, auf deren Titelseite der Slogan »Proletarier aller Länder, vereinigt euch!« zu lesen ist, gehört, vorsichtig ausgedrückt, nicht zu den Rennern der freien Presse.

Unter dem Vorsitz des Berufsdiplomaten Gyula Thürmer hat sich die Neugründung einigermaßen konsolidiert und führt ein regelmäßiges Vereinsleben, in dem eine Politische Akademie ebenso ihren Platz hat wie der jährliche Kinderfasching. Doch hat man sich auch in dieser Partei von einigen Genossen getrennt. Robert Ribánszki, der eine Zeitlang der schärfste Widersacher von Imre Pozsgay war, hat die USAP verlassen. Károly Grósz, der ehemalige Ministerpräsident, begnügt sich mit der Tätigkeit in einer kleinen Parteizelle der Stadt Gödöllö. Er lebt sehr zurückgezogen, im Unterschied zu dem ehemaligen Ideologiechef János Berecz, der als eine Art Politstar regelmäßig Interviews gibt und nach wie vor im Zentralkomitee der Partei sitzt. Neuerdings bereitet er sich angeblich auf eine Karriere als Unternehmer vor.

Die zahlenmäßige Stärke der Mitglieder läßt sich nur anhand einiger Hinweise ahnen. So sagte der Vizevorsitzende Nyirö: Die USAP »nimmt nicht gesetzeswidrig die Staatssubventionen an, die jeder Partei mit einer Mitgliederzahl von über zwanzigtausend zusteht«, sie sei also »keine Phantompartei«. Sie habe 900 Grundorganisationen, etwa 34 Prozent ihrer Mitglieder seien Frauen, und 23 Prozent seien »im aktiven Erwerbsleben« tätig. Die letztgenannte Information ist eine vorsichtige Umschreibung des Sachverhalts, daß die Partei überaltert ist. Woche für Woche wird in einer gesonderten Rubrik der Parteizeitung der Tod von alten Kämpfern bekanntgegeben, und diese Verlustliste ist manchmal sehr lang. Der Parteibeitritt von zwei »Arbeitern unter 30« in einer Provinzstadt hat offensichtlich für die Redakteure einen besonderen Nachrichtenwert. Einige andere Ziffern nehmen sich günstiger aus. So hat die Partei bei den Munizipalwahlen in der nordungarischen Arbeiterstadt Salgótarján sechs Plätze, landesweit immerhin mehr als einhundert lokale Mandate erhalten. Trotzdem erscheint die Vermutung einer ihrer Publizisten, die USAP könnte vielleicht in absehbarer Zeit wieder Massenpartei sein, eher als eine Geste der seelischen Ermunterung.

Es ist nicht einmal so, daß sich alle Genossen eine solche Erweiterung der Reihen wünschen. Ein Veteran sagte beispielsweise in einem Leserbrief, von den achthunderttausend Mitgliedern der ehemaligen Mutterpartei seien höchstens hundertfünfzigtausend echte Kommunisten gewesen – die anderen seien aus Karrieregründen beigetreten. Sicherlich gibt es zahlreiche Mitglieder, welche die Not als eine Tugend betrachten und die geringe Größe und gesellschaftliche Isoliertheit der USAP als Garantie für deren ideologische Reinheit betrachten. Eine andere Art von halböffentlicher interner Diskussion zeigt jedoch, daß manche diese Situation anders erleben. Ihrer Meinung nach sollte die Partei »plebejisch«, eine Volkspartei werden und sich »in das Zentrum des sozialen Geschehens« stellen. Der Vorstand hingegen plädiert für eine »Arbeiter-und-Bauern-Linie«. Auch lehnt die Parteiführung die Einschätzung ab, in Ungarn herrsche eine »revolutionäre Situation«.

Zahlreiche Versuche wurden unternommen, um aus der ursprünglichen Isolation herauszukommen. Die Tatsache zum Beispiel, daß der Parteivorsitzende Gyula Thürmer in Moskau von Michail Gorbatschow empfangen worden ist, wurde von der Partei als Prestigeerfolg gewertet. Diese Freundlichkeit der Sowjets kam sicherlich auch zustande, weil sich die Ungarische Sozialistische Partei gegenüber dem ehemals großen Bruder ablehnend verhält und weil sich das Demokratische Forum, die ungarische Regierungspartei, in der Vergangenheit nicht gerade besonders russenfreundlich gezeigt hat. Doch innenpolitisch hat die entgegenkommende Geste der Sowjets für die USAP durchaus nichts geändert. Vermutlich ist es ihr auch kein Trost, daß sie das politische Außenseitertum im eigenen Land mit den meisten ihrer osteuropäischen Partner teilt. Die Kommunistische Partei der Tschechoslowakei, die neugegründete slowakische »Partei der Demokratischen Linken«, Rakowskis polnische Sozialdemokratie und schließlich die Partei des Demokratischen Sozialismus von Gregor Gysi haben unabhängig von ihrer zahlenmäßigen Stärke ebenfalls die Last ihrer Vergangenheit als Staatspartei zu tragen.

Doch ist die USAP sichtlich darum bemüht, sich nicht als linksextreme Splitterpartei darzustellen. Sie erklärt sich mit den Grundsätzen des Parlamentarismus einverstanden und akzeptiert sogar den Jahrestag des Oktoberaufstands von 1956 als neuen Staatsfeiertag, obwohl der Aufstand von vielen alten Kommunisten nach wie vor als Konterrevolution verstanden wird. Die Partei ist bereit, auf die »Diktatur des Proletariats« zu verzichten, lehnt die »Fehler und Verbrechen des Stalinismus« ab und strebt das Image einer normalen Linkspartei an. In ihrer Wochenzeitschrift kommen sogar Vertreter anderer Parteien, darunter erklärte Antikommunisten, zu Wort. Zum Beispiel brachte man dort ein Interview mit dem erzkonservativen Abgeordneten der Partei der Kleinlandwirte, József Torgyán. Die Journalisten der Parteizeitung interviewten auch Christdemokraten, die sie gar »sympathisch« fanden, und widmeten Miklós Haraszti, einem Vorstandsmitglied der Freien Demokraten, eine ganze Seite. Dabei zeigten sie sich in ihren Fragen äußerst moderat, manchmal sogar übertrieben höflich.

Die Innenpolitik der ungarischen Kommunisten orientiert sich einerseits an der sozialen Frage. Es geht ihnen um die Parteinahme für die Opfer der Rezession – für Rentner, Arbeitslose, Hausfrauen, Obdachlose, Roma und Jugendliche. Die Sozialpolitik der Regierung wird in jedem Punkt angegriffen. Dabei gewinnt der unvoreingenommene Leser oft den Eindruck, als sei die düstere Lage allein dem derzeitigen, erst zwei Jahre alten System zu verdanken. Im Grunde sind die Artikel in der Parteizeitung aber nur als Kehrseite jener Publizistik zu verstehen, die auch alle neuen, erst heute gemachten Fehler den nunmehr entmachteten Kommunisten in die Schuhe schieben will.

Der zweite inhaltliche Schwerpunkt der Kommunistischen Partei besteht darin, daß sie sich gegen alle christlich-national gefärbten Tendenzen im Lande wendet. Diese Stoßrichtung, die als Kampf gegen eine rechte Diktatur aufgefaßt wird, basiert auf tatsächlich vorhandenen antikommunistischen, teilweise auch autoritären, antisemitischen und antiliberalen Strömungen innerhalb der anderen Parteien. Allerdings erscheint es häufig übertrieben, wenn das jetzige Regime in der USAP-Presse mit dem Vorkriegsregime des Admirals Horthy verglichen wird. In der Horthy-Zeit gab es keinen Platz für eine legale kommunistische Partei, es fehlte das allgemeine, gleiche und geheime Wahlrecht, und die jüdischen Bürger wurden offen und zunehmend auch auf der Grundlage antisemitischer Gesetze diskriminiert.

Die Kritikpunkte der USAP an der neuen Freiheit decken

sich teilweise mit denen von anderen Parteien. Einerseits kommt darin eine reale soziale Unzufriedenheit zum Ausdruck, wie sie auch anhand der mangelnden Wahlbeteiligung deutlich wird. Bei den landesweiten Wahlen in Ungarn sind zwischen fünfzig und sechzig Prozent der wahlberechtigten Bürgerinnen und Bürger den Wahlurnen ferngeblieben. Andererseits reproduziert diese Kritik seitens der Kommunisten oftmals nur das, was von den ungarischen Medien ohnehin verbreitet wird. Die Sätze gleichen sich häufig aufs Wort: Klagen über Pornographie, über Korruption, über die Schmierereien in der Boulevardpresse oder über die Beibehaltung der alten Verwaltungsapparate in manchen Ministerien erinnern in ihrer Akzentuierung manchmal eher an die neuen konservativen Parteien und Strömungen.

Doch weisen die meisten Vorwürfe aus dem Munde der Kommunisten eine Besonderheit auf, die vor allem auf sprachlicher und stilistischer Ebene deutlich wird. Während viele Oppositionspolitiker und freie Journalisten genüßlich, frech, vollmundig und witzig auf die Regierung und auf die Demokratie in ihrer jetzigen Form schimpfen, wirkt die kommunistische Kritik, sei sie auch noch so berechtigt, oft krampfhaft, verbittert, trocken, pathetisch und witzlos. Hier mag zum einen das nicht gerade phantasie- und humorvolle Erbe der letzten vierzig Jahre, zum anderen ein Perspektivenverlust und eine fundamentale Verunsicherung eine Rolle spielen.

Einerseits scheint den ungarischen Kommunisten die Niederlage tief in den Knochen zu sitzen. Andererseits tasten sie sich auf der Suche nach den Gründen nur recht ängstlich voran. Eine Stellungnahme zur Innenpolitik, veröffentlicht im September 1990, versucht mit dem Erbe der letzten Jahrzehnte fertig zu werden. Zu diesem Behufe wird der Nachlaß in zwei Rubriken aufgeteilt: In die eine kommt das, was die USAP von der Vergangenheit übernehmen, in die andere das, was sie ablehnen will. Zu den Positivposten gehört die Modernisierung des Landes seit 1945 und die Verbesserung der Lebensbedingungen für die Bevölkerung im Vergleich zur Nachkriegszeit – Erfolge, die insbesondere das Kádársche System in einer für Osteuropa spektakulären Form aufweisen konnte. Diese unbestreitbaren Tatsachen sind jedoch eher für Historiker von Belang und lassen sich tagespolitisch nur schwer verwerten.

Ablehnend verhält sich die Partei den Deformationen der Stalinzeit sowie »den offensichtlichen, folgenschweren Fehlern der USAP zwischen 1956 und 1989« gegenüber. Das Problematische an dieser Selbstkritik ist die Tatsache, daß sie an allen dramatischen Wendepunkten in der Geschichte der kommunistischen Regierungsparteien vorgebracht wurde, ohne daß ernsthaft der Versuch untenommen worden wäre, solche Erkenntnisse in eine langfristige politische Praxis umzusetzen. Deformationen wurden in verschiedenen realsozialistischen Ländern bereits 1953, 1956, 1968, 1970 und 1980 von den Parteiführungen zugegeben und verurteilt, aber die Neuanfänge mündeten früher oder später immer in einen Zustand, von dem man hätte annehmen sollen, er sei bereits mehrfach überwunden. Um aus dem gegenwärtigen Blickwinkel den Kollaps des ungarischen Sozialismus in seiner ganzen Tragweite erklären zu können, hätten sich die Kommunisten womöglich ganz anderer Worte als bisher bedienen müssen. Die Tatsache, daß sie über eine neue Sprache nicht verfügen, zeugt vermutlich davon, daß sich auch in ihrer Denkweise nichts Substantielles geändert hat.

Verurteilt werden in dem innenpolitischen Dokument der Kommunisten auch die »rechtsopportunistischen Kräfte« innerhalb der früheren Partei, die für den Terraingewinn der »historischen und neuen Rechtskräfte« mitverantwortlich gemacht werden. Die »Rechtsopportunisten« sind die Reformer um Pozsgay, deren Exponenten im Parteiblatt manchmal als »Verräter« oder »Renegaten« beschimpft werden. Unter »historischen und neuen Rechtskräften« versteht man die nach 1987 entstandenen ungarischen Parteien, wobei sorgfältig zwischen einer »konservativ-autoritären rechten« und einer »liberal-bürgerlichen und kleinbürgerlichen« Strömung unterschieden wird.

Abgesehen von dieser etwas grobschlächtigen Klassenanalyse besteht die Merkwürdigkeit dieses Gedankengangs darin, daß die Entstehung des Mehrparteiensystems von den Kommunisten als Folge der Fehler der kommunistischen Partei angesehen wird. Historisch ist es auch zutreffend, daß die parlamentarische Demokratie in Ungarn und in anderen Ländern des ehemaligen Warschauer Vertragsbereichs eine direkte Folge des Zusammenbruchs der regierenden kommunistischen Parteien ist. Trotzdem muß man an diesem Punkt doch die Frage stellen, ob ein Mehrparteiensystem inzwischen nicht unbedingt im Interesse der ungarischen Kommunisten liegen muß. Zweifellos ist die USAP heute weiter denn je von einer Regierungsbeteiligung entfernt, so daß diese Frage unmittelbar an ihre Existenzgrundlagen rührt.

Programmatisch wird eindeutig gesagt: »Menschenrechte, das Recht auf Koalitionen und Versammlungen, pluralistische, repräsentative Demokratie, lokale Selbstverwaltung, Freiheit des Gewissens und der Presse sind demokratische Grundwerte«. Es fragt sich, wie diese Grundwerte mit dem nach wie vor verkündeten sozialistischen Endziel in Einklang gebracht werden können. Bei welchem Klassiker könnte dafür der Anhaltspunkt gefunden werden? Bei Marx oder bei Lenin, bei Gramsci oder bei Rosa Luxemburg? An dieser Frage scheiden sich die Geister.

Der Philosoph János Sántha schließt die Mitwirkung mehrerer Parteien am Sozialismus grundsätzlich nicht aus, ist doch auch die erste Regierung nach der Oktoberrevolution für die Dauer von ein paar Monaten eine »Zweiparteienkoalition« zwischen den Bolschewiki und den Sozialrevolutionären gewesen. Das Ideal des Parteivorsitzenden Gyula Thürmer wäre eine »volksdemokratische Variante der bürgerlichen Demokratie, die perspektivisch in Richtung Sozialismus zeigt.« Dies klingt fast wörtlich wie das Parteiprogramm kurz nach 1945.

Ein demokratischer Kritiker der Nachkriegs-Kommunisten, István Bibó von der linken Bauernpartei, sprach damals von einem sehr schmalen, aber gangbaren Weg, den die KP Ungarns zwischen sozialem Radikalismus und demokratischem Selbstverständnis einschlagen sollte. Und er mahnte seine damaligen Koalitionspartner: »Die kommunistischen Parteien der Welt haben einen gemeinsamen archimedischen Punkt, eine Quelle sowohl des Mutes als auch der Entmutigung, und das ist die Sowjetunion. Sie haben seit 1917 kaum an der sozialistischen Vision der Zukunftsgesellschaft weitergebaut, um so mehr aber an der Wissenschaft von der politischen Taktik, an der Theorie dessen, was die richtige Methode der Machtübernahme wäre. Das soll heißen: Wie könnte man den beispiellosen Erfolg in Rußland anderenorts wiederholen? In Kenntnis der historischen Prozesse kann man diese Frage nur wie folgt beantworten: Genau so – nirgendwo.«

Die Kommunistische Partei hatte 1945 eine Million Wähler und genoß recht hohes Ansehen in der ungarischen Gesellschaft. Ihre »Quelle des Mutes und der Entmutigung«, die Sowjetunion, war durch die siegreiche Rote Armee vertreten. Heute verlassen die Sowjettruppen in schnellem Tempo das Land, und jener archimedische Punkt scheint aus den Angeln gehoben zu sein.

Trotz alledem gibt es heute für die Kommunisten einen Neubeginn, wenn er auch absurd anmutet. Abgesehen von den wenigen Monaten im Jahre 1918 stellen sie sich zum ersten Mal in ihrer Geschichte als legale Oppositionspartei einer öffentlichen Diskussion. Die gesamte Zeit dazwischen waren sie entweder Verfolgte oder Alleinherrscher – mal unter der Erde wühlend, mal über der Erde schwebend. Wenn sie nun die Chance wahrnehmen wollen, auf dem Boden einer

Demokratie zu wirken, dann haben auch sie ein Recht darauf, akzeptiert zu werden.

Nach einer Meinungsumfrage befand sich im Februar 1991 der Parteivorsitzende Gyula Thürmer auf dem vorletzten, auf dem 19. Platz der Popularitätsliste ungarischer Politiker. Falls es einen Trost für ihn geben kann, dann nur die Tatsache, daß sich ziemlich unweit von ihm, auf Platz 15, ein schwergewichtiger Gegner befand: József Antall, der ungarische Regierungschef.

(1991)

Magyaren in der Mariahilfer Straße (1989)

Die Mariahilfer Straße in Wien, gelegen im sechsten Bezirk, führt vom Westbahnhof in die Innenstadt. Die Straßenbahnen der Linien 52 und 58 fahren mit würdevoller Langsamkeit durch diese Hauptader der österreichischen Metropole. Von ihren Abteilen aus hat man einen geruhsamen Blick auf das geschäftige Kommen und Gehen der Wiener, auf viele kleine Läden, verräucherte Cafés und auf das große Warenhaus Gerngroß.

In den letzten Jahren ist die Mariahilfer Straße vom Bau einer neuen U-Bahn-Linie aufgewühlt worden. Umleitungen, Baugruben und Warnschilder gehören zum Bild der leicht ansteigenden Straße. Und noch etwas ist neu hier: die Ungarn. Vor allem freitags und an jedem Samstagvormittag hört man hier fast nur ungarische Gesprächsfetzen. Würde der Kaiser Franz Josef jetzt, nach achtzig Jahren, aus seinem Grab steigen und auf dieser Straße spazierengehen, so müßte er annehmen, daß die Monarchie nach wie vor besteht.

Diese Illusion hatte sich in den siebziger Jahren ohnehin immer mehr verfestigt. Ein journalistisches Bonmot machte die Runde: Die K. u. K.-Zeiten sind wieder da. Die drei Buchstaben standen allerdings nicht für »Kaiserlich und Königlich«, sondern für »Kreisky und Kádár«. Der Landesvater Österreichs, »Bruno der Heilige« genannt, und der Fast-Landesvater »Onkel János« verkörperten zumindest die Absicht einer gemeinsamen Traditionspflege. Stets waren sie bestrebt, in die diplomatischen Beziehungen zwischen Österreich und Ungarn ein wenig Gemütlichkeit hinüberzuretten, selbst zu Zeiten erhöhter Ost-West-Spannungen, wie sie etwa durch die Stationierung der amerikanischen Mittelstreckenraketen oder durch den Afghanistankrieg ausgelöst wurden. – Symbol für die Wiederauferstehung jener heilen Welt ist die

Mariahilfer Straße im sechsten Bezirk, von den Österreichern neuerdings »Magyarenhilfe« genannt.

Hektisch und laut ist das Treiben meiner Landsleute auf der spöttisch nach ihnen benannten Straße. Es ist Freitag vormittag. »Ich kann mich kaum noch auf den Beinen halten«, klagt eine Frau, die einen Säugling auf dem Arm hat. »Hier kann man überhaupt nicht atmen«, sagt ein älterer Kunde in einem Kellerraum, wo so viele Deodorants aufgebaut sind, daß es sich um eine Weltausstellung zu handeln scheint. Der Geruch der Waren vermischt sich mit den Ausdünstungen der vielen Menschen, die diese Errungenschaften der westlichen Zivilisation ansehen oder erwerben wollen. Vor dem Laden »Tókió«, in dessen Schaufenster ein Schild mit der unübersehbaren Aufschrift »Magyarul beszélünk« (Wir sprechen ungarisch) hängt, hat sich eine ganze Familie zur Beratung versammelt. Sie sind mit dem Auto gekommen, haben viel zu tun und wenig Zeit. Einige Familienmitglieder werden zu einem anderen Laden entsandt, um dort Kleidungsstücke zu kaufen. Die anderen betrachten vorerst die Tonbandgeräte im Schaufenster und vereinbaren, wann man sich am Auto wiedertrifft. »Das ist das letzte Mal«, gibt sich das Familienoberhaupt mürrisch, »daß ich mit euch nach Wien gefahren bin.« »Ich habe Hunger«, jammert ein elfjähriger Junge, »ich habe Hunger!« »Halt die Klappe!« antwortet die Mutter. »Zuerst wird eingekauft!«

Tausende von Ungarn pilgern jeden Tag nach Wien, um in der Mariahilfer Straße einzukaufen. Seit zwei Jahren war absehbar, daß dieser Menschenstrom die österreichische Hauptstadt irgendwann einmal vor schwierige Probleme stellen würde. An einem kalten Novembertag war es dann soweit.

Zwischen Discomord und Bomben in Südtirol weiß die Wiener Boulevardzeitung »Kurier« über eine dritte Sensation zu berichten: »Ungarn stürmten die Geschäfte in Österreich«. Es heißt dort, an einem einzigen Tag, am 7. November 1988, hätten 100 000 Magyaren mit insgesamt 560 Reisebussen und 20 000 PKW die österreichische Hauptstadt zwecks

Einkauf heimgesucht. Dies sei bis jetzt die größte Anzahl von Touristen an einem einzelnen Wochentag. Weiter berichtet der Kurier über die vermeintliche Ursache dieser Invasion. Jener Montag sei in Ungarn ein arbeitsfreier Feiertag gewesen, nämlich der 67. Jahrestag der Thronenthebung der Habsburger.

Wie das so oft der Fall ist, war der Sensationspresse auch diesmal die eigentliche Sensation entgangen. In Ungarn gibt es tatsächlich einen Feiertag am 7. November, und zwar jedes Jahr. Doch der offizielle Müßiggang hat keineswegs etwas mit der ehemaligen Herrscherdynastie zu tun, sondern mit einem sowjetrussischen Jubiläum: Am 7. November 1917 wurde in Petersburg das Winterpalais gestürmt, und dieser Tag wird in jedem Ostblockland unter der Bezeichnung »Die Große Sozialistische Oktoberrevolution« gefeiert.

Anläßlich dieses in Ungarn eher unbeliebten Feiertages kam es zu jenem seltsamen Ansturm auf den österreichischen Kapitalismus. Er endete zwar keineswegs mit dem Sturz des ausbeuterischen Systems, doch die Besucher aus dem sozialistischen Nachbarland konnten zumindest einen Teilerfolg verbuchen: Mit ihren Einkäufen, deren Höhe man insgesamt auf 600 Millionen öS (etwa 100 Millionen DM) schätzte, war es ihnen gelungen, in manchen Geschäften einen zeitweiligen Warenmangel herbeizuführen. Die leeren Regale in den Video- und Computerläden waren symptomatisch für ein Phänomen, das bereits seit Jahren in beiden Ländern unter der Codebezeichnung »Ungarn in der Mariahilfer Straße« bekannt geworden ist.

Dabei ist diese Bezeichnung irreführend. Zwar ist in der Hauptstraße des sechsten Bezirks in Wien und in deren unmittelbarer Umgebung tatsächlich die größte Konzentration ungarischer Kundschaft anzutreffen. Das dazugehörige Netz von Geschäften erstreckt sich jedoch bis in die Gegend der ungarisch-österreichischen Grenze und schließt auch burgenländische Städte und Dörfer wie Eisenstadt oder Oberpullendorf mit ein. Außerdem ist der Geschäftsverkehr alles andere als einseitig. Es sind nicht nur die Ungarn, die nach Österreich fahren, um dort Software und Deodorant zu erwerben. Auch die Österreicher kommen nach Westungarn, um in Sopron, Szombathely oder Györ vor allem die eigens zu diesem Zweck aufgestockten Lebensmittelvorräte in den ungarischen Geschäften aufzukaufen.

Auch Mißverständnisse bezüglich der Feiertage beruhen auf Gegenseitigkeit. So weiß man in Ungarn nie genau, wann das katholische Nachbarland seine kirchlichen Feste begeht. An einem Sommertag kamen Tausende von Einkaufslustigen nach Wien und fanden dort sämtliche Läden geschlossen. Weil es an diesem Tag in der Kaiserstadt heftig regnete, strömten viele der Enttäuschten – so entnehmen wir der ungarischen Presse – sogar unter den Schutzschirm des Kunsthistorischen Museums.

Zweifellos ist die Infrastruktur des Handels in der Mariahilfer Straße am besten entwickelt. Am Straßenrand stehen Schlepper, und so sie potentielle Kunden wittern, komplimentieren sie ihre Landsleute mehr oder weniger aggressiv in die nahegelegenen Läden. Und wenn diese einmal in eine solche Falle geraten sind, dann scheint es wenig wahrscheinlich, daß sie das Geschäft mit leeren Händen wieder verlassen.

An die hundert Läden gibt es, deren Warenangebot das ganze Spektrum der Hi-Fi-, Video-, Computer-, TV- und Uhrenindustrie umfaßt. Mit der Zusicherung »Magyarul beszélünk!« werden die sprachunkundigen Kunden an die Schaufenster gelockt, um die Produktion der Firmen Philips, BASF, Sanyo, Sharp, Toshiba, ITT und Grundig zu bewundern. Selbst originär österreichische Firmen sind dazu übergegangen, sich auf die ungarische Klientel einzurichten. So wirbt das Schuhgeschäft Delka sowie die Warenhäuser Herlango und Gerngroß mit Schildern in ungarischer Sprache um die Gunst der östlichen Kunden. Die ungarischen Geschäfte »Acapulco«, »Elektronik«, »Sugar« und »Tókió«, auch die ganz kleinen Läden mit Bezeichnungen wie »Jutka«, »Erika« oder »Kék Duna«, haben sich voll und ganz auf die Käufer aus der Heimat eingestellt. Hier hört man ausschließlich ungarisch. Es mangelt auch nicht an Pensionen, wo sich die einkaufsmüden Gäste körperlich und seelisch auf den nächsten Kampftag vorbereiten können. Aber die meisten Reisenden fahren, bepackt mit Pappkartons und Plastiktüten, noch am gleichen Tag zurück. Nach Budapest braucht man mit dem Auto nur vier Stunden.

Diese beispiellose Konsumwelle enthält sowohl politische als auch ökonomische Momente. Vom 1. Januar 1988 an kam jeder ungarische Staatsbürger in den Besitz eines sogenannten Weltpasses. Mit diesem können alle Ungarn ohne Sondergenehmigung beliebig oft ein- und ausreisen. Die einzige Voraussetzung dazu ist finanzieller Art: An der Grenze müssen die Reisenden eine Mindestsumme von 106 DM, deren Ausfuhr von der Ungarischen Nationalbank offiziell genehmigt worden ist, vorweisen können. Zu diesem Zweck dürfen sie bei ebendieser Institution alle drei Jahre eine ziemlich geringe Summe, etwa 800 DM, als Reisegeld kaufen. Jeder weiß, daß dieser Betrag für einen Großeinkauf nicht ausreichend ist. Es werden jedoch auch andere Quellen in Anspruch genommen. Angesichts der traurigen Tatsache, daß nach dem Oktoberaufstand 1956 eine Viertelmillion Ungarn das Land verlassen haben, gibt es überall, vor allem aber in Österreich, ungarische Verwandte. Sie können die spärlichen Devisenvorräte aufstocken, zumindest jedoch für einen gewissen Geldbetrag auf dem jeweiligen Konto bei der Ungarischen Nationalbank sorgen, den der Staatsbürger benötigt, um sich offiziell als reisefähig ausweisen zu können. Eine Erleichterung für die Kaufwilligen ist außerdem die Tatsache, daß die Zollbeamten am Grenzübergang Hegyeshalom keine peinlichen Fragen zur Herkunft des mitgeführten Geldes stellen.

Allerdings gibt es ziemlich strenge Einfuhrbeschränkungen. Jeder Reisende darf nur Waren im Wert von maximal

10 000 Forint – das sind nach offiziellem Kurs etwa 300 DM – nach Ungarn mitnehmen. Diese Verordnung wird in der Regel dadurch umgangen, daß die ganze Familie, einschließlich Säugling und Oma, mitreist, so daß der Wert der insgesamt eingeführten Waren wesentlich höher sein kann. Diesen ökonomischen Sonderfall haben wir vor uns, wenn wir eine zahnlose Großmutter in inniger Umarmung mit einem Commodore-Computer vor dem Kunsthistorischen Museum erblikken. Es gibt natürlich Gegenstände, vor allem technische Waren, deren Gesamtbetrag die Grenze des zollbehördlich Vorstellbaren dennoch überschreitet. Kein Problem: Sie werden fachgerecht auseinandergenommen und als Einzelteile nach Ungarn gebracht. Dort gibt es private Firmen, die sie – allerdings für gutes Geld – wieder zusammensetzen.

Politische und wirtschaftliche Momente der neuen Reisefreiheit hängen engstens zusammen. Die zu Ende gehende Kádár-Ära hat ein schwieriges Erbe hinterlassen. Das Land wird von einer galoppierenden Inflation heimgesucht, die Devisenreserven des Staates sind erschöpft, und der Schuldenberg wird immer bedrohlicher. Teuerung, Arbeitslosigkeit und Massenarmut, allesamt in früheren Zeiten als ausschließliche Merkmale des Kapitalismus kritisiert, gehören zum Alltag. Dementsprechend hat sich in der Bevölkerung eine Mischung aus Irritation und Angst herausgebildet. Die Partei versucht, die ehemals in den siebziger Jahren niedergeschlagenen Wirtschaftsreformen aufs neue einzuleiten. Vor allem geht es um eine Öffnung gegenüber der Weltwirtschaft und um Demokratisierung und Pluralisierung von Gesellschaft und Wirtschaft. In solch bewegten Zeiten erscheint es dem Staat vorteilhafter, die Bürger an der langen Leine zu führen. Dadurch wird von Unzufriedenheit und Aggressionen abgelenkt, und die Staatsbürger kommen auf irgendeine Weise, wenn schon nicht auf staatlich gesicherten Bahnen, zu ihrem Geld. So hat es uns in die Mariahilfer Straße verschlagen.

Zur Zeit lebe ich abwechselnd in Wien und Budapest, und so habe ich häufig Gelegenheit, meine Landsleute als Touristen zu erleben. Ich bekomme Besuch von Freunden und Bekannten. Wir sitzen in Wiener Cafés beim Melange und plaudern über Politik, über gemeinsame Bekannte oder darüber, was in den Kinos und Theatern so läuft – kurzum, wir fühlen uns in der ehemaligen Hauptstadt der Monarchie wie zu Hause. Meine Freunde sind die alten geblieben – sie sind nicht besonders konsumwütig, sondern ganz normale Menschen. Dennoch bitten sie mich in den letzten Monaten fast regelmäßig, sie zur Mariahilfer Straße zu begleiten. Sie wollen ein Gerät oder zumindest ein Ersatzteil beschaffen, und in Budapest haben sie bereits einen sicheren Abnehmer – meist irgendeine Institution, die darauf angewiesen ist, ihre lebensnotwendige Technologie auf anderen Wegen als auf den nicht mehr funktionierenden staatlichen zu ergattern. Betriebe, Schulen und wissenschaftliche Institutionen sind hungrig nach dem Know-how geworden. Privatpersonen haben es übernommen, für die Befriedigung dieser Bedürfnisse zu sorgen, und das ist für sie oft auch die einzige Möglichkeit, ihre Reisekosten zu decken.

Der Maler József S. sagt: »Anfangs habe ich diese Geschäfte nur gemacht, damit ich meine Reise und den Aufenthalt hier bezahlen konnte. Ich habe in Wien die Bilder von Egon Schiele bewundert und bin höchstens mal ins Café gegangen.« Durch die ständigen Aufträge aus Budapest hat er sich finanziell inzwischen dermaßen saniert, daß er bereits von einer neuen Wohnung träumt – dies um so nachhaltiger, weil er inzwischen geschieden ist und das gemeinsame Wohnen mit seiner Frau nicht sehr gerne aufrechterhalten möchte. Billige Wohnungen gibt es in Ungarn jedoch nur im Märchen, so daß er mindestens 100 000 Schilling – etwa 13 000 DM – braucht, um in ein diesbezügliches Geschäft einsteigen zu können. Auch die geschiedene Frau ist keineswegs untätig. Gemeinsam nehmen sie gewaltige Anstrengungen auf sich, um die jeweilige Neuanschaffung zunächst nach Budapest und dort an den Mann zu bringen. Die Lieferkapazität ist klein; sie reisen mit einem Trabant, mit jenem Auto, das für die Wiener Bevölkerung zum geruchsmäßig-sinnlichen Inbegriff der ungarischen Touristenwelle geworden ist. Die grünen Abgeordneten im Wiener Nationalrat protestieren in letzter Zeit heftig dagegen. Den Maler wage ich inzwischen nicht mehr zu fragen, was er denn Neues gemalt hat. Tatsächlich scheint er all seine kreativen Bedürfnisse in die Kunst des Erwerbs und Verkaufs umfunktioniert zu haben.

Die Lehrerin J. hingegen macht ihre Einkäufe eher gewohnheitsmäßig. Um mit ihrem mehr als bescheidenen Gehalt besser auskommen zu können, kauft sie regelmäßig Seife, Shampoo und Kaugummi, was sie ihrerseits an einen Tabakladen in Budapest weiterverkauft. In letzter Zeit kommt sie nie mit leeren Händen nach Wien, sondern immer mit einigen Stangen Marlboro. In Ungarn werden diese Zigaretten in Lizenz produziert, und die Lehrerin verkauft sie an den Besitzer eines jugoslawischen Restaurants. Die Gewinnspanne ist sehr hoch, da die Schachtel Marlboro in Wien viermal so viel kostet wie in Budapest – schwarz gerechnet natürlich. Niemandem, der sich für zurechnungsfähig hält, würde es einfallen, anders zu rechnen. Die Lehrerin J. schämt sich ein wenig für ihre Handelsaktivitäten. »Vor ein paar Jahren wäre ich auf so etwas gar nicht gekommen«, sagt sie. »Schließlich bin ich keine Geschäftsfrau. Aber wie soll ich denn sonst mit meinen beiden Kindern über die Runden kommen?«

Vor allem am Wochenende füllt sich die Mariahilfer Straße merklich auf. Freitags ist es sehr eng in der durch den U-Bahn-Bau ohnehin arg strapazierten Straße. In den Nebenstraßen und Höfen wimmelt es von meinen Landsleuten. Vor einem Laden, der auf einem Pappschild verkündet: »Otto, Endre, Timea und László heißen ihre Kunden herzlich willkommen«, stehen Menschen Schlange, die sich für Mono- und

Stereogeräte interessieren; in einem Nebenhof werden Citizen-Uhren angeboten. Gegenüber gibt es, in etwas mangelhaftem Deutsch angepriesen, »Waren aus dritter Welt« – indisch anmutende Kleider, die möglicherweise ungarischer Herkunft sind. »Niedrige Preise, erstklassige Qualität und gute Bedienung« heißt die Devise. Dies bleibt allerdings oftmals ein leeres Versprechen. Ob die Preise niedrig sind, hängt immer von der Geldbörse der Käufer ab. Tatsache ist, daß kein Unterschied zu normalen österreichischen Geschäften auszumachen ist. Die Kaufkraft der Ungarn ist ohnehin begrenzt, und die hohen Umsätze – pro Laden schätzungsweise ab zehntausend DM aufwärts täglich – ergeben sich aus der hohen Anzahl der Kunden. Das Wachstum der Käuferschar seit der Einführung der freien Pässe ist wahrlich sprunghaft. Im ersten Quartal des Jahres 1988 sind 1,37 Millionen Ungarn ins Ausland gereist, davon eine Viertelmillion nach Österreich. Das ist viermal so viel wie im Vergleichszeitraum des Jahres 1987. An einem einzigen verkehrsreichen Tag, so heißt es in einer ungarischen Handelszeitschrift, werden 600 Videogeräte, 500 Anlagen aus dem Bereich der Unterhaltungselektronik und 2500 Computerteile nach Ungarn eingeführt. Seit der Reiseverkehr zwischen Österreich und Ungarn visafrei ist, also seit 1979, ist und bleibt Wien das Reiseziel Nr. 1 für alle kauffreudigen Magyaren.

Diesem sogenannten »Einkaufstourismus« muß man auf Regierungs- und Unternehmensebene Rechnung tragen. Österreich hat im Nachbarland bislang etwa 500 Millionen DM in Hotelbauten investiert, und die Devisenansprüche der reiselustigen Ungarn haben die ungarische Regierung eine beträchtliche Summe gekostet. In den ersten fünf Monaten des Jahres 1988 hat die Ungarische Nationalbank insgesamt 142 Mio. US-Dollar zu Reisezwecken an 623 000 Bürger ausgehändigt. Bis Ende März gab es sogar eine amnestieartige Verordnung, die es jedem ungarischen Staatsbürger ermöglichte, sein verstecktes Schwarzgeld straffrei bei einer Bank anzumelden und auf sein Reisekonto einzubezahlen. Diese Maßnahme war relativ erfolglos, was sich mit dem in Jahrzehnten erworbenen – und teilweise berechtigten – Mißtrauen der Staatsbürger gegenüber den Behörden erklären läßt.

Nun, auch im Wiener Kaufparadies haben die Ungarn zu Mißtrauen guten Grund. Problematisch ist zum Beispiel die Einlösung von Garantiescheinen. In Ungarn fehlt bislang die Infrastruktur zur Reparatur der Güter aus der Mariahilfer Straße. Einige Geschäftsleute versuchten das Problem zu lösen, indem sie ihren Kunden zur Beruhigung Firmenadressen in Budapest mit auf den Weg gaben. Mit diesen Firmen seien sie vertraglich verbunden, so hieß es, und sie würden alle fällig werdenden Reparaturen schnell und vor allem gegen Forint ausführen. Eine Budapester Journalistin stellte bald darauf fest, daß die angegebenen Adressen entweder falsch waren oder aber, daß die dort ansässigen ungarischen Firmen keinerlei Garantievertrag mit Wiener Firmen abgeschlossen hatten. Mit Hilfe der Österreichischen Handelskammer versucht man derzeit, den Verbraucherschutz gegen Manipulationen solcher Art auszubauen.

Ich habe vorhin von »sogenanntem« Einkaufstourismus geredet. Zwar möchte ich nicht leugnen, daß die Warenbeschaffung der oberste Zweck dieser Massenfahrten nach Wien ist, doch möchte ich den pejorativen Klang des Wortes ein wenig abschwächen. Selbstverständlich weiß ich, daß diese neue Leidenschaft der Ungarn etwas von der Faszination jener bunten Glasperlen an sich hat, die den Afrikanern seinerzeit von der weißen Zivilisation angeboten wurden, und ich weiß auch, daß es leicht ist, in unserer schwungvollen Kaufwut Elemente von Hysterie zu entdecken. Trotzdem möchte ich dieses Phänomen nicht von oben herab, in der Pose des Aufgeklärten betrachten. Neben den materiellen Nöten, die viele meiner Landsleute Richtung Wien treiben, ahne ich den vielleicht etwas naiven Versuch, sich eine Welt anzueignen, die uns jahrzehntelang versperrt war – durch Todesstreifen und Selbstschußanlagen, von deren Abbau aus politischen wie aus technischen Gründen erst heutzutage offen gesprochen wird. Auf der Mariahilfer Straße testen die Ungarn den Geschmack der verbotenen Früchte, aber sie haben noch nicht genug davon probiert, so daß sie bisher nicht die Möglichkeit hatten, wirklich Geschmack zu entwickeln. Wenn der Einkaufsboom in dieser Geschäftsstraße, behindert durch den Bau der U-Bahn, häßlich ist, dann vermischen sich hier zwei Arten von Häßlichkeit: unsere Armut und langjährige Isolation einerseits, andererseits die schillernde Häßlichkeit des Westens, die öde Vielfalt einer technischen Zivilisation, deren bunte und etwas abgenutzte Glasperlen uns zu lächerlichen Preisen in die Hände fallen.

Auffällig ist das Fehlen eines ungarischen Restaurants in der Einkaufsgegend um die Mariahilfer Straße, auffällig und doch verständlich. Die Kunden müssen Zeit und Geld sparen; an ihre Autos gelehnt, essen sie Mitgebrachtes. Allenfalls besuchen sie McDonalds oder Nordsee, dies aber eher in den Wintermonaten, um sich ein wenig aufzuwärmen. Sie trinken Kaffee und essen Hamburger, sie haben es eilig. Das Nichtvorhandensein ungarischer Restaurants erscheint daher ebenso verständlich wie die immer aufdringlichere Anwesenheit gewisser anderer Einrichtungen, namentlich der verschiedenen Etablissements des Sexmarktes. In einem großen Sexkino entdecke ich eine ungarische Aufschrift: »WC nur für Kinogäste«. Man erteilt mir die Auskunft, in Ermangelung von Toiletten an der Mariahilfer Straße hätten zu viele Ungarn versucht, das Sex-Kino sozusagen zweckentfremdet zu benutzen. Von ihrem Hauptanliegen, dem Einkauf, haben sie sich keineswegs ablenken lassen; von Filmen wie »Sündhafte Schenkel«, »Schamloses Fleisch« oder »Junge Lust«

fühlten sie sich nicht angezogen. Inzwischen scheint sich der Trend gewandelt zu haben. Die ungarische Sprache hat in Form diverser Schilder in dem Pornoladen Einzug gehalten: Man wünscht der Kundschaft gute Unterhaltung, warnt vor den Folgen des Diebstahls und erläutert die Preise auf ungarisch. Zwei Ehepaare zögern in der Vorhalle und überlegen, ob sie sich an einen der Automaten wagen sollen. Die Männer zeigen sich unternehmungslustig, die Frauen eher zurückhaltend. Pornovideos liegen eindeutig im Aufwärtstrend.

Im Zuge der allgemeinen Lockerung von Zollbestimmungen nehmen seit September 1988 die Zöllner nicht mehr unbedingt Anstoß an den Pornoheften und Videofilmen aus der Mariahilfer Straße. Ein hoher Zollbeamter verrät im Gespräch mit einem Journalisten ein wenig von der Befangenheit der Behörden bezüglich ihrer eigenen Großzügigkeit:

– Stimmt es, daß von nun an Pornokassetten legal über die Grenze gebracht werden können?

– Der Chef der Landeszollbehörde hat verordnet, daß ab September auch solche Videokassetten eingeführt werden dürfen.

– Heißt dies, daß man auch Kassetten mitbringen kann, die früher aus Sittlichkeitsgründen verboten waren?

– Natürlich. Von jeder Sorte eine.

– Also darf ich zum Beispiel eine Pornokassette, eine Horrorkassette und eine, die man früher aus Sittlichkeitsgründen verboten hat, mitnehmen?

– Ja. Natürlich entsprechend verzollt. Eine Pornokassette veranschlagen wir auf 3000–4000 Forint (etwa 100–120 DM):

– Wie haben Sie diesen Betrag festgelegt?

– Nach dem Umsatzwert.

– Hat die Pornokassette einen Umsatzwert? Meines Wissens kann man sie nur auf dem Schwarzmarkt kaufen.

– Wenn sie nur einen Schwarzmarktpreis hat, dann bestimmen wir den Zollwert eben auf dieser Grundlage.

– An der Grenze müssen Sie entscheiden, was Porno ist und was nicht. Gibt es dafür irgendeine Definition?
– Streng genommen gibt es keine Definition. Wir haben unsere Zollbeamten dahingehend unterrichtet, Porno sei, wenn ein Geschlechtsakt oder sexuelle Beziehungen zwischen Menschen und Tieren dargestellt werden.
– Wenn ich jeden Tag über die Grenze gehe und zurück, darf ich dann jeden Tag eine Pornokassette mitnehmen?
– Nach den aktuellen Bestimmungen – ja. Aber wenn Sie zum Beispiel drei Pornokassetten mitnehmen, die sind schon etwa zehntausend Forint wert, das heißt zollpflichtig.
– Das heißt, man darf mehr als eine Pornokassette mitnehmen?
– Von ein und demselben Film nur eine. Aber mehrere verschiedene Filme sind akzeptabel.
– Gibt es viele, die diese neue Möglichkeit nutzen?
– Bis jetzt waren es nicht viele. Wir beabsichtigen auch nicht, daß das Land von Pornokassetten überschwemmt wird. Nur wollen wir, daß jemand, der meint, er hätte ein diesbezügliches Bedürfnis, sich die Kassette ruhig aus dem Ausland mitbringt, anstatt sie für teures Geld bei Videopiraten zu kaufen. Denn, glauben Sie mir, es gibt Leute, die mit dem illegalen Kopieren schon Millionäre geworden sind.

Dieses Gespräch, eine kleine Sensation in der ungarischen Presse, in einem anderen Land des Warschauer Vertragsbereichs kaum vorstellbar, erlaubt einen Blick auf das Phänomen Mariahilfer Straße in seiner Gesamtheit, als Symbol für Erlaubtes und Unerlaubtes im heutigen Ungarn. Wenn die strengen Strukturen der staatlichen Kontrolle einmal durchbrochen worden sind, dann gibt es keine Argumente mehr, derer sich die Behörden bedienen könnten. Sittlichkeitstabus sowie politische und ökonomische Tabus haben nur so lange Bestand, wie der Staat fähig oder willens ist, darauf zu bestehen. Wenn sich ein Vertreter des Systems in die Diskussion begibt, was Pornographie sei, dann hat er diese Diskussion bereits verloren. Und wenn Geschlechtsakte auf der Kassette verzollbar sind, dann ist es auch kein Wunder, daß die Behörden den Schwarzmarktpreis als Ausgangspunkt für das Zollverfahren akzeptieren.

Wien hat schnell auf die neue Sexkonjunktur im sozialistischen Nachbarland reagiert. So wurde zum Beispiel in den ersten Novembertagen 1988 auf der Mariahilfer Straße ein Flugblatt mit dem vielversprechenden ungarischen Titel »Wiener Sex-Chronik« verteilt. Auf dem kleinen Werbezettel war zu lesen, die Gäste der österreichischen Hauptstadt seien herzlich willkommen in der zentral gelegenen Maxim-Bar; in diesem Etablissement präsentiere man Sexfilme, Lesbenshows und eine originelle Thaimassage. Vor allem lenkt man die Aufmerksamkeit der Touristen aus Budapest auf eine Live-Show, in der eine Hexe aus dem Mittelalter für die vielen Liebessünden, die sie bereits begangen hat, mit Sex bestraft wird. Das Reizende an dieser phantasievollen Veranstaltung ist, daß der Eintritt »nur für Ungarn« 100 Schilling kostet, wobei dieser Betrag »in beliebiger Währung« gezahlt werden kann. Dies heißt wahrscheinlich, daß, wie auch in manchen Läden und Pensionen auf der Mariahilfer Straße, selbst Forint gern entgegengenommen wird – allerdings nicht zum offiziellen Kurs ein zu vier, sondern etwas teurer. Sexuelle Verlockungen werden auch hier mit den Verlockungen des Schwarzhandels vermischt.

Nicht alle Wiener sind erfreut über den Ungarn-Boom. Der Vorsitzende des »Clubs der Unternehmer der Mariahilfer Straße«, Friedrich Slama, fühlt sich durch die Zweitaktmotoren der ungarischen Trabants gestört. Kurt Pint, seinem Titel nach Magister und außerdem Mariahilfer Bezirksvorsteher, zeigt sich ebenfalls nicht besonders begeistert, daß, wie er sagt, »durch die Abbröckelung des Eisernen Vorhangs« immer mehr Gäste aus Ungarn ausgerechnet in seinen Bezirk kommen. Ernö Th., politischer Emigrant von 1956, denkt nostalgisch zurück an die sechziger Jahre: »Da war in Ungarn alles viel rigider. Meine Verwandten und Bekannten haben mich nur ausnahmsweise besucht, weil ich für sie politisch anrüchig war. Jetzt ist das längst vorbei.« Die Leute haben keine Angst mehr, und alle wollen etwas von ihm. Entweder bitten sie ihn, etwas Geld auf jenes berühmte Konto zu überweisen, oder sie erkundigen sich bei ihm nach irgendwelchen Ersatzteilen. »Mein Bruder war damals klüger«, erinnert sich Ernö Th. an die Zeit seiner Auswanderung, »er ist sofort nach Jamaika weitergefahren.«

Der bereits erwähnte Bezirksvorsteher Pint eröffnet seine Klagen über die geschäftstüchtigen Ungarn sozusagen aus europäischer Höhe. »So erfreulich es ist«, schreibt er mit verhaltenem Zähnenknirschen in einem Stadtteilblatt, »daß der Eiserne Vorhang dahinschmilzt und der donaueuropäische Raum den Völkern wieder bewußt wird, so unangenehm sind die Randerscheinungen, die sich bei den einkaufenden Gästen aus Ungarn manifestieren. Es ist einfach unerträglich, daß die Menschen von den Schleppern auf der Mariahilfer Straße belästigt und angeschrien werden. Es geht auch nicht an, daß die Gäste ihren PKW hinstellen, wo sie wollen ... Ich habe die Polizei gebeten, rigoros gegen das wilde Parken vorzugehen. Tatsächlich werden auch immer wieder Abschleppungen vorgenommen.«

An jenem kalten Novembertag, Jahrestag der Großen Sozialistischen Oktoberrevolution, halfen auch diese Maßnahmen nichts mehr. Die kilometerlangen Verkehrsstaus in und um Wien, die überfüllten Geschäfte sorgten in Stadt und Land für eine Art Ausnahmezustand. Die Polizei setzte im Bezirk Mariahilf hundert Beamte zusätzlich ein, und der Vizebürgermeister zog verkehrspolitische Konsequenzen. »In Zukunft«, so ließ er verlauten, »werden wir Flugblätter an der Grenze verteilen, um unsere Gäste über die Parkmöglichkeiten in Wien zu informieren.«

Ansonsten ist es keinesfalls so, daß nur die Wiener über die sogenannte »Ungarn-Lawine« lästern. Auch die Ungarn amüsieren sich über die einkaufslustigen Österreicher. Frage: In den großen Supermärkten in Sopron und Györ wird in Zukunft einmal täglich die österreichische Hymne gespielt. Warum? Antwort: Ganz einfach. Die braven westlichen Nachbarn meinen dann, sie müßten ein paar Minuten lang strammstehen, und währenddessen kann die Normalbevölkerung schnell die wichtigsten Lebensmittel einkaufen.

Wenn man von dem Phänomen Mariahilfer Straße spricht, so ist damit sicherlich ein erhebliches kulturelles Problem verbunden. Hier kommt es zu einer Begegnung von zwei Gesellschaftssystemen und Gesellschaften, die strukturell meilenweit voneinander entfernt, gleichzeitig jedoch durch gemeinsame Tradition und jahrhundertelange Verbundenheit miteinander verwachsen sind.

Gemäß der nationalen Tradition haben die Ungarn unter der jahrhundertelangen Herrschaft der Habsburgerdynastie immer nur gelitten. Auf kurze, glorreiche Freiheitskriege, die immer mit Niederlagen endeten, waren für die Ungarn stets die langen, dunklen Zeiten der Unterdrückung gefolgt. Dieses romantische Geschichtsbild beherrschte die Gemüter bis zum Jahre 1867, als der Kaiser Franz Joseph zum König Ungarns gekrönt wurde. Damit war es zu einer Personalunion gekommen, durch die in der Folge der magyarische Teil der Doppelmonarchie beinahe gleichberechtigt wurde. Allerdings mußten die slawischen und rumänischen Volksgruppen für diese Sonderstellung Ungarns einen hohen Preis zahlen, und ihre Ressentiments bekommen wir heute noch zu spüren. Trotzdem waren die letzten Jahre der Donaumonarchie vor dem Ausbruch des Ersten Weltkriegs relativ friedlich und liberal. Dieses atmosphärisch Angenehme aus der Zeit, in der sich die Supermacht Österreich in Auflösung befand, bildet den Inhalt der heutigen Nostalgie. Das klein gewordene Österreich weint den alten Friedenszeiten nach, in denen es noch gemütlich zuging; die ungarische Landwirtschaft und die tschechische Industrie stabilisierten die Wirtschaft der Monarchie. Zwar wanderte damals eine Million Ungarn aus diesem Paradies in die USA aus, doch das Operettenhafte und Marzipanfeine jener Zeit blieb in der Erinnerung kleben.

Die Ungarn hatten nach dem Zweiten Weltkrieg triftigere Gründe für ihre K. u. K.-Nostalgien. Österreich hat im Jahre 1955 etwas erreicht, wovon die magyarische Gesellschaft nur träumen konnte: die allgemein anerkannte ewige Neutralität. Ein Jahr später, als die Regierung Imre Nagy nach dem Staatsvertrag in Wien ein ähnliches Interesse äußerte, kam es zum Einmarsch russischer Divisionen, und es entfaltete sich eine beispiellose Terrorwelle, die etwaige Neutralitätsgedanken für immer aus den Köpfen der Ungarn verbannte. Die 250 000 Flüchtlinge, deren erste Station Wien war, wurden damals recht freundlich aufgenommen. Man stempelte sie keineswegs als »Wirtschaftsflüchtlinge« ab. Es gab noch nicht jene arrogante Ausländerverachtung, die heutzutage Zeitschriftentitel wie den folgenden entstehen läßt: »Immer größere Polenheere im Anmarsch auf unser Land.« Nein, die Ungarn waren ausdrücklich willkommen, und man kann in jedem Wiener Telefonbuch sehen, daß sie in großer Zahl gleich dageblieben sind. Österreich, das seine Freiheit soeben wiedergewonnen hatte, erwies sich als relativ angenehmes Exilland. Als in den siebziger Jahren der vage Liberalismus in Budapest mit einer vorsichtigen außenpolitischen Öffnung einherging, war der österreichische Nachbar – nach alter magyarischer Tradition mit sanfter Ironie »Schwager« genannt – begeistert.

Nun sind die K. u. K.-Zeiten vorbei, Kreisky genießt seine wohlverdiente Pension, und Kádár genießt es vielleicht nicht, aus dem politischen Leben des Landes mehr und mehr verdrängt zu werden. Die Epoche V. u. G., gekennzeichnet durch die Namen Vranitzky und Grósz, ist angebrochen.

Angesichts der Reibungen innerhalb der Großen Koalition in Wien und der Unstimmigkeiten in der Grószschen Regierungsmannschaft wissen wir allerdings nicht, wie lange die Formel V. u. G. noch aktuell ist. Wesentlich ist jedoch, daß das »und« aus unserem Leben nicht verschwindet.

Einige hohe Politiker haben den Wunsch, von der langsamen Annäherung zu profitieren. Trotz erheblicher finanzieller Bedenken entwickeln beide Seiten Pläne für eine gemeinsame Weltausstellung Wien–Budapest, die für das Jahr 1995 vorgesehen ist. In Wien, wo an jedem Gemeindehaus eine Gedenktafel hängt, auf der man den Namen des Bürgermeisters verewigt hat, der zur Bauzeit im Amt war, denkt man gern an die künftigen Gedenktafeln, die einst an den Bauwundern in beiden Hauptstädten angebracht sein werden. Persönlicher Ehrgeiz ist auch ungarischen Staatsmännern nicht ganz fremd. Ein richtiger Pharao muß zumindest eine kleine Pyramide hinterlassen.

Die ungarischen Geschäftsleute an der Mariahilfer Straße sind natürlich Ostblockbürger, und ab und zu tragen sie diesem wichtigen Nebenumstand Rechnung. In jedem Video- und Computerladen hängt eine detaillierte Beschreibung des Verfahrens, das man auf sich nehmen muß, um die Mehrwertsteuer erstattet zu bekommen. In einem Geschäft hat man diese Informationstafel mit einer russischen Überschrift geziert: »Schto djelatj?« Das heißt: »Was tun?« Diese Umdeutung der klassischen Leninschen Fragestellung zum Mariahilfer Gebrauch zeugt von einer bewußt ironischen Behandlung der russischen Sprache. Letztere ist in allen ungarischen Schulen nach wie vor Pflichtfach, doch obwohl sie durchschnittlich acht Jahre lang unterrichtet wird, hat sie in Ungarn eine nur bescheidene Verbreitung gefunden. Auf Kosten des Großen Bruders macht sich auch jener Schlepper lustig, der dem Publikum außer verschiedenen Computern eine sowjetische Fahrradglocke anbietet – was natürlich jeder potentielle

Kunde als bösen Scherz begreift. Undankbar sind meine Landsleute. Anstatt die erweiterten Reise- und Geschäftsmöglichkeiten als festen Bestandteil der Politik von Glasnost und Perestroika zu verstehen, spötteln sie auch noch über die östlichen Genossen. So sind die Völker: Sie bauen ihre Welt von unten auf und kümmern sich kaum um weltpolitische Perspektiven.

Es ist Samstag nachmittag, und die Mariahilfer Straße ist leer. Die letzten ungarischen Paare eilen zu ihren Autos, andere gehen die Straße hinunter zu den Bussen, die vor dem Kunsthistorischen Museum parken, wieder andere gehen die Straße hinauf zum Westbahnhof, um den Balt-Orient-Expreß oder den Zug namens Arrabona zu erreichen. Das Straßenbild ist wüst und unschön; Getränkedosen, Werbeschriften und Bananenschalen liegen überall herum. Es ist ungewöhnlich still. Man hört förmlich, wie die Mariahilfer Straße aufatmet.

Unten, vor dem Kunsthistorischen Museum, steigen ungarische Touristen in einen Bus der staatlichen ungarischen Autobusgesellschaft »Volán«. Der Gepäckraum ist vollgestopft mit moderner Technologie. Die Leute halten Getränkedosen in den Händen, und die Jackentaschen sind mit Milka-Schokoladetafeln gefüllt. Der Fahrer blickt ungeduldig auf die Uhr. Heute abend läuft »Tatort« im ungarischen Fernsehen, und er möchte rechtzeitig ankommen.

Eine Frau schaut sich um, bevor sie den Bus besteigt. »Guck mal«, sagt sie zu ihrem Mann und zeigt auf den gegenüberliegenden Burggarten, »schön ist das, nicht wahr?« Der Mann nickt sichtlich gleichgültig.

Vielleicht werden sie doch einmal ohne dringende Einkaufsabsichten hierher kommen – nur, um etwas von der Stadt zu sehen. Vielleicht werden sie dann statt all dieser Getränkedosen und Plastiktüten ein paar Eindrücke mit nach Hause nehmen. Der Zollbeamte in Hegyeshalom wird sich wahrscheinlich wundern und wird sie fragen, warum sie nichts mitgebracht haben. »Wir wollten diesmal nichts kaufen«, werden sie vielleicht antworten, »wir wollten in Wien spazierengehen. Einfach nur so.«

(1989)

Ungarische Rhapsodie auf einen Geheimdienst. Die Budapester Schnüffelaffäre von 1990

Irgendwann mußte es so weit kommen. Die einstmals herrschende Partei verlor plötzlich ihre äußere Hülle, und es wurde deutlich, daß sie die Gestalt einer russischen Matrjoschka hatte. Die Puppe ganz außen war die Vergangenheit, die nächstinnere Puppe war die berühmte führende Rolle, die dritte das milliardenschwere Kapital der Genossen, die vierte die als »Arbeitermiliz« bezeichnete Parteiarmee. Jedesmal, wenn eine weitere Schicht abgefallen war, wurde die Matrjoschka dünner und kleiner. Aber die Puppe blieb dieselbe, immer mit dem freundlich-geheimnisvollen Matrjoschka-Lächeln im Mundwinkel, als wolle sie sagen: Nein, meine Lieben, das sind nur äußerliche Zugeständnisse. Eine Selbstaufgabe ist das noch lange nicht.

Tatsächlich blieb der Kern der Puppe erhalten und wurde niemals angetastet, obwohl bereits zwei Jahre lang die sonstigen Institutionen der Diktatur abgebaut worden waren. Die Geheimpolizei mit Zehntausenden von Beschäftigten und ebenso vielen Spitzeln war und blieb eine Erfolgsbranche, ausgerüstet mit neuestem westlichen Know-how und erstklassigen Spezialisten. Dessen konnte der Bürger sicher sein. Damit war auch die moderne Überwachungstechnik das einzige Gebiet, auf dem die Ungarn – die Salami- und Gänseleberproduktion ausgenommen – Weltniveau erreicht hatten.

Die hauptberuflichen Zweifler, die Intellektuellen, erhielten auf ihre bohrenden Fragen, womit sich die Geheimpolizei im entstehenden Rechtsstaat beschäftige, nur ausweichende Antworten. Offiziell wurde behauptet, es habe in Ungarn niemals eine Liste von verdächtigten Personen gegeben. Abhörgeräte habe man schon immer nur in Ausnahmefällen benutzt, und das Briefgeheimnis werde nur in Extremfällen und nur auf ausdrückliche Anordnung von ganz oben verletzt. Dies widersprach zwar sowohl der reinen Vernunft als auch der langjährigen Erfahrung vor allem der Vertreter der demokratischen Opposition, löste aber keine leidenschaftlichen Kontroversen aus. Jeder wußte, was er wußte, und im übrigen gab es eine gewisse Berührungsangst, was den Geheimdienst betraf.

Am 5. Januar 1990 beriefen zwei Oppositionsparteien, der »Bund der Freien Demokraten« und der »Bund der Jungen Demokraten«, eine Pressekonferenz ein. Im überfüllten Saal des Budapester Kinos »Grafitti« verteilten sie höchst brisante Geheimdokumente: die sogenannten Tagesberichte der vorher unbekannten Abteilung Drei-Drei-Sieben des ungarischen Innenministeriums. Ferenc Köszeg, Vorstandsmitglied der »Freien Demokraten« und Redakteur der Zeitschrift »Beszélö«, verlas einen an den damaligen Regierungschef Miklós Németh gerichteten Protestbrief, in dem dieser aufgefordert wurde, den Machenschaften der Staatssicherheit ein Ende zu setzen, die Verantwortlichen zu bestrafen und vor allem den Innenminister Horváth abzulösen. Am nächsten Tag distanzierte sich der Ministerpräsident von allen »Gesetzesverletzungen« und versprach eine rasche Untersuchung der Angelegenheit. Die Opposition sprach alsbald von einem »Donaugate«. Das Brisante an dieser Affäre waren nicht die vom Geheimdienst zutage geförderten Informationen, sondern die Tatsache, daß sich die alten Praktiken des Geheimdienstes selbst in den Flitterwochen der jungen Demokratie ungehindert entfalten konnten.

Der Skandal war dazu geeignet, Angst zu verbreiten. Die einen befürchteten die Vernichtung sämtlicher Spitzellisten und aller geheimen Verhörprotokolle aus vierzig Jahren. Andere befürchteten das genaue Gegenteil: Wenn der Apparat zerfiele, könnten sowohl ungewollt als auch gezielt belastende Dokumente an die Öffentlichkeit gelangen. Wer wollte schon gerne seine Aussagen aus dem Jahre 1958 oder einen Spitzelbericht über sein Intimleben aus dem Jahre 1973 in einer Zeitung wiederfinden? Pluralistische Strukturen gab es in Ungarn erst in Ansätzen, und der Persönlichkeitsschutz steckte noch in den Kinderschuhen. Deshalb glaubten viele, man solle diesen Sprengstoff am besten vernichten, selbst um den Preis, daß dadurch manche Fragen der neueren Geschichte unbeantwortet bleiben müßten.

Einige Tage später wurde der Name des Informanten über die Abteilung Drei-Drei-Sieben preisgegeben. Es handelte sich um József Végvári, Major der Staatssicherheit, der mit der Observierung des musikalischen Lebens in Ungarn beauftragt war. In der ungarischen Presse erhielt er den Beinamen »Das Phantom der Oper«. Sein Motiv zur Preisgabe der Geheiminformationen, so sagte er, sei »selbstlos« und »patriotisch« gewesen, und er habe die Absicht verfolgt, der massenhaften Vernichtung der Geheimakten entgegenzuwirken. Seinen Aussagen zufolge waren in den letzten Dezembertagen des Jahres 1989 vierzig Tonnen höchst geheimer Dokumente der Staatssicherheit vernichtet worden. Die paar traurigen Dossiers, die der Major um Weihnachten herum aus dem Haus geschmuggelt hatte, enthielten wenig Sensationelles.

Einer der berüchtigten Tagesberichte wurde damals im Volltext publiziert: »10. November 1989. Ferenc Köszeg vereinbarte mit einem Bekannten aus (Ost-)Berlin, W., der Genannte solle demnächst als Korrespondent der Zeitschrift »Beszélö« arbeiten. Für diese Tätigkeit könne er mit einer Gegenleistung rechnen. W. erklärte, die Oppositionellen in der DDR würden gerne mehr über die politischen Ereignisse in Polen und in der Tschechoslowakei wissen und erwarteten von diesen Ländern »eine Art Solidaritätsaktion«. Nach Köszegs Meinung könnten sie mit der Unterstützung der Freien und Jungen Demokraten sowie der Ungarischen Sozialdemokratischen Partei rechnen. Gleichzeitig gab er seinem Bekannten die Rufnummer seines Prager Bekannten P. U. Instruktion: die Organisationsschritte zwecks eventueller Solidaritätsaktion aufklären: die Erkenntnisse in unserer Informationsarbeit benützen.«

Ähnliche Tagesberichte handelten von den internen Sitzungen verschiedener Oppositionsparteien, vor allem von deren Vorbereitungen zu den Parlamentswahlen im März 1990. Das Interesse der Informanten galt hauptsächlich der Frage, wie viele Kandidaten die betreffenden Parteien in welchem Wahlkreis aufstellen wollten und welche Streitigkeiten zwischen den oppositionellen Kräften dabei zu erwarten seien. Ein Teil der Informationen konnte auch von der damals noch herrschenden Sozialistischen Partei bei den Verhandlungen am Runden Tisch verwertet werden. Neben den Parteien wurden andere Institutionen wie zum Beispiel der ökologische »Donaukreis« und der sozialpolitische »Konsultationsdienst für Bürger« überwacht. Sogar ein Gymnasium wurde observiert. Der Tagesbericht von einer Solidaritätskundgebung der Schüler anläßlich der Ereignisse in Rumänien trug ein historisches Datum: das des 22. Dezember 1989. Das war der Tag, an dem Ceauşescu gestürzt wurde.

»Wir sind, bitte, nicht die Securitate«, beschwor am Tag nach der Pressekonferenz im Kino »Grafitti« der Vizeminister des Inneren, Ferenc Pallagi, die Rundfunkhörer. Die Echtheit der von der Opposition präsentierten Dokumente bezweifelte er nicht, wollte sie zu diesem Anlaß allerdings zum ersten Mal gesehen haben. Auch der Innenminister István Horváth gab sich völlig unschuldig. Die Nachricht über die Enthüllungen habe ihn »wie ein Blitz aus heiterem Himmel« getroffen. Es handelte sich seiner Meinung nach bei den inkriminierten Schriften außerdem um Dokumente, in die weder er noch sein Stellvertreter unbedingt Einsicht hätten erhalten müssen. Solche Beteuerungen halfen jedoch nichts mehr, und mehrere hohe Polizeioffiziere mußten den Hut nehmen.

Am Ende der siebziger Jahre hatten mehrere ungarische Dissidenten in dem seit Jahren leerstehenden Glöcknerhaus eines kleinen Dorfes Zimmer gemietet, um der Budapester Hektik entfliehen zu können. Der ortsansässige Pfarrer erwies sich als sehr gastfreundlich. Im Sommer 1979 hielt ich mich zeitgleich mit dem Romancier György Konrád in dieser Dissidenten-Datsche auf. Während Konrád an seinem Roman »Der Komplize« arbeitete, war ich mit der Übersetzung eines sowjetischen Sachbuchs über sozialistische Ethik beschäftigt.

Das von Ungarndeutschen bewohnte Dorf in der Nähe der Hauptstadt lockte auch Donauschwaben an, die nach 1945 zwangsausgesiedelt worden waren. Sie kamen mit ihren Westautos aus Stuttgart, waren auf Nostalgietour oder wollten Verwandte besuchen. Einige von ihnen erinnerten sich an unser Haus aus ihrer Kinderzeit und sahen es sich genauer an. Sie kletterten sogar auf den Dachboden. Dort entdeckten sie zu ihrer Bestürzung eine seltsame technische Einrichtung, die einem Gegenstand, der kurz zuvor das Titelblatt des STERN geziert hatte, gespentisch ähnlich sah. Die braven Bundesbürger zitterten vor Aufregung, als sie dem naiven alten Dorfgeistlichen zu erklären versuchten, das Wort »Wanze« habe im Deutschen eine doppelte Bedeutung. Soweit ich mich erinnern kann, haben wir nichts gegen das Abhörgerät unternommen. Gespräche über vertrauliche Themen fanden fortan im Garten statt.

Die »Donaugate«-Affäre basierte ohne Zweifel auf einer Rechtslücke. Die Ungarische Republik verfügte bereits über eine neue Verfassung, aber die internen Instruktionen des Innenministeriums hatten ihre Gültigkeit noch nicht verloren. So handelten die Sicherheitsbehörden, wenn sie etwa sämtliche Telefongespräche der führenden Partei »Demokratisches Forum« in einer Provinzstadt mit modernstem Siemens-Abhörgerät überwachten, in völligem Einklang mit ihren Dienstvorschriften, verletzten jedoch das Prinzip der sogenannten Parteineutralität der staatlichen Einrichtungen. Wenn jemand aus dem Apparat wiederum die Öffentlichkeit über die Geheimdienstpraktiken informierte, so war dies ein schweres Verbrechen, weil er die Geheimhaltungspflicht verletzte, auf die er geschworen hatte. Andererseits hatte der Beamte einen Eid auf die Verfassung abgelegt, und die verbot ihm ausgerechnet jene Überwachungshandlungen, die ihm seine Vorgesetzten befohlen hatten. So wurde der bereits erwähnte Major Végvári wegen seiner Indiskretion vor Gericht gestellt, jedoch vom Präsidenten der Republik begnadigt.

Aber nicht nur juristisch, sondern auch politisch und moralisch war die Lage zwiespältig. Die Herrschenden wollten sich nicht einfach in die Defensive drängen lassen. Der Innenminister ging nach seiner anfänglichen Sprachlosigkeit zum Angriff über. »Meiner Meinung nach«, sagte er in der ehemaligen Parteizeitung »Népszabadság«, »handeln die Vertreter der Freien und der Jungen Demokraten nach einem wohlkomponierten Drehbuch. Sie wählen die Zielscheibe ihrer Angriffe gründlich aus (...). Sie wollen die Schlacht schon vor den Wahlen gewinnen und einen heißbegehrten Ministersessel ergattern.« Auch der Geheimdienst meldete sich zu Wort. Anonym, unter der Bezeichnung »Die Mitarbeiter des Dienstes«, klagten sie darüber, daß die Opposition nun eine »Abrechnung« fordere, was mit dem demokratischen Charakter der neuen Parteien nicht zu vereinbaren sei. »Wir verurteilen und verachten zutiefst jene Person, die Staats- und Amtsgeheimnisse Inkompetenten zugänglich gemacht hat.« Ein Polizeioberst nahm seine Staatsschützer in Schutz, indem er behauptete, sie alle seien »Menschen mit positiver Moral«. Dies stimmt sicherlich, wenn man für die Dienstzwecke der Geheimpolizei einen gesonderten Moralkodex aufstellt.

Die Sprecherin der Freien Demokraten, Ottilia Solt, wandte sich in einem offenen Brief an die Staatsschützer: »Wenn Sie tatsächlich nichts Verwerfliches an der Existenz der inkriminierten Dokumente finden, wenn Sie ernsthaft meinen, unsere Telefongespräche seien Staatsgeheimnisse (...), wenn Sie immer noch nicht begreifen, was für einem absurden, schändlichen Beruf Sie nachgehen, dann gefährden Sie die Sicherheit dieses Staates.«

Dennoch dominierte selbst in dieser ersten leidenschaftlichen Phase der Debatte das Beschwichtigende und Verniedlichende. So sagte zum Beispiel Anna Petrasovits, die damalige Präsidentin der Sozialdemokratischen Partei: »Wir wissen, daß wir die innere Abwehr brauchen. Aber es wäre besser, wenn nicht die Gespräche zwischen mir und meiner Großmutter abgehört würden, sondern die Aufmerksamkeit den Waffenschmugglern, den Mädchen- oder Drogenhändlern gelten würde.«

Ein Historiker erzählte mir, er habe im Budapester Stadtarchiv ein Telefonabhörprotokoll aus dem Jahr 1948 gefunden. Dieses stammt aus den letzten Tagen der kurzlebigen Nachkriegsdemokratie. Damals wurde das Telefongespräch zweier oppositioneller Parlamentsabgeordneter in Stenografie festgehalten. Die Aufzeichnungen enthielten folgende Sätze:

»Herr Abgeordneter, wissen Sie, daß unsere Gespräche abgehört werden?« – »Ich weiß es, Herr Abgeordneter, und ich freue mich sehr darüber.« – »Wieso, Herr Abgeordneter?« – »Wenn ich etwas Wichtiges zu sagen habe und Wert darauf lege, daß der Herr Innenminister das erfährt, dann erzähle ich es ganz einfach am Telefon.«

Ebenso wie diese beiden Politiker wußte in der Vergangenheit jeder erwachsene ungarische Staatsbürger, daß massenweise Gespräche abgehört wurden, daß das Spitzelwesen blühte und daß die Schnüffelei auch vor der Privatsphäre nicht haltmachte. Was zum Beispiel das Telefon betrifft, so wurde sein Mißbrauch zum Datensammeln quasi offiziell zugegeben. So stand im Vorwort des Fernsprechverzeichnisses aus dem

Jahre 1971 schwarz auf weiß: »Die Post garantiert die Wahrung des Fernmeldegeheimnisses gemäß den vorhandenen Möglichkeiten.« Dieses halbgare Zugeständnis, daß mit Indiskretionen zu rechnen war, betraf keineswegs den einzigen Sachverhalt, der in der gemütlichsten aller Diktaturen als offenes Geheimnis gehandelt wurde.

Wahrscheinlich ist das Operettenhafte unserer politischen Mentalität mit dafür verantwortlich, daß eine Geheimdienstaffäre wie in der DDR in Budapest letztlich nicht stattgefunden hat. Für die angeblich vernichteten vierzig Tonnen Geheimakten gibt es nun ein Surrogat. Das interessierte Publikum wurde mit der Veröffentlichung einiger geschwätziger und nichtssagender Memoiren abgespeist: Außer dem bereits erwähnten Major Végvári meldeten sich ein Geheimdienstgeneral und ein einfacher Spitzel zu Wort. Die entsprechende Abteilung des Innenministeriums wurde abgeschafft, und ein »Amt für Nationale Sicherheit« wurde etabliert. Bis zu welchem Prozentsatz dieses aus ehemaligen Mitarbeitern der Staatssicherheit besteht, ist bis heute unklar. Nach den freien Wahlen im März 1990 ist es um die ungarische »Firma« ziemlich still geworden.

Allerdings nicht ganz. Als Informationen zur Presse durchsickerten, der berüchtigte Terrorist »Carlos« habe gemeinsam mit seinen Kampfgefährten im Jahre 1979 einige Monate im Grand Hotel auf der Margareteninsel verbracht – auf Kosten des ungarischen Staates, versteht sich – forderten manche Abgeordneten von der Regierungspartei beispielhafte Gerichtsurteile gegen ehemalige Mitwisser aus dem Politbüro wegen Unterstützung einer kriminellen Vereinigung. Sogar die Verhängung von Todesurteilen wurde erwogen. Aber auch diese etwas künstlich wirkende Empörungswelle ist allmählich wieder abgeebbt. Gleichzeitig wurde bekannt, daß der Nachlaß der ehemaligen Abteilung Drei-Drei-Sieben doch nicht vollständig vom Winde verweht beziehungsweise vom Reißwolf geschluckt worden war. Unter anderem hieß es, die Liste der inoffiziellen Mitarbeiter befinde sich in einem gut bewahrten Safe, und letzteres – so wird vermutet – nicht von ungefähr, denn diese Liste könne unter Umständen manch neuen demokratischen Würdenträger, manch hoffnungsvoll begonnene Karriere gefährden.

Im Dezember 1990 erschien in meiner Wohnung eine kleine Abordnung des Amtes für Nationale Sicherheit. Der zuständige Beamte teilte mir mit ausgesuchter Höflichkeit mit, es sei vermutlich vor langen Jahren aufgrund eines Beschlusses der Abteilung Drei-Drei-Sieben ein illegales Abhörgerät in meiner Wohnung installiert worden. Jetzt gehe es um die Entfernung des letzteren, um dadurch »die rechtmäßige Lage wiederherzustellen.«

Die zwei jungen Techniker piepsten mit ihrem elektronischen Suchgerät mehr als eine Stunde lang in allen Ecken unserer beiden Zimmer herum und fanden bei dieser Gelegenheit sämtlichen Klimbim aus Metall, der meiner Tochter in den letzten zehn Jahren in irgendwelchen Möbelritzen verlorengegangen war. Schließlich wurden sie fündig und entdeckten das winzige Gerät hinter einem großen Sofa, unten an der Wand über der Fußleiste. Sie versicherten mir, es handle sich um ein altes Modell, das wahrscheinlich seit Jahren nicht mehr funktionsfähig sei. Das Sofa war nicht immer an dieser Stelle gewesen. In den siebziger Jahren stand dort ein großer Tisch, an dem wir mit unseren in- und ausländischen Gästen geplaudert und gegessen haben.

Im nachhinein mußte ich über die Geschichte vom Ausbau der Wanze lachen, fand sie im Grunde aber alles andere als komisch. Noch Wochen später fielen mir nicht nur politische, sondern auch private Gesprächsfetzen bis zurück in meine Jugendjahre ein, und bei jedem Einfall dachte ich kopfschüttelnd: Das haben sie also auch mitgehört.

Ungarn – ein Jahr nach dem Weltuntergang

»Die Neue Welt wartet auf uns wie auf angstvolle Auswanderer.«

Attila József, 1937

Subjektives

Nichts kann ich dagegen tun: Ich bin ein Kind des Sozialismus, sowohl des Systems als auch des sozialistischen Traums. Selbst die Art und Weise, wie ich mich jahrzehntelang gegen das Regime gesträubt habe und dabei immer wieder das Schimpfwort »Regime« zu meiden suchte, enthielt etwas hoffnungslos Sozialistisches, etwas wie eine Erwartung trotz alledem. Und obwohl ich mit einigen Chips im damals noch riskanten Roulette der Systemveränderung mitspielte, fühle ich mich heute keineswegs als Gewinner. Der Zeitraum zwischen 1945 und 1989, der im Laufe von ein paar Monaten restlos und unwiderruflich zu Vergangenheit geworden ist, umfaßt meine Kindheit, meine Jugend und einen Teil meines Erwachsenenalters – insgesamt die größere Hälfte des bewußten Lebens.

Als ich im April 1988 nach einem Jahr im Westen mein Land wiedersah, erlebte ich ein fröhliches Chaos, eine Art Volksfest der Intelligenz. Die alten Strukturen befanden sich in Auflösung, die neuen erwiesen sich noch als embryonal. Der Zustand erinnerte mich an die Wiener Manierismus-Ausstellung, an einen Saal aus dem 17. Jahrhundert, den sein Erbauer mit Absicht unter Mißachtung aller Gesetze der Perspektive gestaltet hat. Als ich diesen Saal zum ersten Mal betrat, wurde mir schwindelig. Ich wußte nicht mehr, ob ich tatsächlich am rechten Ort war und lehnte mich ein paar Minuten an die Wand, um nicht umzufallen. Ähnlich war meine erste Begegnung mit der damals erst in Ansätzen existierenden ungarischen Demokratie.

Zwei Jahre später hörte ich ungewollt das Gespräch zweier

Landsleute in einer Wiener Straßenbahn. Die beiden, etwa gleichaltrig mit mir, blickten fasziniert zu den Schaufenstern der österreichischen Hauptstadt. Und der eine fragte melancholisch: »Wann werden auch wir das alles haben?« – »Ich wette mit dir«, ermunterte ihn sein Gegenüber, »wenn wir Rentner sind, wird Ungarn sein wie Österreich.« Ich nahm dies zum Anlaß, in meine eigene Seele zu schauen, und mußte schlechten Gewissens zugeben, daß ich mich weder nach der Rente sehne noch nach einem Zustand, der mein Land dem Nachbarstaat zum Verwechseln ähnlich erscheinen läßt.

Objektives

Der Zusammenbruch des Kádár-Systems, einer der erträglichsten Varianten des real existierenden Sozialismus, erfolgte relativ friedlich und nahm annähernd zwei Jahre in Anspruch. Eine Zeitlang zögerte der kommunistische Parteivorstand immer wieder, dem aktuellen oppositionellen Druck nachzugeben, konnte jedoch die Machtkrise – halb zog sie ihn, halb sank er hin – nur noch verlangsamen. Wenn Sterben überhaupt mit Kunst etwas zu tun hat, so war das Hinsiechen der Volksrepublik kunstvoll vor sich gegangen.

Dieser Vorgang wurde dadurch erleichtert, daß zwischen Kádárs Rücktritt im Mai 1988 und den ersten freien Parlamentswahlen im März und April 1990 keine Revolution stattfand. Abgesehen von einigen Massendemonstrationen wie der zweiten Beerdigung von Imre Nagy oder der Feier zum Gedenken an die Revolution von 1848 gab es kein Ereignis, das auch nur entfernt an einen Umsturz erinnert hätte. Streiks finden bis heute, wenn überhaupt, dann sporadisch statt, und auch die schwache Wahlbeteiligung der Bevölkerung ist kein Zeichen von wachsenden spontanen Aktivitäten. Das Chaos des Systemwechsels, in der DDR und in Rumänien so einprägsam und so ergiebig für die Medien, hatte in Ungarn ein eher nüchternes Gepräge. Die eigentlichen Machtkämpfe vollzogen sich in einem verhältnismäßig engen Kreis von Berufspolitikern oder solchen, die es werden wollten – ehemaligen Dissidenten. Ausschreitungen waren zumeist rein verbaler Natur, und das Schlachtfeld der Wende war die freie Presse und die frei gewählte Nationalversammlung.

Dieser an sich begrüßenswerte Charakter der Veränderungen hängt sicherlich mit der relativen Liberalität der späten Kádár-Ära zusammen – ein Kapital, von dessen Zinsen die Nachfolgeparteien USP und USAP bis heute profitieren können. Bereits die Tatsache, daß es seit den sechziger Jahren eine mehr oder weniger autonome Kultur geben konnte, läßt so manchen verspäteten Wutausbruch der Literaten wenig glaubwürdig erscheinen. Mehrfache Staatspreisträger können sich schlecht über die »Tyrannei« des gestürzten Chefideologen György Aczél beklagen. Insgesamt wurde die Mehrheit der künstlerisch-wissenschaftlichen Intelligenz mindestens ebenso gehätschelt wie unterdrückt, wenn auch zugegebenermaßen das eine nur eine subtilere Form des anderen war. Natürlich fehlte es nicht an beklagenswerten Ausnahmen, die aber auch in diesem Fall nur die groteske Regel bestätigten. Andere Bevölkerungsgruppen haben dem Ancien régime viel Ernsthafteres vorzuwerfen. Dies gilt vor allem für jene, die keine Fähigkeit oder Möglichkeit hatten, sich öffentlich zu artikulieren: die Arbeiter und die Bauern, die Rentner und die Jugendlichen, die Zigeuner, die Kleinbürger und die technische Intelligenz. Dennoch gilt, daß es in der Kádár-Zeit eine Kategorie zwischen »Tätern« und »Opfern« gab, die weder der einen noch der anderen Gruppe zuzuordnen war. Quer durch alle Bevölkerungsschichten gab es eine beachtliche Menge von Nutznießern und Mitläufern, die mitunter das Bewußtsein der ganzen Sozialstruktur entscheidend prägten.

Der real existierende Sozialismus in Ungarn präsentierte einen stolz erhobenen Januskopf. Nach seinem öffentlichen Selbstverständnis war er die Diktatur des Proletariats, nach seiner offen-geheimen Weltanschauung die »lustigste Baracke im Lager«. Hätte das historische Schicksal diesem System noch fünf Jahre Schonzeit gewährt, so wäre es zu einer abstrusen Verflechtung von Stasi und Schwarzmarkt, von Prostitution und Sitte, von Behördenwillkür und Rechtsverständnis gekommen. Das Lügengebäude des Kádárismus basierte auf der nie ausgesprochenen und dennoch zynisch praktizierten Vorstellung, daß Moral eine Sache der Quantität, des richtigen Proporzes sei. Böses sollte folglich nicht vermieden, sondern durch Gutes kompensiert werden. Deshalb findet man heute in Ungarn fast keinen Funktionär, der außer Untaten nicht auch Wohltaten begangen, keinen ideologischen Dunkelmann, der nicht irgendwann einmal auch etwas »Fortschrittliches« niedergeschrieben hätte. Selbst Folterknechte der fünfziger Jahre beanspruchen, sich in einigen Fällen ausgesprochen anständig verhalten zu haben. Diese banale Alibimentalität wäre kaum erwähnenswert, wenn sie tatsächlich bloß ein Teil unserer Vergangenheit wäre. Sie droht jedoch in unsere schöne neue Zeit hinübergerettet zu werden.

Die Falle

Die Entwicklungsrichtung der nachsozialistischen Ära führt eindeutig zu einer als »sozial« gepriesenen Marktwirtschaft. Die gängigen Slogans sprechen von einem Einzug in das Haus Europa oder, bildlicher, von einem Aufspringen auf den europäischen Zug. Dieses Vorhaben wird in der Öffentlichkeit so geschildert, als handele es sich um eine schöne Utopie. In Wirklichkeit geht es um eine Zwangsentwicklung, deren Stil und Tempo von der westlichen Art des Wirtschaftens vorgegeben wird. Eine Politik, deren Ziel die Anpassung der ungarischen Wirtschaft und Gesellschaft an das moderne kapitalistische Modell ist, sollte zugleich entschlossen und behutsam, langsam und schnell, liberal und sozial, freiheitlich und sozialdemokratisch sein.

Ausgerechnet die beiden letztgenannten Strömungen sind in Ungarn nur schwach vertreten und noch wenig verwurzelt. Hingegen scheint aus dem hinterbliebenen ideologischen Vakuum ein Geflecht von althergebrachtem und neuem christlich-nationalen Gedanken- und Gefühlsgut zu entstehen. Ohne dieses Phänomen von vornherein mit nur negativen Vorzeichen versehen zu wollen, muß festgestellt werden, daß sich jede politische Ideologie, die aus den Versatzstücken der Zwischenkriegszeit schöpft, zwangsläufig modernisierungshemmend auswirkt. Andererseits kann kein Politiker um diese neu zum Leben erweckte Tradition einfach einen Bogen machen, denn es handelt sich dabei nicht bloß um Schmuggelware auf dem ideologischen Schwarzmarkt, sondern um einen spontanen Versuch, das besagte Vakuum auszufüllen und unverarbeitete historische Erfahrung zu reaktivieren.

Die Falle, die uns bedroht, besteht aus einer neuen Art von Zwiedenk. Einerseits findet eine schnelle Kapitalisierung und Verwestlichung in der Realität statt, andererseits eine ebenso radikale Patriarchalisierung und Konservatisierung in den Köpfen und Herzen. Der Traum vom Tausendjährigen Königreich Ungarn steht der Perspektive einer computergesteuerten, womöglich gentechnologisch ausgerüsteten Republik Ungarn des Jahres 2000 gegenüber – die Welt von gestern und die Welt von morgen in mehr oder weniger friedlicher Koexistenz. McDonalds zieht in die Pußta, und Piroschka entdeckt ihr Herz für Eduscho.

Kostproben

1. Aus einem Leserbrief zur Debatte um die Einführung des Religionsunterrichts an den Schulen:

»Woher dieses Unbehagen, um nicht zu sagen, dieser Haß gegenüber dem Glaubensunterricht? ... Meine Damen und Herren! Ungarn ist das Land von Stephan dem Heiligen. Seine Ermahnungen an seinen Sohn (Fürst Emeric, 11. Jahrhundert) sprechen auch unsere Jugend an. Die ungarische Jugend ist durch 45 Jahre der verfluchten Politik moralisch völlig herabgesunken. Zwei Generationen litten unter der Last des teuflischen Systems. Die dritte geben wir nicht her! Wir beanspruchen sie! Wir fördern ... die saubere Männlichkeit, die Verwirklichung einer charakterfesten Welt der Jugendlichen ... Das ungarische Volk ist mehrheitlich religiös und hängt an seinem Glauben. Davon soll es nicht mehr durch irgendwelche hanebüchenen Philosophien abgehalten werden.«

2. »Bin ich ein Antisemit?« Auszug aus einem Pamphlet von Tibor Antallfy (Selbstverlag 1990):

»Tatsächlich ist auffällig, daß das Judentum an nichts anderes denkt als an die Gaskammern und gegen nichts anderes protestiert. Nach dem Zweiten Weltkrieg wurden aus Ungarn Menschen in der Größenordnung von Hunderttausenden nach Rußland zur Zwangsarbeit verschleppt. Aus jüdischem Munde habe ich von dieser Tatsache noch nie gehört. Die Zweite Ungarische Armee wurde am Don (1943) unter furchtbaren Bedingungen praktisch vernichtet. Aus jüdischem Munde, das heißt, aus dem Munde ungarischer Juden habe ich diese Tatsache noch nie gehört ... Hat schon mal jemand aus jüdischem Munde gehört, daß Ungarn während des Zweiten Weltkriegs anderthalb Millionen Menschen verloren hat? Hat jemand diese anderthalb Millionen jemals jemandem zum Vorwurf gemacht? Dagegen hört man seit 45 Jahren unentwegt von den sechs Millionen Juden ...«

3. Aus dem Programm der »Gruppe zum Schutz der ungarischen Nationalität« (März 1990):

»... Das Magyarentum schreit nicht nach Rache, verlangt jedoch eine moralische Wiedergutmachung sowie die Abschaffung aller Nachteile für die ungarische Bevölkerung Ungarns ... genaue statistische Feststellung der nationalen Zusammensetzung der Landesbevölkerung, Identifizierung der nationalen Zugehörigkeit der einzelnen Staatsbürger. Wir fordern eine proportionsgemäße Beteiligung der ungarischen Nationalität an der Lenkung der kulturellen und wissenschaftlichen Institutionen sowie der Wirtschaft ... die Wiederherstellung der traditionellen moralischen Ordnung des christlichen Europa, die Zurückdrängung des Einflusses der Sexualpathologie auf die Gesellschaft ... die Abschaffung aller sozialen Einrichtungen, die für das körperliche und seelische Verderben der ungarischen Jugend verantwortlich sind, die Aufnahme der Körperertüchtigung unter die Hauptdisziplinen des Schulunterrichts ...«

Tiefere Gründe

Die Ungarn gehören zu jenen kleinen osteuropäischen Nationen, die infolge der mehrere Jahrhunderte währenden Fremdbestimmung kaum die Möglichkeit hatten, die eigene Identität als Naturzustand zu genießen. Die Völker im Reiche der Osmanen und der Habsburger definierten sich traditionsgemäß als Verteidiger der europäischen Zivilisation gegen einen asiatischen Drang nach Westen. In Wirklichkeit aber trachteten weder Dschinghis-Khan noch Jossif Dshugaschwili danach, Paris oder London zu erobern, und die Hohe Pforte pflegte seinerzeit exzellente Beziehungen zu den allerchristlichsten Königen Frankreichs. Die traditionellen osteuropäischen »Basteien des Christentums« waren mindestens seit dem Wiener Kongreß 1815 dem diplomatischen Pokerspiel der christlich-abendländischen Großmächte ausgeliefert. Ihr Glück und Unglück hing in höchstem Maße von der jeweiligen gesamteuropäischen Konstellation ab.

Im Ersten Weltkrieg war Ungarn auf der Seite der Zentralmächte. Im Frieden von Trianon 1920 verlor es zwei Drittel seines Vorkriegsterritoriums. Zwanzig Jahre später befand sich das Land in der Kriegskoalition der Achsenmächte, und die Verluste von Trianon wurden durch den Frieden von Paris 1947 bestätigt. Die Ungerechtigkeit der beiden Friedenswerke wurde noch um die Geheimklausel von Jalta ergänzt, mit der die ehemals unterdrückten Nationen der Doppelmonarchie, sowohl Verlierer als auch Sieger des Zweiten Weltkriegs, unter sowjetische Vorherrschaft gestellt wurden. Hieß die offizielle politische Doktrin der Zwischenkriegszeit »christlich« und »national«, so begriff sich die kommunistische Nachkriegsideologie als Gegenpol zu den beiden Strömungen und bekämpfte diese mit äußerster Intoleranz. Das Ergebnis waren Russenhaß und Antikommunismus, die offiziell nur auf der Ebene des Strafrechts zur Kenntnis genommen und dadurch geradezu noch geschürt wurden.

Besonders schwer hatten es in der Zwischenkriegszeit solche politischen Ideologien, die, wie der Liberalismus und die Sozialdemokratie, sowohl den christlich-nationalen als auch den kommunistischen Fundamentalismus ablehnten. Vor allem die Sozialdemokraten gerieten ins Kreuzfeuer. Für die Konservativen waren sie »vaterlandslose Gesellen« und »Judengesindel«, für die radikale Linke »Arbeiterverräter« und »Agenten der Bourgeoisie«. Selbst der nach dem Ersten Weltkrieg in den Rang einer offiziellen Weltanschauung erhobene Antisemitismus diente zunächst als Vehikel gegen Liberalisierungstendenzen. Die kapitalistische Entwicklung, deren Hauptträger in Ungarn aus historischen Gründen das jüdische Bürgertum war, drohte die feudalen Strukturen des Landes zu sprengen. Diese Gefahr suchte das autoritäre Horthy-Regime durch die von der katholischen und evangelischen Kirche sanktionierten Rassengesetze abzuwehren. Später, gegen Ende der dreißiger Jahre, wurde das Regime von seiner instrumentell eingesetzten Judenfeindlichkeit selbst überrollt und letzten Endes von der rechtsradikalen Pfeilkreuzlerbewegung hinweggefegt.

Natürlich läßt sich die Kraft der ungarischen Fundamentalisten kaum mit der ihrer Vorfahren vergleichen. Der Abbau des Kádár-Systems und der Abzug der sowjetischen Truppen beraubten sie zweier wichtiger Argumente. Kommunisten spielen in Ungarn keine Rolle mehr, und die Nachfolgepartei USP kann kaum noch als kommunistisch bezeichnet werden. Die Präsenz der Sowjets in der ungarischen Politik ist ebenfalls minimal – selbst Costa Rica scheint mehr Einfluß zu haben. Die Regierungskoalition, bestehend aus christlichen und nationalen Parteien, muß nichtsdestoweniger sowohl der liberalen Parlamentsopposition als auch dem internationalen Umfeld Rechnung tragen. Die stärkste Partei der Koalition, das Demokratische Forum, bemüht sich offensichtlich, das Image einer ungarischen CDU aufzubauen. Dies mag für westlich-liberale Kreise eine Ungeheuerlichkeit sein – für unsere Verhältnisse aber ist selbst der bundesrepublikanische Konservatismus gleichbedeutend mit einem gewissen Zivilisationsgrad. Es darf nicht vergessen werden: Zu den Modellen möglicher Veränderung in Osteuropa gehören nicht nur »sanfte« Revolutionen, sondern auch Berg-Karabach und Tirgu Mures.

Die öffentliche Debatte über die Einführung des Religionsunterrichts an den Schulen zeigt, daß unser konservatives Lager auf die Öffentlichkeit flexibler reagiert, als auf den ersten Blick zu vermuten wäre. Ursprünglich wollte man den Glauben fast zum Pflichtfach erklären, mit Zeugnisnoten und dem Vermerk der jeweiligen Konfession in den Schülerakten. Zweifellos sind die kommunistischen Glaubensverfolgungen mit dafür verantwortlich, daß eine solche Lösung die Schule zum Schauplatz freigesetzter Emotionen gemacht hätte. Vor allem unter dem Druck der Medien wich die Regierung vor dem ursprünglichen Plan durch mehrere »Berichtigungen« zurück. Besonders ermunternd für den distanzierten Beobachter war die Tatsache, daß eine Reihe kleiner Kirchen den vom katholischen Klerus getragenen Reformentwurf ebenfalls ablehnten. Dies führte dazu, daß zunehmend eine inhaltliche Diskussion in Gang kam: Welche Art von moralischem und historischem Bewußtsein soll der ungarischen Jugend in der neuen demokratischen Schule vermittelt werden?

Auch in der Diskussion um den neuen Antisemitismus versucht die Forumpartei jeden Verdacht von sich zu weisen. Sie tut dies in »positiver« Art und Weise, ohne sich von strittigen Äußerungen ihrer Repräsentanten zu distanzieren. Wenn der Regierungschef József Antall zur Einweihung des ersten Holocaust-Denkmals erscheint und eine Gedenkrede für die sechshunderttausend ermordeten ungarischen Juden hält, so setzt er damit tatsächlich ein Zeichen. Diese Geste kann für alle Seiten etwas Verbindliches enthalten, indem die Ablehnung des Antisemitismus eindeutig als Teil des demokratischen und nationalen Konsens aufgefaßt wird – eine Proklamation, die vor allem geeignet ist, die schätzungsweise hunderttausend Ungarn jüdischer Abstammung zu beruhigen. Was darüber hinaus erfolgen muß, ist die Verankerung des Gleichheitsprinzips im nationalen Bewußtscin, mehr noch: die Ausdehnung seiner Gültigkeit auf alle politischen, kulturellen, nationalen, religiösen und anderen Minderheiten der Gesellschaft. Dies kann jedoch keine bloße Regierungsangelegenheit sein.

Die andere Falle

Die Regierungsparteien mit ihren zum Teil keinesfalls liberalen Politikern sind also gezwungen, eine liberale Politik zu betreiben. Diese enthält jedoch einen immanenten Widerspruch, und das wäre auch dann der Fall, wenn die jetzige Opposition Regierungsverantwortung übernehmen würde. Der Plan, eine soziale Marktwirtschaft zu errichten, verheißt zweifellos eine lichte Zukunft, nur scheint der Weg dorthin unerträglich steinig zu sein. Und, was noch schlimmer ist: Niemand, keine Partei und keine Wissenschaft, kann zur Zeit sagen, wie viele Jahre der Entbehrung durch jenen Wohlstand nachträglich gerechtfertigt werden. Die Spannung zwischen Zukunftsversprechungen und deren düsterem Gegenwert ist natürlich in jeder osteuropäischen Gesellschaft nur zu gut bekannt. Es wäre jedoch ungerecht, die jetzigen Schwierigkeiten des Landes der Demokratie zuzuschreiben. Mit dieser Wahrheit ist aber weder der Gesellschaft noch den jeweils herrschenden Parteien geholfen. Auf ökonomischer und sozialer Ebene führt der Liberalismus über kurz oder lang mit Notwendigkeit zur Verarmung von noch breiteren Bevölkerungsschichten, während die unreifen politischen Strukturen kaum imstande sind, einen möglichen Massenprotest aufzufangen.

Zurück in die Zukunft

Im Zuge des Wahlkampfs 1990 sorgte der liberale Parlamentsabgeordnete Miklós Gáspár Tamás für große Aufregung, indem er behauptete, ein Wahlsieg des konservativen Demokratischen Forums bedeute eine Wiederauflage des Horthy-Systems. Die Forumpartei protestierte voller Empörung. In der Hitze der Auseinandersetzung blieb die zweite These des Politikers völlig unbeachtet. Von einem Wahlsieg der Freien Demokraten versprach er sich nämlich eine Rückkehr zu den Traditionen des ersten Jahrzehnts in diesem Jahrhundert.

In Wirklichkeit ist die Anlehnung des Demokratischen Forums an die Ideale der Zwischenkriegszeit ebenso offensichtlich wie die Tatsache, daß die Intellektuellen der Freien Demokraten ihre geistigen Vorläufer bei den Radikaldemokraten der Vorkriegszeit suchen. Haben die Konservativen eine ausgesprochene Schwäche für die heilige Stephanskrone oder für Titel wie »Obergespan«, so neigen die Liberalen oft dazu, die Jahrhundertwende etwas sonniger zu sehen, als sie tatsächlich war. Abgesehen von der polemischen Schärfe enthalten Tamás' Worte daher eine gehörige Portion Wahrheit. Nostalgie ist nichts anderes als ein in die Vergangenheit verkehrtes Zukunftsbild.

Die ungarische Politik ist so, als hätte die Gesellschaft einen Computer älteren Jahrgangs zur Verfügung, der nicht IBM-kompatibel ist. Die Software besteht aus drei Programmen. Das Programm »Sozialismus-Kommunismus« ist hoffnungslos virusverseucht und enthält verstümmelte oder kaum interpretierbare Informationen. Die beiden anderen Programme, »Liberalismus« und »Konservatismus«, vermitteln zwar authentische, aber sehr veraltete und deshalb zumindest übersetzungsbedürftige Daten.

Subjektives

Wenn ich vor westlichen Zuhörern über Ungarn spreche, dann fühle ich mich oft mit der Erwartung konfrontiert: Wo bleibt die Vision, die alles lösende Utopie, der einstmals so bedeutende Traum von der Zukunft? Ich verstehe solche Fragen, sogar ihren vorwurfsvollen Unterton. In meinen Jugendjahren betrachtete ich mich ebenfalls als Couponschneider der kommenden kommunistischen Gesellschaft.

Meiner Generation wurde ein ideologischer Zeitbegriff suggeriert. Demzufolge hatten die sozialistischen Staaten allein durch ihre Konstituierung den Westen bereits weit hinter sich gelassen. Egal, ob es sich um Frankreich in den fünfziger, Dänemark in den sechziger oder Japan in den siebziger Jahren handelte – das alles war eine Art Vergangenheit geworden. In den Augen von weniger einsichtsvollen Genossen war die ganze nichtsozialistische Welt ein einziges Horthy-Regime. Als sich die Krise des sowjetischen Modells immer klarer abzeichnete, schwand das Zukunftsbild allmählich aus dem offiziellen Vokabular. Gleichzeitig beharrten die Systeme darauf manchmal sogar noch kurz vor ihrem Zusammenbruch, ewigen Bestand zu haben. Das Kursbuch der Marxschen Transformationstheorie – Urkommunismus, Sklavenhaltergesellschaft, Feudalismus, Kapitalismus und Kommunismus – schien ebenso unumstößlich vorgegeben zu sein wie die Reihenfolge der Berliner S-Bahnstationen Warschauer Straße, Hauptbahnhof, Jannowitzbrücke, Alexanderplatz, Marx-Engels-Platz und Friedrichstraße. Plötzlich betrachten all diese Gesellschaften das EG-Europa als ihre Zukunft, und der Traum der ungarischen Rentner von morgen ist das Österreich von heute.

Vielleicht erleben wir noch eine gemeinsame Greenwich-Zeit, ein paar ruhige Tage, in denen uns auch noch etwas anderes als das bloße Überleben sinnvoll erscheint. Wahrscheinlich brauchen wir noch viel Zeit bis dahin. Und Geduld. Denn es geht nicht nur um das Scheitern einiger Ideologen, sondern um das Desaster einer halben Welt, die sich nun langsam von ihrer aufgezwungenen und lang andauernden Zukunft erholen will.

(1990)

Die Budapester Taxiblockade

Inzwischen weiß man genau, wer schuld an allem war. Ende Oktober 1990 gab es vier Tage, die die junge ungarische Demokratie erschütterten. Und der Hauptschuldige an diesem Desaster hieß Saddam Hussein. Wäre Kuwait nicht vom Irak angegriffen worden, dann hätte die Budapester Regierung nicht aus ohnehin verdüstertem Himmel eine sechzig- bis neunzigprozentige Benzinpreiserhöhung ankündigen müssen. Auch die Sowjetunion war an dieser Misere nicht unschuldig. Sie dachte nämlich gar nicht daran, dem nunmehr unbrüderlich gewordenen Nachbarland das lebenswichtige Rohöl in gewünschter Menge und zu Vorzugspreisen zu liefern. In den verspäteten Argumenten der Regierung zur Rechtfertigung der Preiserhöhung spielte jedenfalls sowohl die Golfkrise als auch die drastische Kürzung der sowjetischen Lieferungen eine wichtige Rolle.

Erste Gerüchte kursierten bereits einige Wochen vor den geplanten Maßnahmen. Die Vorsichtigen eilten jedesmal zu den Tankstellen, um sich ein letztes Mal mit Benzin zum guten alten Preis zu versorgen, während die zuständigen Politiker eifrige Dementis von sich gaben. Am Mittwoch, dem 24. Oktober teilte die Nachrichtenagentur MTI mit, eine Preiserhöhung für Treibstoffe stehe nicht auf der Tagesordnung der für Donnerstag, den 25. Oktober, anberaumten Kabinettssitzung. Dies war nicht einmal eine direkte Lüge, denn, wie ein Sprecher des Finanzministeriums mitteilte, die Entscheidung war bereits vor Tagen getroffen worden. Demnach sollte ein Liter Benzin von Freitag an, dem 26. Oktober, je nach Sorte zwischen 56 und 61 Forint kosten. Selbst wenn man den offiziellen Kurs der Ungarischen Nationalbank als Berechnungsgrundlage gelten läßt, was in Ungarn niemand tut, so waren diese Preise mit den westlichen durchaus vergleichbar. Mit den Preiserhöhungen einher ging eine Erhöhung der Mehrwertsteuer um 74 Prozent, was ebenfalls den westeuropäischen Normen entspricht.

Als ein Vertreter des Industrieministeriums am Donnerstag um 14 Uhr die Absichten der Regierung öffentlich verkündete, führte dies zu sofortigen Protesten einiger Taxiunternehmen. Um sechs Uhr abends versammelten sich die Fahrzeuge der Firmen »City-Taxi«, »Radio-Taxi« und »Gabriel-Taxi« in der Innenstadt. Die Taxifahrer erklärten, falls die Regierung nicht bereit sei, ihre Entscheidung zurückzunehmen, so würden sie den gesamten Stadtverkehr blockieren. Angesichts der Tatsache, daß diese Demonstration mitten in der Zeit des Berufsverkehrs stattfand, wurde die Drohung bereits in dem Moment, als sie ausgesprochen wurde, bittere Wahrheit. Allein die Blockade der Donaubrücken führte innerhalb weniger Stunden zu seligen Zuständen des vorigen Jahrhunderts zurück. Vor 1873 waren Buda und Pest zwei voneinander völlig unabhängige Städte.

Preiserhöhungen gehörten bereits während der Zeit des Kádár-Regimes zu den heikelsten Angelegenheiten. Lange war es nicht einmal erlaubt, sie begrifflich genau zu benennen. Die Presse sprach von »Preiskorrekturen« und »Preisänderungen« oder, etwas umständlicher, von der »Anpassung der Preise an die Produktionskosten«. Entsprechende Maßnahmen wurden immer montags eingeleitet. Am Freitag davor fanden üblicherweise Parteiversammlungen statt, und die Genossinnen und Genossen wurden aufgefordert, diese ihnen vertraulich übermittelte Entscheidung der Parteiführung in ihrem jeweiligen Umfeld zu vertreten.

Als Gegenleistung für diese unbequeme Aufgabe durften die Kommunisten rechtzeitig ihre Käufe tätigen. Da aber in jeder Familie die Parteilosen die Mehrheit bildeten, verbreitete sich die Nachricht über den bevorstehenden schwarzen Montag wie ein Lauffeuer, und die Hamsterkäufe, die das

Regime hatte vermeiden wollen, blieben nie aus. Das Polizeipräsidium verordnete am Sonntagabend eine diskrete Alarmbereitschaft, und die Kabarettsendung im Radio machte im nachhinein bissige Witze über die Teuerung. So vollzog sich jede Preiserhöhung ganz im Sinne des bedrückt-gemütlichen Zeitgeistes – als eine Art bitterböses Familienereignis. Echte Proteste gab es kaum. Das Höchste der Ereignisse war, daß an einem dieser Montage Mitte der siebziger Jahre die Arbeiter der Csepel-Werke dem vor dem Fabriktor stehenden Lenin-Denkmal eine Schmalzstulle in die Hand drückten.

»Wir sind die Herren der Lage«, erklärte am Freitagabend ein Sprecher der Taxifahrer im Budapester Fernsehen. In höchster Eile hatten sich alle vierzigtausend Taxifahrer Ungarns zu einem Notsyndikat zusammengeschlossen. Der Sprecher hatte unbedingt recht. Zu dieser Zeit gab es im ganzen Land keinen einigermaßen wichtigen Verkehrsknotenpunkt, den die Rebellierenden nicht unter Kontrolle gehabt hätten. Die verbündeten privaten Transportunternehmer plazierten ihre Lastwagen vor den Brücken und vor den Ausfahrten der Städte. So entstand eine lückenlose Blockade, die auch der Eisenbahn Schwierigkeiten machte. In der Hauptstadt selbst funktionierte nur noch das U-Bahn-Netz. Die Aktion wurde mit militärischer Präzision durchgeführt und mittels Taxifunk koordiniert. Das Leben in der Republik Ungarn war gelähmt. Bereits am Freitagabend zeigten sich die ersten Folgen der Blockade. Die Regale in den Lebensmittelläden leerten sich rasch, und die Wochenendeinkäufe der Bevölkerung waren infolge der stockenden Warenlieferungen bedroht.

Noch in der Nacht zum Sonnabend waren drei recht dramatische Appelle zu vernehmen. Innenminister Balázs Horváth vom Ungarischen Demokratischen Forum erklärte am frühen Morgen, die Regierung denke nicht daran, nachzugeben und sei bereit, »die Ordnung mit allen gesetzlichen Mitteln wiederherzustellen«. Er sagte dies gewissermaßen als Stellvertreter des Ministerpräsidenten József Antall, der gerade im Krankenhaus lag. Doch schien er seine entschlossene Haltung mit anderen Entscheidungsträgern nicht hinreichend koordiniert zu haben, denn zwei Stunden später meldete sich der parteiunanhängige Polizeipräsident Barna zu Wort und drohte für den Fall, daß ein Polizeieinsatz gegen die Demonstranten verordnet würde, mit seinem Rücktritt.

Etwa zur gleichen Zeit sprach der Präsident der Republik, der Schriftsteller Árpád Göncz vom Bund Freier Demokraten. Er mahnte zur Beruhigung, forderte die Regierung auf, ihre Entscheidung zur Preiserhöhung nochmals zu überdenken und bat die Taxifahrer, die normale Lage wiederherzustellen. Als verfassungsmäßiger Chef der Armee versprach er, keinen Befehl zur Einmischung des Militärs in den Konflikt zu erteilen.

Bei Verhandlungsbeginn mit der Regierung forderten die Taxi- und Transportunternehmen als Minimalzugeständnis, die Preiserhöhungen zu suspendieren. Darüber hinaus verlangten sie eine Preissenkung um 12 Forint pro Liter Benzin, also um etwa den Betrag, der durch die Steuererhöhung aufgeschlagen worden war. Die Regierung zeigte keinerlei Bereitschaft, dieses Angebot zu akzeptieren.

Das ungarische Taxigewerbe ist eine Branche, die in den letzten Jahren der Kádár-Zeit die ersten Schritte der Privatisierung durchgemacht hat. Die Beschleunigung dieses Prozesses am Ende der achtziger Jahre öffnete jedoch eine Schere zwischen den sozial relativ gesicherten, aber einkommensschwachen Taxifahrern der staatlichen Unternehmen und den finanziell besser gestellten, aber ständig von Steuererhöhungen bedrohten privaten oder genossenschaftlichen Firmen. Normalerweise hätte eine Benzinpreiserhöhung die diversen Gruppen unterschiedlich getroffen und deshalb keinen Solidaritätseffekt ausgelöst. Die meisten Teilnehmer der Blockade waren auch nicht grundsätzlich gegen jede Preiserhöhung, da ab Anfang 1991 ohnehin eine allmähliche Liberalisierung der Benzinpreise erfolgen sollte. Das Ausmaß der Preiserhöhung und die Tatsache, daß die gewerblich Betroffenen von ihr überrumpelt wurden, löste jedoch allgemeine Panik aus.

Für die innere Dynamik des Protestes, der in der Öffentlichkeit immer häufiger mit dem Terminus »ziviler Ungehorsam« bezeichnet wurde, spielte der Taxifunk als Kampfmittel eine herausragende Rolle, und dies nicht ohne Tradition. Im November 1986 hatten flüchtige sowjetische Soldaten einen ungarischen Taxifahrer getötet, der sich geweigert hatte, sie über die Westgrenze zu bringen. Die zentralgelenkte Presse schwieg sich über diese Affäre aus. Die Taxifahrer wollten ihre Trauer öffentlich kundtun und hängten schwarze Trauerflore an die Antennen ihrer Autos. Um Unannehmlichkeiten mit der Polizei zu vermeiden, benachrichtigten sie sich gegenseitig per Funk, wenn Polizisten in der Nähe waren, damit sie das Trauerzeichen rechtzeitig abnehmen konnten.

Am Sonnabend, dem 27. Oktober erklärte die Parlamentsfraktion des Demokratischen Forums, Präsident Göncz habe mit seiner Erklärung am Vortag seine Kompetenzen überschritten, denn er identifiziere sich mit den Protestlern. Einige Abgeordnete der Forumpartei verurteilten ebenfalls die Erklärung des Präsidenten und behaupteten, die Blockade sei eine gemeinsame und längst geplante Sache der Oppositionsparteien zum Sturz der Regierung. Angeklagt wurden die Kommunisten, die Sozialisten und nicht zuletzt die große liberale Partei der Freien Demokraten. Der Schriftsteller István Csurka warnte am Sonntagmorgen im Radio sogar vor einer »das Land balkanisierenden Anarchie«. Die Oppositionsparteien und ein Großteil der Presse sprachen dagegen von einer Regierungskrise und wiesen auf die Tatsache hin, daß die Blockade in der Bevölkerung auf allgemeine Sympathie stieß.

Dies ging unter anderem aus Meinungsumfragen hervor, die am Samstag eine über achtzigprozentige Solidarität der

Bürger mit den von der Regierungspartei als »Randalierer« bezeichneten Taxifahrern ergeben hatte. Jeder Bürger, der sich in diesen Tagen auf den Straßen aufhielt – und das war trotz der bereits eingebrochenen Winterkälte die Mehrheit der Budapester – konnte beobachten, wie Jugendliche und Rentner den Protestierenden Tee und belegte Brote brachten und wie sie gemeinsam mit den Taxifahrern auf die Regierung schimpften.

In der Auseinandersetzung um die Benzinpreise zeigte sich die junge ungarische Demokratie in all ihren charakteristischen Eigenschaften. Stärken und Schwächen wurden sichtbar. Sowohl die einzelnen Parteien als auch die Medien, sowohl die Regierung als auch die Bevölkerung dachten und handelten jener Konstellation gemäß, die in Ungarn infolge des Zusammenbruchs der kommunistischen Alleinherrschaft und der Etablierung des pluralistisch-parlamentarischen Systems entstanden war.

Die Ergebnisse der freien Parlamentswahlen im März/April 1990 hatten eine klare Absage der Wähler an das alte System deutlich gemacht. Dieser Konsens war jedoch von Anfang an brüchig. Selbst die Regierungskoalition war ständig von Spaltung bedroht. So bedeutete für sie die Forderung der Partei der Kleinlandwirte, die Bodenverhältnisse von 1947 wiederherzustellen, eine erste Zerreißprobe. Vergeblich hatte damals die oppositionelle Partei der Freien Demokraten gleich nach den Wahlen versucht, durch einen Exklusivpakt mit dem Demokratischen Forum das Land regierbar zu machen. Diese konstruktive Opposition schadete jedoch ihrem Ansehen, ohne der Regierung tatsächlich nützen zu können.

Das Kabinett des Ministerpräsidenten Antall machte ursprünglich fast nur »normale« Fehler, wie sie Anfänger kaum vermeiden können. Kompetenzen wurden verwechselt, Prioritäten falsch gesetzt und die Stimmen von Experten zu wenig gehört. Als besonders schwerwiegend hat sich jedoch nur ein einziger Fehler erwiesen, von dem man meinen könnte, er sei eher für die Kommunisten typisch: die Mißachtung der Stimmung in der Bevölkerung. Ohne dieses Versäumnis hätte sich die Regierung vor dem Versuch gehütet, eine unbeliebte Maßnahme, sei sie ökonomisch auch noch so richtig, von einem Tag auf den anderen einführen zu wollen. Sie hätte sich zuvor darum bemüht, die Gesellschaft auf deren inflationsfördernde Auswirkungen vorzubereiten.

Die erste Reaktion der Regierung auf die Blockade war völlig unangemessen. Die Drohung, »mit allen gesetzlichen Mitteln« vorzugehen, hätte vielleicht zu einem Ausnahmezustand gepaßt, aber selbst die aufgeklärten Funktionäre der Kádár-Ära haben sich in den achtziger Jahren davor gescheut, die Peitsche ganz ohne Zuckerbrot anzubieten. Natürlich stellte der »zivile Ungerhorsam« die unerfahrene Regierung vor eine neue Situation, vor allem angesichts der Labilität der ungarischen Strukturen. Der Einsatz von Polizeikräften jedoch hätte eine Menge Porzellan zerschlagen und mit großer Wahrscheinlichkeit ein blutiges Ende genommen.

Am Sonntag kam es zu einer recht bescheidenen Kundgebung vor dem Parlament, die das Demokratische Forum zur Unterstützung der Regierung auf die Beine gestellt hatte. Die Anhänger des Forums trugen die grüne Fahne ihrer Partei sowie Transparente, die zu Ruhe und Ordnung mahnten. Diese Demonstranten waren von den Taxifahrern und der übrigen Bevölkerung durch einen Polizeikordon getrennt. An einem Fenster des Parlamentsgebäude erschien der Innenminister Balázs Horváth und grüßte die Demonstranten mit dem »V«-Zeichen der Finger seiner Rechten – eine ermunternde Geste, zu der er recht wenig Grund hatte.

Trotz des Polizeikordons am Donauufer kam es zu einer heftigen Diskussion zwischen Demonstranten und Gegendemonstranten, die nicht gerade nach dem Höflichkeitskodex verlief. »Kurva anyád! Kurva anyád!« ertönte es im Sprechchor seitens der Taxifahrer. Bei dieser Losung handelt es sich um einen wüsten ungarischen Kraftausdruck, der frei übersetzt so viel wie »Hurenmutter« bedeutet. Die regierungsfreundliche Gegenkraft skandierte daraufhin: »Stinkproleten! Stinkproleten!« Nach einer Weile wurde ihr das zu dumm, und sie röhrte statt dessen: »Wir sind das Volk!« Die Taxifahrer riefen beleidigt zurück: »Was sind dann wir?« Die Antwort ließ nicht lange auf sich warten. »Terroristen! Terroristen!« tönte es selbstsicher über den Kossuth-Platz.

Eingekesselt von der Taxi-Blockade wurden auch ein paar tausend deutsche und österreichische Touristen, die sich ihr gemütliches Wochenende in der Donaumetropole wohl kaum so vorgestellt hatten. Die österreichische Regierung bot den Ungarn Benzinhilfe an und schickte Autoreisezüge zum Budapester Südbahnhof. Einige Westtouristen wollten nicht so lange warten und suchten nach abenteuerlustigen Ungarn, die bereit waren, sie für hundert Mark durch jede Blockade hindurch bis zur Grenze zu bringen.

Mittlerweile waren alle Seiten zu der Schlußfolgerung gelangt, daß einzig Verhandlungen einen sicheren Ausweg aus dem Konflikt bieten konnten. Die ursprüngliche Forderung von 12 Forint Preisreduzierung erschien der Regierung realpolitisch vertretbar, ohne daß sie deshalb ihr Gesicht verlieren müßte. Ihr Zögern, mit dem sie dennoch die erste Tageshälfte des Sonntags vertrödelte, war Bestandteil einer Demoralisierungstaktik. Die Bevölkerung sollte früher oder später die chaotischen Zustände satt haben, die von den Taxifahrern verursacht worden waren. Allerdings hatte sich die Regierung an diesem Punkt möglicherweise verkalkuliert: Am frühen Nachmittag verbreitete sich das Gerücht, ein Solidaritätsstreik zugunsten der Taxifahrer in anderen Branchen stehe unmittelbar bevor.

So führten die Verhandlungen des sogenannten »Rates für Interessenausgleich« mit der Regierung, in ihrer Schlußphase vom Fernsehen direkt übertragen, schließlich zu dem allseits erwarteten Erfolg der Blockierer. Außer der Zusicherung der verlangten 12 Forint Preisreduzierung pro Liter Benzin wurde allen, die an der Protestaktion beteiligt waren, Straffreiheit garantiert. Dies geschah in Form eines Gnadenaktes durch den Präsidenten der Republik, der aber im Februar 1991 noch einmal Gegenstand heftiger Parlamentsdebatten wurde. Bittere Anschuldigungen gegenüber Göncz und den Oppositionsparteien zeigten, daß die Regierung die Demütigung nicht verschmerzt hatte. Trotzdem wurde die Amnestie von der Mehrheit der Nationalversammlung nachträglich gebilligt.

Die Sache hatte allerdings einen Schönheitsfehler. Der Gnadenakt soll in einigen Fällen nicht zur Anwendung kommen, nämlich dann, wenn ein Taxifahrer innerhalb der nächsten fünf Jahre wegen eines Deliktes, das mit der Blockade nichts zu tun hat, zu einem Freiheitsentzug ohne Bewährung verurteilt wird. Logischerweise hatte diese Regelung zur Folge, daß die Behörden vorsichtshalber ihre während der Blockade gegen die Beteiligten am »zivilen Ungehorsam« eifrig gesammelten Indizien nicht vernichtet haben. Dieser Umstand muß jedem ungarischen Taxifahrer gegenwärtig sein, falls er die Absicht hegt, innerhalb der nächsten fünf Jahre silberne Löffel zu klauen.

(1991)

edition suhrkamp
Eine Auswahl

316/1/6.90

edition suhrkamp
Eine Auswahl

316/2/6.90

edition suhrkamp
Eine Auswahl

Ditlevsen: Wilhelms Zimmer. es 1076
Doi: Amae – Freiheit in Geborgenheit. es 1128
Dröge / Krämer-Badoni: Die Kneipe. es 1380
Dubiel: Was ist Neokonservatismus? es 1313
Duerr: Traumzeit. es 1345
Duras: Eden Cinéma. es 1443
– La Musica Zwei. es 1408
– Sommer 1980. es 1205
– Vera Baxter oder Die Atlantikstrände. es 1389
Eco: Zeichen. es 895
Eich: Botschaften des Regens. es 48
Elias: Humana conditio. es 1384
Norbert Elias über sich selbst. es 1590
Enzensberger: Blindenschrift. es 217
– Einzelheiten I. es 63
– Einzelheiten II. es 87
– Die Furie des Verschwindens. es 1066
– Landessprache. es 304
– Palaver. es 696
– Das Verhör von Habana. es 553
Esser: Gewerkschaften in der Krise. es 1131
Faszination der Gewalt. es 1141
Feminismus. Inspektion der Herrenkultur. es 1192
Feyerabend: Erkenntnis für freie Menschen. es 1011
– Wissenschaft als Kunst. es 1231
Fortschritte der Naturzerstörung. es 1489
Foucault: Psychologie und Geisteskrankheit. es 272
Frank: Gott im Exil. es 1506
Frank, M.: Der kommende Gott. es 1142
– Motive der Moderne. es 1456
– Die Unhintergehbarkeit von Individualität. es 1377
– Was ist Neostrukturalismus? es 1203
Frevert: Frauen- Geschichte. NHB. es 1284
Frisch: Biedermann und die Brandstifter. es 41
– Die Chinesische Mauer. es 65
– Don Juan oder Die Liebe zur Geometrie. es 4
– Frühe Stücke. es 154
– Graf Öderland. es 32
Gerhard: Verhältnisse und Verhinderungen. es 933
Geyer: Deutsche Rüstungspolitik 1860-1980. NHB. es 1246
Goetz: Krieg/Hirn. es 1320
Goffman: Asyle. es 678
– Geschlecht und Werbung. es 1085
Gorz: Der Verräter. es 988
Gstrein: Einer. es 1483
Habermas: Eine Art Schadensabwicklung. es 1453
– Legitimationsprobleme im Spätkapitalismus. es 623
– Die nachholende Revolution. es 1663
– Die Neue Unübersichtlichkeit. es 1321
– Technik und Wissenschaft als Ideologie. es 287
– Theorie des kommunikativen Handelns. es 1502
Hänny: Zürich, Anfang September. es 1079

316/3/6.90

edition suhrkamp
Eine Auswahl

Handke: Die Innenwelt der Außenwelt der Innenwelt. es 307
– Kaspar. es 322
– Langsam im Schatten. es 1600
– Phantasien der Wiederholung. es 1168
– Publikumsbeschimpfung und andere Sprechstücke. es 177
Happel: Grüne Nachmittage. es 1570
Henrich: Konzepte. es 1400
Hentschel: Geschichte der deutschen Sozialpolitik 1880-1980. NHB. es 1247
Hesse: Tractat vom Steppenwolf. es 84
Die Hexen der Neuzeit. es 743
Irigaray: Speculum. es 946
Jahoda / Lazarsfeld / Zeisel: Die Arbeitslosen von Marienthal. es 769
Jakobson: Kindersprache, Aphasie und allgemeine Lautgesetze. es 330
Jasper: Die gescheiterte Zähmung. NHB. es 1270
Jauß: Literaturgeschichte als Provokation. es 418
Johnson: Begleitumstände. es 1019
– Der 5. Kanal. es 1336
– Jahrestage. es 1500
– Porträts und Erinnerungen. es 1499
– Versuch, einen Vater zu finden. Marthas Ferien. es 1416
Jones: Frauen, die töten. es 1350
Joyce: Werkausgabe in sechs Bänden. es 1434-1439
– Finnegans Wake. es 1524
– Penelope. es 1106
Kenner: Ulysses. es 1104
Kiesewetter: Industrielle Revolution in Deutschland 1815-1914. NHB. es 1539
Kindheit in Europa. es 1209
Kipphardt: In der Sache J. Robert Oppenheimer. es 64
Kirchhoff: Body-Building. es 1005
Kluge, A.: Gelegenheitsarbeit einer Sklavin. es 733
– Lernprozesse mit tödlichem Ausgang. es 665
– Neue Geschichten. Hefte 1-18. es 819
– Schlachtbeschreibung. es 1193
Kluge, U.: Die deutsche Revolution 1918/1919. NHB. es 1262
Koeppen: Morgenrot. es 1454
Kolbe: Bornholm II. es 1402
– Hineingeboren. es 1110
Konrád: Antipolitik. es 1293
– Stimmungsbericht. es 1394
Kriegsursachen. es 1238
Krippendorff: Staat und Krieg. es 1305
– »Wie die Großen mit den Menschen spielen.« es 1486
Kristeva: Geschichten von der Liebe. es 1482
– Die Revolution der poetischen Sprache. es 949
Kroetz: Bauern sterben. es 1388
– Furcht und Hoffnung der BRD. es 1291
– Heimarbeit. Hartnäckig. Männersache. es 473
– Mensch Meier. Der stramme Max. Wer durchs Laub geht … es 753

316/4/6.90

316/5/6.90

edition suhrkamp
Eine Auswahl

Mitscherlich: Krankheit als Konflikt. es 237
– Die Unwirtlichkeit unserer Städte. es 123
Mitterauer: Sozialgeschichte der Jugend. NHB. es 1278
Möller: Vernunft und Kritik. NHB. es 1269
Moser: Eine fast normale Familie. es 1223
– Der Psychoanalytiker als sprechende Attrappe. es 1404
– Romane als Krankengeschichten. es 1304
Muschg: Literatur als Therapie? es 1065
Mythos ohne Illusion. es 1220
Mythos und Moderne. es 1144
Nakane: Die Struktur der japanischen Gesellschaft. es 1204
Die neue Friedensbewegung. es 1143
Ngũgĩwa Thiong'o: Der gekreuzigte Teufel. es 1199
Nizon: Am Schreiben gehen. es 1328
Oehler: Pariser Bilder I (1830–1848). es 725
– Ein Höllensturz der Alten Welt. es 1422
Oppenheim: Husch, husch, der schönste Vokal entleert sich. es 1232
Paetzke: Andersdenkende in Ungarn. es 1379
Paley: Ungeheure Veränderungen in letzter Minute. es 1208
Paz: Der menschenfreundliche Menschenfresser. es 1064
– Suche nach einer Mitte. es 1008
– Zwiesprache. es 1290
Petri: Schöner und unerbittlicher Mummenschanz. es 1528
Politik der Armut und Die Spaltung des Sozialstaats. es 1233
Populismus und Aufklärung. es 1376
Powell: Edisto. es 1332
– Eine Frau mit Namen Drown. es 1516
Psychoanalyse der weiblichen Sexualität. es 697
Pusch: Alle Menschen werden Schwestern. es 1565
– Das Deutsche als Männersprache. es 1217
Raimbault: Kinder sprechen vom Tod. es 993
Ribeiro, D.: Unterentwicklung, Kultur und Zivilisation. es 1018
– Wildes Utopia. es 1354
Ribeiro, J. U.: Sargento Getúlio. es 1183
Rodinson: Die Araber. es 1051
Roth: Die einzige Geschichte. es 1368
– Das Ganze ein Stück. es 1399
– Krötenbrunnen. es 1319
Rubinstein: Nichts zu verlieren und dennoch Angst. es 1022
– Sterben kann man immer noch. es 1433
Rühmkorf: agar agar – zaurzaurim. es 1307
Russell: Probleme der Philosophie. es 207
– Wege zur Freiheit. es 447
Schedlinski: die rationen des ja und des nein. es 1606
Schindel: Geier sind pünktliche Tiere. es 1429
– Im Herzen die Krätze. es 1511

316/6/6.90

edition suhrkamp
Eine Auswahl

Schleef: Die Bande. es 1127
Schönhoven: Die deutschen Gewerkschaften. NHB. es 1287
Schrift und Materie der Geschichte. es 814
Schröder: Die Revolutionen Englands im 17. Jahrhundert. NHB. es 1279
Schubert: Die internat ionale Verschuldung. es 1347
Das Schwinden der Sinne. es 1188
Sechehaye: Tagebuch einer Schizophrenen. es 613
Segbers: Der sowjetische Systemwandel. es 1561
Senghaas: Europa 2000. es 1662
– Konfliktformationen im internationalen System. es 1509
– Von Europa lernen. es 1134
– Die Zukunft Europas. es 1339
Sieferle: Die Krise der menschlichen Natur. es 1567
Simmel: Schriften zur Philosophie und Soziologie der Geschlechter. es 1333
Sloterdijk: Der Denker auf der Bühne. es 1353
– Eurotaoismus. es 1450
– Kopernikanische Mobilmachung und ptolemäische Abrüstung. es 1375
– Kritik der zynischen Vernunft. es 1099
Söllner, W.: Kopfland. Passagen. es 1504
Staritz: Geschichte der DDR 1949-1985. NHB. es 1260
Stichworte zur ›Geistigen Situation der Zeit‹. 2 Bde. es 1000
Struck: Kindheits Ende. es 1123
– Klassenliebe. es 629
Szondi: Theorie des modernen Dramas. es 27
Techel: Es kündigt sich an. es 1370
Tendrjakow: Sechzig Kerzen. es 1124
Thiemann: Kinder in den Städten. es 1461
– Schulszenen. es 1331
Thompson: Die Entstehung der englischen Arbeiterklasse. es 1170
Thränhardt: Geschichte der Bundesrepublik Deutschland. NHB. es 1267
Todorov: Die Eroberung Amerikas. es 1213
Treichel: Liebe Not. es 1373
Vargas Llosa: Gegen Wind und Wetter. es 1513
– La Chunga. es 1555
Vernant: Die Entstehung des griechischen Denkens. es 1150
– Mythos und Gesellschaft im alten Griechenland. es 1381
Vom Krieg der Erwachsenen gegen die Kinder. es 1190
Vor der Jahrtausendwende: Berichte zur Lage der Zukunft. es 1550
Walser, M.: Ein fliehendes Pferd. es 1383
– Geständnis auf Raten. es 1374
– Selbstbewußtsein und Ironie. es 1090
– Über Deutschland reden. es 1553
– Wie und wovon handelt Literatur. es 642
Weiss, P.: Abschied von den Eltern. es 85

316/7/6.90

edition suhrkamp
Eine Auswahl

Weiss, P.: Die Ästhetik des Widerstands. es 1501
– Die Besiegten. es 1324
– Fluchtpunkt. es 125
– Das Gespräch der drei Gehenden. es 7
– Der neue Prozeß. es 1215
– Notizbücher 1960-1971. es 1135
– Notizbücher 1971-1980. es 1067
– Rapporte. es 276
– Rapporte 2. es 444
– Der Schatten des Körpers des Kutschers. es 53
– Stücke I. es 833
– Stücke II. 2 Bde. es 910
– Verfolgung ... Marat/Sade. es 68
Sinclair (P. Weiss): Der Fremde. es 1007
Peter Weiss im Gespräch. es 1303
Die Wiederkehr des Körpers. es 1132
Wippermann: Europäischer Faschismus im Vergleich 1922-1982. NHB. es 1245
Wirz: Sklaverei und kapitalistisches Weltsystem. NHB. es 1256
Wissenschaft im Dritten Reich. es 1306
Wittgenstein: Tractatus logico-philosophicus. es 12
Wünsche: Der Volksschullehrer Ludwig Wittgenstein. es 1299
Ziviler Ungehorsam im Rechtsstaat. es 1214

316/8/6.90